航天质量技术丛书

航天质量管理基础

中国航天科技集团公司　组织编写

中国宇航出版社
·北　京·

图书在版编目（CIP）数据

航天质量管理基础／中国航天科技集团公司组织编写．--北京：中国宇航出版社，2017.5（2023.4重印）
（航天质量技术丛书）
ISBN 978-7-5159-1312-4

Ⅰ．①航…　Ⅱ．①中…　Ⅲ．①航天工业－质量管理－研究－中国　Ⅳ．①F42.5

中国版本图书馆 CIP 数据核字（2017）第 111262 号

责任编辑　舒承东
责任校对　祝延萍　　**装帧设计**　宇星文化

出版发行　中国宇航出版社
社　址　北京市阜成路 8 号　**邮　编**　100830
（010）68768548
网　址　www.caphbook.com
经　销　新华书店
发行部　（010）68767386　（010）68371900
（010）68767382　（010）88100613（传真）
零售店　读者服务部　（010）68371105
承　印　北京厚诚则铭印刷科技有限公司

版　次　2017 年 5 月第 1 版
2023 年 4 月第 8 次印刷
规　格　787×1092
开　本　1/1
印　张　12.75
字　数　312 千字
书　号　ISBN 978-7-5159-1312-4
定　价　48.00 元

《航天质量技术丛书》

编 审 委 员 会

编 写 组

序

质量是航天事业的生命，质量工作贯穿于航天科研生产全过程的每个阶段、每个环节、每个岗位。60 多年来，航天科技工业始终践行“军工产品质量第一”的方针，始终秉承“严肃认真、周到细致、稳妥可靠、万无一失”的指导思想，创新和发展了零缺陷系统工程理论。在载人航天、月球探测、北斗卫星导航等重大专项任务的工程实践中，建立和完善了具有中国航天特色的质量管理模式、方法和工作体系，探索和实践了航天质量工作科学发展的规律，为航天辉煌业绩的取得提供了有效的支撑和保障。

面向未来，创新驱动、军民融合、中国制造 2025 和质量强国战略相继实施，新形势和新任务对航天质量工作提出了新的、更高的要求，我们必须牢记使命，坚持质量至上，坚持质量就是生命、质量就是胜算的理念，把握质量发展规律，优化和创新质量管理模式，深化航天精细化质量管理，全面提升航天员工质量素养，有效应用先进的质量工程技术和工具方法，充分识别和控制航天型号风险，固化和推广成功经验，确保航天工程任务实现“一次成功”的目标，为发展航天事业、建设航天强国奠定坚实基础。

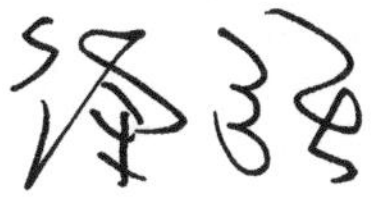

2017 年 3 月

前　言

根据《国家质量发展纲要（2011—2020）》的要求，航天科技集团公司以“瓶颈突破工程、精品塑造工程、用户满意工程、基础夯实工程”为抓手，实施航天质量提升工程，全面提升质量保证能力，确保航天产品质量。为了贯彻质量提升工程目标要求，深化质量可靠性技术应用，全面推进全员质量培训，我们组织编写了《航天质量技术丛书》（以下简称《丛书》）。

该《丛书》分为《航天质量管理基础》、《通用质量特性》、《产品保证》和《航天质量管理方法与工具》四个分册。《丛书》既包含了航天各类人员应掌握的质量管理基本知识，也包括了航天质量管理成功经验和有效做法，以及国外先进质量管理方法的介绍，可以为质量培训以及各类人员学习航天质量知识提供参考和借鉴。

第一分册《航天质量管理基础》共分6章。第1章是质量管理概论，包括质量及其相关概念、质量管理发展阶段及主要理念、质量法律法规等相关内容；第2章是质量文化及质量基础，包括航天质量管理发展历程及主要特点、航天质量文化、标准化、计量、质量信息管理等相关内容；第3章是质量管理体系，包括质量管理体系基础、质量管理体系要求与理解、质量管理体系建立与运行、质量管理体系持续改进等相关内容；第4章是型号质量管理，包括型号研制程序、设计质量管理、生产质量管理、试验质量管理等相关内容；第5章是质量监督，包括质量监督代表、军贸产品质量监督和验收、重大质量事故调查和审查、质量责任追究等相关内容；第6章是国外航天质量管理，包括美国航空航天局安全与任务保证、欧洲空间局产品保证、波音公司先进质量管理、诺格公司供应商质量管理、洛马公司质量管理、国际空间站质量管理等相关内容。

本分册编写分工是：第1章 苗宇涛、岳盼想；第2章 范艳清、苗宇涛、贾纯锋、裴雅鹏、许蕾、王栋、鲍智文、杨铭；第3章 梁国文、贾纯锋；第4章 苗宇涛；第5章 王磊、岳盼想；第6章 苗宇涛。本分册由贾纯锋负责统稿。

由于受编写时间和作者水平所限，《丛书》中难免有疏漏与不妥之处，敬请读者批评指正。

《丛书》编写组

2016年12月

目　录

第 1 章　质量管理概论

1.1　质量及其相关概念

1.1.1　质量

国际标准化组织(ISO)在国际标准 ISO 9000：2015《质量管理体系 基础和术语》中，将质量定义为：“客体的一组固有特性满足要求的程度。”

客体是指“可感知或可想象到的任何事物”。客体的示例：产品、服务、过程、人员、组织、体系、资源。客体可能是物质的(如：一台发动机、一张纸)，非物质的(如：转换率、一个项目计划)或想象的(如：组织未来的状态)。

质量从“特性”和“要求”两者之间关系的角度来描述，即某种事物的“特性”满足某个群体“要求”的程度，满足的程度越高，说明质量越好；反之，则认为该事物的质量不好或差。

“特性”是指“可区分的特征”，而质量定义中特别强调了用于描述事物质量的特性是“固有特性”，就是指某事或某物中本来就有的，是随着产品的形成过程而产生的产品的永久特性，如螺栓的直径、机器的生产率、飞机的最高飞行速度等。与“固有特性”相对应的是“赋予特性”，是指不是产品固有的，而是产品形成后因不同需要而对产品所赋予的特性，如产品的价格、交货期。

“特性”的载体，即质量概念所描述的对象，不限于产品和服务，而是泛指一切可以单独描述和研究的事物——可以是产品和服务，也可以是活动、过程、组织、体系或人，以及上述各项的任何组合。

“要求”是指“明示的，通常隐含的或必须履行的需求或期望”。要求可由组织的利益相关方，如顾客、股东、雇员、供应商、合作伙伴或社会等提出，或者由组织自己提出。这些要求可分为“明示的要求”、“通常隐含的要求”和“必须履行的要求”三大类。

明示的要求可以理解为规定的要求。如在文件、合同中阐明的要求或顾客明确提出的要求。明示的要求可以是以书面方式规定的要求，也可以是以口头方式规定的要求。

通常隐含的要求是指组织或其他相关方的惯例或一般做法，所考虑的需求或期望是不言而喻的。一般情况下，顾客或相关的文件(如标准)中不会对这类要求给出明确的规定，组织应根据其自身产品的用途和特性进行识别，并作出规定。

必须履行的要求是指法律法规的要求和强制性的标准。我国对与人身、财产安全有关的产品，发布了相应的法律法规和强制性的行政规章或制定了强制性标准，如计量法、标准化法等。组织在产品的实现过程中必须执行这类文件和标准。

1.1.2　质量特性

ISO 9000：2015 标准把质量特性定义为：“与要求有关的，客体的固有特性”。固有意味着存在其中的，尤其是那种永久的特性。赋予客体的特性(如客体的价格)不是它们的质量特性。

不同类别的产品，质量特性的具体表现形式也不尽相同。

(1)硬件产品质量特性

1)性能，通常指在功能上满足顾客要求的能力。

2)寿命，指产品能正常使用的年限。

3)可信性，包括可靠性、维修性和保障性。可靠性是指在规定的条件和规定的时间内，完成规定功能的能力；维修性是指在规定的条件下和规定的时间内，按规定的程序和方法进行维修时，保持或恢复到规定状态的能力；保障性是装备的设计特性和计划的保障资源满足平时战备和战时使用要求的能力。

4)安全性，指不导致人员伤亡、危害健康及环境，不给设备或财产造成破坏或损失的能力。

5)经济性，指产品寿命周期的总费用。

(2)软件产品质量特性

1)功能性，即满足用户要求的程度。

2)可靠性，反映软件在稳定状态下，维持正常工作的能力。

3)易用性，即用户使用软件时的方便程度。

4)效率，即在规定条件下，软件实现某种功能耗费物理资源的有效程度。

5)可维护性，即在规定条件下，软件实现某种功能耗费物理资源的有效程度。

6)可移植性，能够方便地移植到不同运行环境的程度。

1.1.3　质量管理

ISO 9000：2015 标准把质量管理定义为：“关于质量的管理”。而“管理”的定义是“指挥和控制组织的协调活动”。管理可包括制定方针和目标，以及实现这些目标的过程。质量管理就是在质量方面指挥和控制组织的协调活动，可包括制定质量方针和质量目标，以及通过质量策划、质量保证、质量控制和质量改进，实现这些质量目标的过程。

质量管理是组织全部管理工作的一个重要组成部分，质量管理是一项系统性的活动，必须由最高管理者领导并对质量管理负责，各级管理者应承担相应的质量管理职责。质量管理是一项协调的活动，是通过建立、运行和保持一个有效的质量管理体系来实施的。质量策划、质量控制、质量保证和质量改进都是质量管理的一部分，但各自的内涵不同。

(1)质量策划

质量策划，致力于制定质量目标并规定必要的运行过程和相关资源以实现质量目标。

质量策划涉及质量管理体系的策划、产品实现的策划、设计和开发的策划、生产和服务提供策划以及测量、分析和改进的策划等方面的内容，主要包括以下活动：

1）确定质量目标和要求；

2）针对质量目标和要求确定过程和所需资源；

3）明确职责权限；

4）规定质量控制活动及其接收准则。

编制质量计划（质量保证大纲）可以是质量策划活动的一部分。必须注意质量策划与质量计划的差别：质量策划强调的是一系列活动；而质量计划是质量策划的结果之一，通常是一种书面的文件。

（2）质量控制

质量控制，致力于满足质量要求。质量控制的目标就是确保产品的质量能满足顾客、法律法规等方面所提出的质量要求（如适用性、可靠性、安全性等）。质量控制的范围涉及产品质量形成全过程的各个环节，围绕着确保质量环每一阶段的作业技术和活动满足要求，应对影响其质量的人、机、料、法、环（4M1E）因素进行控制，并对质量活动的结果进行分阶段验证，以便及时发现问题，查明原因，采取相应纠正措施，防止不合格问题的重复发生。

（3）质量保证

质量保证，致力于提供质量要求会得到满足的信任。质量保证的核心是“提供信任”，即对达到预期质量要求的能力提供足够的信任。质量保证分为内部质量保证和外部质量保证。内部质量保证是在组织内部向各层次管理者提供足够的信任。外部质量保证是在合同或其他情况下，向顾客以及第三方、上级主管部门等其他各方提供足够的信任。显然，外部质量保证是建立在内部质量保证基础上。质量保证活动根据需要应进行证实，即重视验证工作，重视提供证据。

（4）质量改进

质量改进，致力于增强满足质量要求的能力。质量改进的目的在于增强组织满足质量要求的能力。由于质量要求内容广泛，因此改进的结果会涉及质量管理体系、过程和产品。质量改进与质量管理体系覆盖范围内的所有产品、部门、场所、活动和人员均有关系。组织应能识别需改进的关键质量要求，考虑改进所需的过程，并按过程方法进行管理，以增强满足质量要求的能力。改进本身也是一项活动，因此，对改进过程也应按过程方法进行管理。在分析现状的基础上，确定改进的目标；针对目标，寻找并选择合适的解决方案；实施并评价其结果，以确保目标的实现。

1.1.4　其他相关术语

（1）输出

ISO 9000：2015 标准把输出定义为“过程的结果”。过程的结果可以是产品，也可以是服务。组织的输出是产品还是服务，取决于其主要特性，如：一辆汽车包括了硬件(如轮胎)、加工材料(如燃料、冷却液)、软件(如发动机控制软件、驾驶员手册)以及服务(如销售商所做的关于操作的解释)。

(2)产品

ISO 9000：2015 标准把产品定义为“在组织和顾客之间未发生任何交易的情况下，组织产生的输出”。在供方和顾客之间未发生任何必要交易的情况下，可以实现产品的生产。但是，当产品交付给顾客时，通常包含服务因素。

通常，产品包括硬件、流程性材料和软件。硬件是有形的，其量具有计数的特性(如：1 把椅子、4 个轮胎)。流程性材料是有形的，其量具有连续的特性(如：燃料、水泥)。硬件和流程性材料经常被称为货物。软件由信息组成，无论采用何种介质传递(如：计算机程序、移动电话应用程序、操作手册)。

(3)服务

ISO 9000：2015 标准把服务定义为“至少有一项活动必须在组织和顾客之间进行的组织的输出”。通常，服务的主要特征是无形的。服务包含与顾客在接触面的活动，除了确定顾客的要求，以提供服务外，可能还包括建立持续的关系。

服务的提供可能涉及，例如：

——在顾客提供的有形产品(如需要维修的汽车)上所完成的活动。

——在顾客提供的无形产品(如为准备纳税申报单所需的损益表)上所完成的活动。

——无形产品的交付(如知识传授方面的信息提供)。

——为顾客创造氛围(如在宾馆和饭店)。

服务是输出的一种形式。服务具有同时性、无形性、非重复性和异质性。通常，由顾客体验。

(4)过程

ISO 9000：2015 标准把过程定义为“利用输入实现预期结果的相互关联或相互作用的一组活动”。过程的“预期结果”称为输出，还是称为产品或服务，需随相关语境而定。一个过程的输入通常是其他过程的输出，而一个过程的输出又通常是其他过程的输入。两个或两个以上相互关联和相互作用的连续过程也可作为一个过程。组织中的过程通常在受控条件下进行策划和执行，以增加价值。不易或不能经济地确认其输出是否合格的过程，通常称之为“特殊过程”。

(5)组织

组织是指为实现目标，由职责、权限和相互关系构成自身职能的一个人或一组人。组织的概念包括(但不限于)代理商、公司、集团、企事业单位、行政机构、合营公司、社团或研究机构，或上述组织的部分或组合，无论是否为法人组织，公有的或私有的。

(6)顾客

顾客是能够或实际接受为其提供的，或应其要求提供的产品或服务的个人或组织。顾客可以是组织内部的或外部的，如：消费者、委托人、最终使用者、零售商、内部过程的产品或服务的接收人、受益者和采购方。

(7)供方

供方是指提供产品或服务的组织。例如：产品或服务的制造商、批发商、零售商或商户。供方可以是组织内部的或外部的。组织内部互相协作的上一环节便是内部的供方。在合同情况下，供方有时称为“承包方”。

(8)相关方

相关方是指可影响决策或活动、被决策或活动所影响、或自认为被决策或活动影响的个人或组织。例如：顾客、所有者、组织内的人员、供方、监管者、合作伙伴以及可包括竞争对手或反压力集团的社会群体。

(9)合格

合格是指满足要求。具体说来是指产品、过程、人以及体系等满足了相关方的要求，如产品或者文件符合规定要求。

(10)缺陷

不合格是指“未满足要求”。缺陷是指“与预期或规定用途有关的不合格”。缺陷与不合格有关联关系，而这都与未满足要求有关，但缺陷主要涉及与用途有关的要求，即定义中的“有关的要求”可以理解为与预期或规定用途有关的明示的、通常隐含的或必须履行的三类需求或期望。区分缺陷与不合格的概念是重要的，这是因为其中有法律内涵，特别是与产品和服务责任问题有关。顾客希望的预期用途可能受供方所提供的信息的性质影响，如操作或维护说明。

1.2　质量管理发展阶段、主要理念及原则

1.2.1　质量管理发展阶段

根据解决质量问题的手段和方式的不同，一般可将质量管理的发展划分为三个阶段：质量检验阶段、统计质量控制阶段和全面质量管理阶段。

(1)质量检验阶段

第二次世界大战以前可以看作质量检验阶段，又称为传统质量管理阶段。这一阶段主要是通过检验的方式来控制和保证产出或转入下一道工序的产品的质量。

这一阶段人们对质量管理的理解还仅仅限于质量检验，即通过严格检验来控制和保证出厂或转入下道工序的产品质量。质量检验所使用的手段是各种各样的检测工具、设备和仪表(包括目测)等，它的方式是严格把关，对产品进行百分之百的检验。

检验工作是这一阶段执行质量职能的主要内容。由谁来执行这一职能则有一个变化的过程：

1)20 世纪以前，主要是依靠操作者个人的手艺和经验来保证产品质量，产品的制造者和检验者是合一的。故有人将其称之为“操作者的质量管理”。

2)20 世纪初，美国出现了以泰勒的“科学管理”为代表的“管理运动”，强调工长在保证质量方面的作用，工厂中设专职检验的职能工长，于是执行质量管理的责任就由操作者转移给工长，称之为“工长的质量管理”。

3)1918—1938 年，由于公司的规模扩大，生产规模和生产批量都扩大，这一职能又由工长转移给专职的检验人员。大多数企业都设置专职的检验部门并直属厂长领导，负责全厂各生产单位的产品检验工作，称之为“检验员的质量管理”。

专职检验时期的特点是“三权分立”，即：有人专职制定标准(计划)；有人负责制造(执行标准或计划)；有人专职按照标准检验产品质量。专职检验既是从产成品中挑出废品，保证出厂产品的质量，又是一道重要的生产工序。通过检验，反馈质量信息，从而避免今后出现同类废品。

但专职检验也有其弱点：一是出现质量问题容易扯皮、推诿，缺乏系统的观念，责任不明；二是属于“事后检验”，无法在生产过程中起到预防、控制的作用。一旦发现废品，就是“既成事实”，一般很难补救，充其量只能是“防止以后再发生”；三是要求对成品进行百分之百的检验，这样做有时在经济上并不合理(因为它增加检验费用，延误出厂交货期)，有时从技术上考虑也不可能(例如破坏性检验)。面对着生产规模和生产批量的不断扩大，面对着产品的技术含量和复杂程度越来越高，这些弱点暴露得更为突出。后来，又改为百分比抽样方法，以减少检验损失费用，但这种抽样方法片面地认为样本和总体是成比例的。抽取的样本数总是和检查批量数保持一个规定的比值，如百分之几或千分之几。这实际上存在着“大批严、小批宽，同质不同法”，以致产品批量增大后，抽样检验越来越严格的情况，使相同质量的产品因批量大小不同而受到不同的处理。

(2)统计质量控制阶段

第二阶段是从第二次世界大战开始到 20 世纪 50 年代，称为统计质量控制阶段。在这一阶段，质量管理的重点在于确保产品质量符合规范和标准。人们通过对工序进行分析，及时发现生产过程中的异常情况，确定产生缺陷的原因，迅速采取对策加以消除，使工序保持稳定状态。

第二次世界大战爆发后，由于战争对大量生产(特别是军需品)的需要，质量检验工作立刻显现出极其的不适应，检验部门成了生产中最薄弱的环节。由于事先无法控制质量，以及检验工作量大，军火生产常常延误交货期，影响前线的军需供应。为解决这些实际问题，美国政府和国防部组织一批数理统计专家和工程技术人员制定了战时国防标准，即 ANSI/ASQCZ 1.1《质量控制指南》、ANSI/ASQCZ 1.2《数据分析用的控制图法》、ANSI/ASQCZ 1.3《生产过程质量管理控制图法》。这三个标准实际上是以休哈特的质量控制图为基础的，使抽样检验和预防缺陷都得以标准化。为贯彻这些标准，美国国防部强令有关公司严格执行，陆海军采购署要求在所有采购合同中都要包含有关质量管理方面条文的规定，否则不予审批订货。由于这三项标准的贯彻，扭转了军需品前期的生产局面，工厂中检验人员减少了，生产企业既保证了产品的质量，又保证了交货期。这种质量控制是利用数理统计原理来进行的，所以称之为统计质量控制。

由于实施统计质量控制大见成效，同时也带来了巨额利润，战后，许多公司转为生产民品时继续采取这种方法，50年代初期达到高峰。在联合国教科文组织的赞助下，通过国际统计学会等一些国际性组织的努力，战后很多国家，如日本、墨西哥、印度、挪威、瑞典、丹麦、西德、荷兰、比利时、法国、意大利以及英国等都积极开展统计质量控制活动，并取得了成效。

这一阶段的主要特点是：从质量管理的指导思想上看，由以前的事后把关，转变为事前的积极预防；从质量管理的方法上看，广泛深入地应用了数理统计的思考方法和检验方法；从质量的职能上看，由专职检验人员转移给专业的质量控制工程师和技术人员承担。

但是，在这个阶段，由于过分强调质量控制的统计方法，忽视其组织管理工作，使得人们误认为"质量管理就是统计方法"，而数理统计方法理论深奥，所以"质量管理是统计学家的事"，这在一定程度上限制了质量管理统计方法的普及和推广。

(3)全面质量管理阶段

第三阶段是从20世纪60年代开始的全面质量管理阶段。这一阶段更加强调"管理"，强调以质量为中心的、综合的、全面的管理方式和管理理念。

20世纪50年代以来，生产力迅速发展，科学技术日新月异，社会经济、文化等各方面进步很快，出现了许多新情况。战后物资生产的大发展使得人们对产品质量的要求越来越高，世界市场的竞争达到了空前激烈的程度，消费者权益运动呈现出日益高涨的局面，员工的能动性和参与性越来越成为企业成功不可或缺的因素。人们开始普遍认识到，依靠制造领域的统计质量控制已经远远不能满足顾客对质量的要求，也远远不足以应付日益严峻的挑战。因此，在50年代，许多企业就有了全面质量管理的实践。

最早提出全面质量管理(Total Quality Control，TQC)概念的是美国通用电气公司质量总经理、美国质量管理专家菲根堡姆博士。1961年，他出版了一本《全面质量管理》，该书强调执行质量职能是公司全体人员的责任，应该使全体人员都具有质量的观念和承担质量的责任。要解决质量问题不能仅限于产品制造过程，在产品产生、形成和实现的全过程中，都需要进行质量管理，并且解决问题的方法手段是多种多样的，而不仅限于检验和数理统计方法。他指出："全面质量管理是为了能够在最经济的水平上并考虑到充分满足用户要求的条件下进行市场研究、设计、生产和服务，把企业各部门的研制质量、维持质量和提高质量的活动构成一体的有效体系。"这里强调了：质量的经济性和用户要求的满足；开发、设计、生产和服务的全过程；研制质量、维持质量和改进质量结合的质量管理活动；形成有效的体系。

全面质量管理最优秀的实践者非日本莫属。日本质量管理专家石川馨博士将其特点概括为："全公司的质量管理的特点在于整个公司从上层管理人员到全体员工都参加质量管理。不仅研究、设计和制造部门参加质量管理，而且销售、材料供应部门和诸如计划、会计、劳动、人事等管理部门以及行政办事机构也参加质量管理。"

20世纪70年代末80年代初改革开放以后，全面质量管理在我国企业得到了广泛深入的推行，在实践中把全面质量管理概括为“三全一多样”，即全过程、全员和全组织的质量管理，以及方法使用的多种多样。具体特点为：

1)对全面质量的管理。不仅要管理产品的质量，还要管理过程质量、工作质量，用工作质量来保证过程质量，从而保证产品质量。

2)全过程的管理。从产品的设计、制造、销售直到使用服务的全过程，都要进行管理。

3)全员参加的管理。企业中的每个人、每个部门都与企业的产品质量有关。

综上所述，质量管理理论逐渐趋于完善，更趋于科学性和实用性。各国在运用质量管理理论时，各有所长。随着国际贸易质量保证和产品责任问题的发展，不同民族、不同国家有不同的社会历史背景，质量观点也不一样，这往往会形成国际贸易的障碍或鸿沟。因此，需要在质量上有共同的语言和共同的准则。制定质量管理国际标准以促进国际技术经济合作、消除贸易壁垒，成为世界共同的需要。

1987年，国际标准化组织发布了第一套质量管理和质量保证国际标准ISO 9000系列标准，后续1994、2000、2008和2015年几次修订，使之更加科学和实用。ISO 9000族标准已为许多国家所采用，成为国际标准中应用范围最广的标准，它也标志着全面质量管理向着更加规范化、科学化和国际化的方向深入和发展。

表1－1比较了质量管理发展三阶段的特点和重点。

表1－1　质量管理发展的三阶段比较

项目	质量检验阶段	统计质量控制阶段	全面质量管理阶段
管理范围	生产现场	生产过程和设计过程	产品质量形成全过程
管理对象	产品质量	产品质量和工序质量	产品质量、工序质量和工作质量
管理特点	事后把关，管结果	从把关向预防发展	防检结合，预防为主
管理依据	符合规范	按既定质量标准控制	以用户为中心，重在产品适用性
管理方法	运用技术检验方法	技术检验方法和数理统计方法	运用多种管理方法提高工作质量，以保证产品质量
管理标准化	重视技术标准	技术标准发展为质量控制标准	技术标准、控制标准和管理标准并重
管理经济性	忽视质量经济性	重视质量经济性	讲求质量经济性
参与人员	依靠检验部门和检验人员	依靠技术和质量检验部门	全体员工

1.2.2　质量管理主要理念

多年来，基于质量管理的实践经验和理论研究，在质量管理领域形成了一些有影响的质量理念和思想，在质量界广泛传播，对质量管理的发展和进步产生了巨大影响。

(1)休哈特的质量理念

休哈特(Walter A. Shewhart)是一位美国统计学家，现代质量管理的奠基者，被人们尊称为“统计质量控制之父”。

19世纪20年代，休哈特在西方电气公司工作期间，成功地将统计学、工程学和经济学结合起来，开创了统计质量控制这一新领域，并提出了世界上第一张控制图。休哈特于1936年出版的具有里程碑意义的《产品制造质量的经济控制》一书，全面阐述了质量控制的基础原理，为现代意义上的质量管理奠定了坚实的理论基础，对以后质量管理的研究和实践产生了巨大的影响。休哈特认为，产品质量不是检验出来的，而是生产出来的，质量控制的重点应放在制造阶段，从而将质量管理从事后把关提前到事前控制。

休哈特提出控制图的理论基本思想：

1)在一切制造过程中所呈现出的波动有两个分量。第一个分量是过程内部引起的稳定分量(即偶然波动)，第二个分量是可查明原因的间断波动(异常波动)。

2)那些可查明原因的异常波动可用有效方法加以发现，并可被剔去。但偶然波动是不会消失的，除非改变基本过程。

3)基于3σ限的控制图可以把偶然波动与异常波动区分开来。

(2)戴明的质量理念

戴明(W. E. Deming)是20世纪管理领域中最具影响力的人物之一，是一位全球公认的质量管理专家、统计学家和管理顾问。戴明早年曾到美国西方电气公司的霍桑工厂做过研究，在这里受到了包括后来被称为“统计质量控制之父”的休哈特等的影响。

1950年，在日本科学技术联盟(JUSE)举办的讲习班上，戴明应邀向日本工商界人士讲授统计质量管理。此后又连续多次赴日本从事讲学和咨询活动，对质量管理在日本的普及和深化发挥了巨大的作用。其后，戴明的理论在美国也受到了广泛的关注和认可。福特、通用汽车和宝洁等一大批美国大公司纷纷请戴明来指导本公司的质量改进。戴明主张的是一种系统的观念，要求采用科学方法来优化系统，从而实现质量的改进。

戴明于1986年在其《走出危机》一书中指出，为了向以顾客满意为宗旨的质量型组织转变，管理者必须关注14个要点。戴明认为，接受这14点并采取具体的行动，是管理者对于组织的生存及投资者和雇员的利益负责任的标志。这14点可以看作戴明管理理念的最精辟表述。其主要内容如下：

1)要有一个改善产品和服务的长期目标，而不是只顾眼前利益的短期观点。为此，要投入和挖掘各种资源。

2)要有一个新的管理思想，不允许出现交货延迟或差错和有缺陷的产品。

3)要有一个从一开始就把质量造进产品中的办法，而不要依靠检验去保证产品质量。

4)要有一个最小成本的全面考虑。在原材料、标准件和零部件的采购上不要只以价格高低来决定对象。

5)要有一个识别系统和非系统原因的措施。85%的质量问题和浪费现象是由于系统的原因造成的，只有15%是由于岗位上的原因造成的。

6）要有一个更全面、更有效的岗位培训。不仅仅是培训现场操作者怎样干，还要告诉他们为什么要这样干。

7）要有一个新的领导方式，不只是管，更重要的是帮，领导者也要有个新风格。

8）要在组织内有一个新风气。消除员工不敢提问题、提建议的恐惧心理。

9）要在部门间有一个协作的态度。帮助从事研制开发、销售的人员多了解制造部门的问题。

10）要有一个激励、教导员工提高质量和生产率的好办法。不能只对他们喊口号、下指标。

11）要有一个随时检查工时定额和工作标准有效性的程序，并且要看它们是真正帮助员工干好工作，还是妨碍员工提高劳动生产率。

12）要把重大的责任从数量上转到质量上，要使员工都能感到他们的技艺和本领受到尊重。

13）要有一个强而有效的教育培训计划，以使员工能够跟上原材料、产品设计、加工工艺和机器设备的变化。

14）要在领导层内建立一种结构，推动全体员工都来参加经营管理的改革。

任何一项质量活动都要经过策划（Plan）、实施（Do）、检查（Check）和处置（Action）四个阶段，这四个阶段不断循环下去，故称之 PDCA 循环。PDCA 循环最早由休哈特提出，随后被戴明采纳、宣传，获得普及，因此它又被称为戴明环。PDCA 循环可简述如下：

P——策划（Plan）：该阶段对工作进行策划，制定目标、计划、规范、标准、图样和技术文件等；

D——实施（Do）：该阶段根据策划阶段的要求进行实施；

C——检查（Check）：该阶段是把实施阶段的结果与策划阶段的要求进行对比，判定是否达到策划阶段的要求；

A——处置（Action）：该阶段是根据检查阶段得出的结果来采取措施，防止再发生并采取标准化处理。

PDCA 循环如图 1-1 所示，它有两个特点：一是大环套小环，彼此协同，相互促进。企业的大循环是靠内部各环节的小循环来保证的，各环节小循环要由企业大循环来带动。每一个循环四个阶段之间，各类大、小循环之间都是密不可分的、有序的动态过程。二是循环前进，阶梯上升。循环好像一个转动的“车轮”在爬楼梯，每转动一次就完成一个 PDCA 循环，在此基础上向着新的目标，在新的水平上继续转动。

（3）朱兰的质量理念

朱兰（J. M. Juran）是美国的著名质量专家。在其职业生涯中，他有很长一段时期在霍桑工厂工作，担任工程师、经理，还曾做过政府官员、大学教授。1979 年，朱兰创办了“朱兰学院”，从事质量管理的培训、咨询和出版活动。

朱兰也曾指导过日本的质量管理工作，应日本科学技术联盟的邀请，朱兰在 1954 年为日本企业界做了为期 8 天的讲座，从整体企业管理的角度，强调了质量管理的重要意

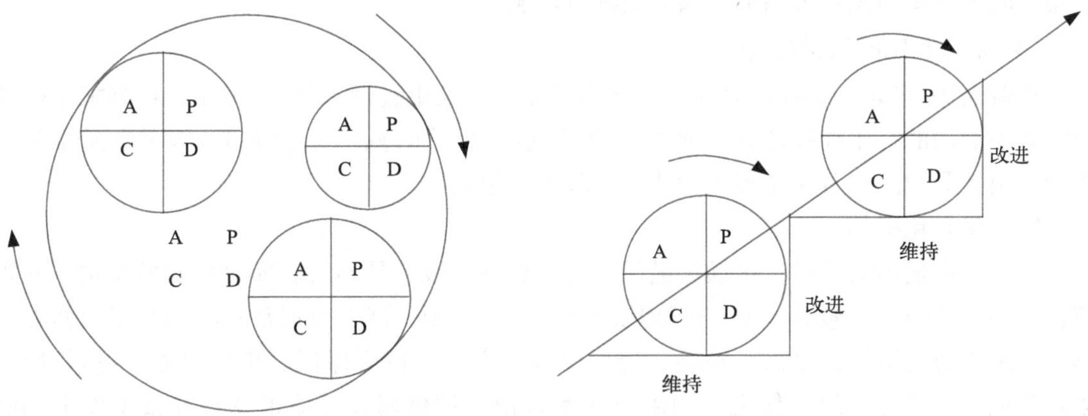

图 1－1　PDCA 循环示意图

义。后来朱兰又多次前往日本讲学和进行指导。朱兰给日本经济复兴和质量革命带来的影响受到很高的评价。

朱兰在 1951 年出版了《质量控制手册》(Quality Control Handbook)。该书是质量管理领域中最具权威性的参考书之一，被人们誉为“质量管理领域中的圣经”。该书自第一版出版以来，已经被译成了许多国家的文字，已出版了六版。朱兰提出了“质量即适用性”的概念，强调了顾客导向的重要性。朱兰质量管理思想还包括质量管理三部曲，以及质量成本等。

①质量就是适用性

产品在使用时能成功地适合用户目的的程度，称为“适用性”。“适用性”这个概念，通俗地用“质量”这个名词来称呼，是一个普遍的概念，适用于所有产品和服务。

为了获得产品的适用性，需要进行一系列工作活动，这些活动组成的过程可以用质量螺旋来描绘。

产品适用性的实现要求单位内外许多组织和部门共同努力，认为质量管理部门负责质量工作的看法是错误的、片面的。

②质量管理三部曲

任何工作的执行者或部门都围绕着顾客、处理者和供应者这三个角色工作：接收输入的信息和物品；将这些输入转化为产品(输出)；将产品(输出)交付给顾客。基于此，质量管理过程可分为三个步骤：策划、控制和改进，称为“质量管理三部曲”。

在“质量管理三部曲”中，质量策划明确了质量管理所要达到的目标以及实现这些目标的途径，是质量管理的前提和基础；质量控制确保事物按照计划的方式进行，是实现质量目标的保障；质量改进则意味着质量水准的飞跃，标志着质量活动是以一种螺旋式上升的方式在不断提高，这三个阶段相辅相成。

“质量管理三部曲”作为一个实现质量目标的成功构架，还需要有积极向上的领导力和环境以及对质量的有力支持作为其基础。没有这样的质量文化为根基，它也不能充分发挥作用，因为这些因素对公司的各层人员都有影响。

(4)克劳斯比的质量理念

克劳斯比(Philip Crosby)是美国著名质量专家，从事管理工作40余年，曾参加了孕育出零缺陷运动的马丁导弹计划。他所著的《质量是免费的》、《质量无泪》等书在质量管理领域有很大影响。克劳斯比提出的质量管理理念包括：

①质量是免费的

第一次就把事情做对，永远是最便宜的，真正费钱的是不符合质量标准的事情——没有在第一次就把事情做对。据克劳斯比的统计，在美国，许多公司常常将相当于总营业额15%～20%的费用用在测试、检验、变更设计、整修、售后保证、售后服务、退货处理，以及其他与质量有关的工作上。如果第一次就把事情做对，那些浪费在补救工作上的时间、金钱和精力就可以避免。追求质量已是一种管理的艺术，如果能建立正确的观念并且执行有效的质量管理计划，就能预防不良品的产生，提高工作效率。

②管理者要为低劣的质量负主要责任

许多管理者认为操作者的工作质量很差，大部分质量的问题都是在线上作业的人造成的，特别常发生在制造业的生产线上。事实上，管理层才是造成质量不良的最大原因，在第一线上的工人或服务人员的表现固然很容易被挑出错误，但他们的行动却深受管理者的计划及措施所影响。

③以下各种情况是一种失败，而不是成功的保证

1)传统的质量控制；

2)可接受的质量限度；

3)对不符合标准的产品的让步接收。

④质量管理四大定理

1)质量应被定义成符合要求，而不是好或优秀；

2)质量保证体系的原则是预防不合格，而不是对不合格进行评估；

3)工作标准应该是零缺陷，而不是差不多就行；

4)以不合格付出的代价来衡量质量，而不是用不合格的百分比来衡量质量。

质量管理专家的思想是他们一生对质量的理解和经验的总结，他们的思想是每一个人和每个组织都能利用的知识，具有极其重要的价值。但是，任何一位质量大师都不可能解决所有的问题。因此，为了解决现实中的问题，必须能够对各位大师的质量言论进行理解、排序和综合，得出有用的结论，在我们的经营活动中加以综合地运用。

1.2.3 质量管理原则

质量管理原则是为组织的最高管理者制定，是质量管理体系的理论基础。ISO 9001标准是在质量管理原则的基础上制定的。质量管理原则已经成为组织改进绩效的框架，其目的是帮助组织实现持续成功。ISO 9001标准2015版中提出了七项质量管理原则。

1)以顾客为关注焦点。满足顾客要求并且努力超越顾客期望。

2)领导作用。各级领导建立统一的宗旨和方向，并且创造全员积极参与的条件，以实现组织的质量目标。

3)全员参与。在整个组织内各级人员的胜任、被授权和积极参与，是提高组织创造和提供价值能力的必要条件。

4)过程方法。将活动作为相互关联、功能连贯的过程系统来理解和管理时，可更加有效和高效地得到一致的、可预知的结果。

5)改进。成功的组织持续关注改进。

6)循证决策。基于数据和信息的分析和评价的决策，更有可能产生期望的结果。

7)关系管理。为了持续成功，组织需要管理与有关的相关方(如：供方)的关系。

1.3　质量法律法规

1.3.1　质量法律法规概述

法律法规就是用来规范人们行为的规矩，质量法律法规包括国家和国防与质量相关的法律法规。国防科技工业形成了以《武器装备质量管理条例》为核心，相关质量法律法规为指导和支撑的质量法律法规体系。质量法律法规主要分为三个层次。

第一层次为全国人大颁发的法律，主要包括《中华人民共和国产品质量法》(以下简称《产品质量法》)、《中华人民共和国标准化法》以及《中华人民共和国计量法》等相关法律。《中华人民共和国国防法》、《产品质量法》对质量管理和专项法规制定分别提出明确要求，是制定《武器装备质量管理条例》的根本依据。

第二层次为国务院、中央军委颁发的法规，主要包括《武器装备质量管理条例》、《质量发展纲要》和《武器装备科研生产许可管理条例》等。《武器装备质量管理条例》是武器装备质量管理的顶层法规。国务院、中央军委制定的相关质量法规可作为实施质量管理的重要补充。

第三层次为军队总部与国家部委颁发的规章，主要包括质量及相关职能部门和重大工程项目管理机构发布的规章，主要包括《武器装备可靠性与维修性规定》、《关于进一步加强高新武器装备质量工作的若干要求》、《军工产品质量监督管理暂行规定》、《国防科工局重大科技工程质量管理办法》等。

1.3.2　产品质量法

《产品质量法》是我国的主要质量法律，是在充分借鉴和吸取了美国、英国、德国、日本和韩国等国家产品责任法中有益经验的基础上，结合我国国情制定的，是调整生产者、销售者和消费者之间因产品质量而发生的社会关系的法律规范。

1993 年 2 月 22 日，第七届全国人民代表大会常务委员会第三十次会议通过了我国质量领域第一部法律——《中华人民共和国产品质量法》，并于 1993 年 9 月 1 日起实施。

2000 年 7 月 8 日第九届全国人民代表大会常务委员会第十六次会议通过了《关于修改〈中华人民共和国产品质量法〉的决定》，当日以中华人民共和国主席令的形式予以公布，自 2000 年 9 月 1 日起实施。

《产品质量法》适用的产品范围，是以销售为目的，经过工业加工、手工制作等生产方式所获得的具备特定使用性能的产品，即指用于销售的经过加工制作的工业产品、手工业产品和农产品，包括建筑工程中使用的建筑材料、建筑构配件和设备。初级农产品（如小麦、蔬菜、水果等）、初级畜产品、建筑工程等不适用本法规定。就是说，从空间上讲，该法适用于在中华人民共和国境内从事产品生产、销售活动，包括销售进口商品。从主体上讲，该法适用于生产者、销售者、用户和消费者以及监督管理机构。从客体上讲，该法只适用于生产、流通的产品，即各种动产，不包括不动产。

《产品质量法》的主要内容包括产品质量监督管理和产品质量责任两个方面。在产品质量监督管理方面，法律主要规定了国家关于产品质量监督管理的体制，明确了县级以上地方产品质量监督部门的职能，系统地规定了生产者、经销者的产品质量义务。法律的另一方面是产品质量责任，主要包括行政责任、民事责任、刑事责任。在《产品质量法》附则中规定，军工产品质量监督管理办法由国务院、中央军事委员会另行制定。

1.3.3 武器装备质量管理条例

2010 年 9 月 30 日，《武器装备质量管理条例》（以下简称《条例》）公布，自 2010 年 11 月 1 日起开始施行，这是我国武器装备质量建设法制化进程中的又一个里程碑，是军工质量管理顶层法规，标志着武器装备质量管理进入了一个新的发展阶段，对于武器装备建设科学发展和先进国防科技工业建设具有十分重要的历史意义和现实意义。

（1）《条例》的法律地位

《条例》明确了其上位法是《中华人民共和国国防法》和《中华人民共和国产品质量法》，从保证武器装备质量的角度，规定了武器装备质量监督管理工作的具体要求。贯彻了《中华人民共和国保守国家秘密法》、《中华人民共和国合同法》、《中华人民共和国行政许可法》、《中华人民共和国计量法》、《中华人民共和国标准化法》和《中华人民共和国刑法》等国家法律的要求。注重与《中华人民共和国认证认可条例》、《国防计量监督管理条例》、《武器装备科研生产许可管理条例》，以及军队有关武器装备条例、采购工作条例、装备科研条例、装备管理条例、计量条例和军事代表工作条例等法规的相互协调，同时吸纳了有关可靠性维修性管理规定、军用软件质量管理规定、军用软件产品定型管理办法和高新武器装备质量管理若干要求等规章文件，以及《质量管理体系要求》、《装备可靠性工作通用要求》等质量管理有关国家军用标准的成功做法和要求。

《条例》规范了武器装备建设相关方的质量行为和质量管理责任，为实施武器装备质量管理提供了有力的法律依据，是武器装备质量管理领域的基本法规，是我国武器装备质量监督管理的行动纲领，是武器装备质量建设的顶层法律文件。

(2)《条例》的适用范围

《条例》从武器装备质量系统工程管理角度出发，从武器装备质量管理的责任主体、实施对象和过程三个方面扩展界定了适用范围：

一是明确了武器装备质量管理的责任主体，包括：国务院国防科技工业主管部门和国务院有关部门，总装备部和军队有关装备部门，中央管理的企业和武器装备论证、研制、生产、试验、维修等单位，以及军工产品定型工作机构、军事代表、质量检验机构和认证机构等。

二是界定了武器装备质量管理的适用对象，包括：实施和保障军事行动的武器装备(包括武器、武器系统和军用技术器材)及用于武器装备的计算机软件、专用元器件、配套产品和原材料。

三是扩展了武器装备质量管理的过程覆盖范围，包括：武器装备论证、研制、生产、试验、使用和维修各阶段。

(3)《条例》的主要特点

《条例》以加强武器装备质量监督管理、提高武器质量水平为目标，以武器装备质量特性的确定、形成、保持和恢复等过程为主线；规定了武器装备论证、研制、生产、试验和维修等各阶段的质量管理任务和要求，明确了武器装备质量的各责任主体，规范了政府、军队、企业等各方的质量职责、任务要求和法律责任；体现了武器装备质量管理"四全"和"两化"特点，"四全"就是"全特性、全系统、全寿命、全方位"，"两化"就是"科学化、法制化"。

①树立了武器装备全特性的质量概念

《条例》吸收了现代质量管理的理论，以作战任务需求为牵引，以管用、顶用、高可靠、易维修和好保障为标准，突出作战能力和保障能力，丰富了武器装备质量的内涵。

②强调了武器装备全系统的质量要求

《条例》运用系统工程管理的思想，针对武器装备技术复杂、系统集成度高、协作面广等特点，从原材料、元器件、零部件、配套产品到分系统、系统，提出了多层次、系统性的质量保证措施，全面考虑"成系统、成建制"的武器装备质量要求和质量管理工作，对影响武器装备质量的各系统、各个工作环节提出要求，确保武器装备交付后尽快形成作战能力和保障能力。

③涵盖了武器装备全寿命的质量管理

《条例》发展了从源头抓起、全过程控制的理念，体现了预防为主、过程跟踪、节点控制和里程碑考核的系统工程管理思想，体现了作战任务需求牵引对质量的促进作用。《条例》全面规定了武器装备从论证到研制、生产与试验，再到维修整个寿命周期过程的质量管理要求。

④明确了武器装备全方位的质量责任

《条例》按照依法管理的理念和责权利相统一的原则，构建了"纵向到底、横向到边"的武器装备全方位的质量责任体系。

⑤突出了武器装备质量管理的科学化

《条例》遵循了依靠先进技术和科学管理提高质量的规律，充分总结了武器装备质量管理的经验教训，吸收借鉴了国内外先进的质量管理理论和实践经验，鼓励采用先进的科学技术和管理方法提高武器装备质量。

⑥体现了武器装备质量管理的法制化

《条例》贯彻有法可依、有法必依、执法必严、违法必究的思想，对武器装备寿命周期各相关责任主体、各方面活动、各层次产品的质量管理作出了明确的规定。

(4)《条例》的框架结构

《条例》分总则，论证质量管理，研制、生产与试验质量管理，维修质量管理，质量监督，法律责任和附则，共七章六十一条。

第一章总则，共八条，主要包括立法目的和依据、适用范围、武器装备质量管理的基本任务、质量管理体系建设、标准和计量、质量信息管理、主管部门及职能、鼓励政策和奖励机制等内容。

第二、三、四章，共三十七条，以武器装备全寿命周期为主线，提出论证、研制、生产、试验和维修等质量管理要求。其中，第二章论证质量管理，共七条，主要包括对论证阶段质量管理的任务、主管部门及责任、论证质量控制要求等；第三章研制、生产与试验质量管理，共二十五条，主要包括武器装备研制、生产与试验过程质量管理的任务、质量责任及各环节质量要求，以及中央企业、军方质量监督管理职责等；第四章维修质量管理，共五条，主要包括武器装备维修质量管理的任务和责任，以及记录质量状态、定期质量评估、质量缺陷处理和质量问题报告、服务保障、伴随保障和应急维修保障要求等。

第五章质量监督，共六条，主要包括政府管理部门和军队装备管理部门监督职能，国家对武器装备质量管理实行的各项监督措施及要求，包括认证认可、军工产品定型、军代表质量监督、重大质量事故调查，以及对假冒伪劣军工产品的调查处理、质量问题举报等，明确了实施武器装备质量监督的责任主体及其监督的职权、采用的监督方式、被监督对象接受监督的要求等。

第六章法律责任，共七条，主要包括对违反本《条例》行为的惩罚措施，并特别对涉嫌制造、销售和使用假冒伪劣产品的单位和个人提出了明确的法律责任。

第七章附则，共三条，主要包括参照执行本《条例》的范围，本《条例》的施行日期，废止《军工产品质量管理条例》等。

1.3.4　质量发展纲要

改革开放以来，党中央、国务院制定实施了一系列政策措施，初步形成了中国特色的质量发展之路。1996 年，国务院颁布实施《质量振兴纲要(1996—2010 年)》以来，全社会重视质量的氛围初步形成。但是，我国质量发展的基础还很薄弱，质量水平的提高滞后于经济发展。2011 年产品质量国家监督抽查不合格率为 12.5%，不合格产品的绝对数还很大。质量安全形势仍然严峻，产品质量安全特别是食品安全事故时有发生。质检总局会同发展改革委、科技部、工业和信息化部、环境保护部、住房和城乡建设部、交通部、农业部、商务部、卫生部、人民银行、国资委、工商总局、统计局、旅游局等 14 个部门共同编制 2011 至 2020 年《质量发展纲要》，明确中长期质量发展的总体目标、任务要求和政策措施，进一步动员全社会重视质量，增强质量意识，加强质量工作，提升质量水平，建设质量强国，为全面建设小康社会提供质量保障。

《质量发展纲要(2011—2020 年)》基本框架分为 9 个部分：质量发展的基础与环境；指导思想、工作方针和发展目标；强化企业质量主体作用；加强质量监督管理；创新质量发展机制；优化质量发展环境；夯实质量发展基础；实施质量提升工程；组织实施。

为了丰富《质量发展纲要》的内容，参照《国民经济和社会发展第十二个五年规划纲要》和其他规划的体例，分别设置了“质量发展主要目标”、“建立健全质量安全风险管理体系”、“品牌建设重点措施”、“标准化工作重点”、“认证认可工作重点”和“提升检验检测能力”6 个专栏。

第一部分“质量发展的基础与环境”。分析质量形势，强调坚持以质取胜、建设质量强国的重要性。

第二部分“指导思想、工作方针和发展目标”。明确未来 10 年我国质量工作的指导思想和工作方针，提出我国质量发展的总体目标以及产品质量、工作质量和服务质量的具体目标。

第三部分“强化企业质量主体作用”。提出严格企业质量主体责任、提高企业质量管理水平、加快企业质量技术创新、发挥优势企业引领作用、推动企业履行社会责任 5 项要求。

第四部分“加强质量监督管理”。从政府的角度，提出了加快质量法治建设、强化质量安全监管、实施质量安全风险管理、加强宏观质量统计分析、推进质量诚信体系建设、依法严厉打击质量违法行为 6 项措施。

第五部分“创新质量发展机制”。从质量创新发展的角度，提出了完善质量工作体制机制、健全质量评价考核机制、强化质量准入退出机制、创新质量发展激励机制、创建品牌培育激励机制、建立质量安全多元救济机制 6 个方面的内容。

第六部分“优化质量发展环境”。从社会的角度，提出加强质量文化建设、营造良好市场环境、完善质量投诉和消费维权机制、发挥社会中介服务作用、加强质量舆论宣传、深化质量国际交流合作 6 个方面的举措。

第七部分“夯实质量发展基础”。从质量建设的角度，提出推进质量创新能力建设、加强标准化工作、强化计量基础支撑作用、推动完善认证认可体系、加快检验检测技术保障体系建设、推进质量信息化建设 6 个方面的工作。

第八部分“实施质量提升工程”。从政府、行业、企业和社会多角度，提出了质量素质提升工程、质量可靠性提升工程、服务质量满意度提升工程、质量对比提升工程、清洁生产促进工程 5 项重点工程。

第九部分“组织实施”。从加强组织领导、完善配套政策、强化检查考核等方面作了规定。

1.3.5　装备质量责任追究暂行办法

为贯彻落实习近平总书记提出的“武器装备的质量关系战争胜负，关系官兵生命，必须坚持质量第一，把质量管理要求贯穿到武器装备设计、研制、生产和使用的全过程，绝不允许出豆腐渣工程；要建立装备质量终身责任追究制度，谁不负责任、搞豆腐渣工程，跑到天边也要让他付出代价”以及“要健全责任体系，建立质量责任人终身追究制度，确保责任落实到人，确保出了问题能够追究到人”的重要指示，2015 年 10 月，原总装备部、国防科技工业局联合发布了《武器装备质量责任追究暂行办法》。

《装备质量责任追究暂行办法》分总则、装备质量责任的调查与认定、装备质量责任追究的实施和附则，共四章 32 条。

第一章“总则”，共十条，主要包括术语解释、原则、实施阶段、组织管理与分工、分解落实、奖惩等内容。

第二章“装备质量责任的调查与认定”，共七条，主要包括启动条件、制定实施方案、调查取证、责任认定、认定结论的内容、认定结论报批、异议处理。

第三章“装备质量责任追究的实施”，共十一条，主要包括责任单位和责任人员的责任追究，论证质量责任，重大质量事故，装备质量检验、认证机构质量责任追究，从轻或免除条件等。

第四章“附则”，共四条，主要包括制定实施细则、办法的范围、装备及装备采购合同的范围、实施日期等。

参 考 文 献

[1] ISO 9000：2015 《质量管理体系 基础和术语》.
[2] GB/T 19000—2016 《质量管理体系 基础和术语》.
[3] GJB 451A—2005 《可靠性维修性保障性术语》.
[4] 中国质量协会．质量经理手册[M]. 北京：中国人民大学出版社，2011.
[5]《中华人民共和国产品质量法》，2000.
[6]《武器装备质量管理条例》，2010.
[7]《武器装备质量管理条例》学习读本，2013.
[8]《质量发展纲要(2011—2020年)》.
[9]《装备质量责任追究暂行办法》，2015.

第 2 章　质量文化及质量基础

2.1　航天质量管理发展历程及主要特点

2.1.1　航天质量管理发展历程

(1)航天创业初期到 20 世纪 70 年代末

中国航天成立之初，在严格的国家计划安排下，独立自主地研究、设计、制造人造地球卫星，受当时计划经济体制的约束，不可能有众多的协作单位共同完成研制任务，只能完全依赖于系统内部的力量，自己设计、自己生产、自己调试、自己装配，技术人员既是设计者又是操作者，工人也只能依赖于通用的设备、凭着自己的手艺和高度的责任心完成零件的加工制作，这一时期产品大部分都是从实验室走出来的。从创建初期到 20 世纪 70 年代末期，产品实现过程管理基本上停留在质量管理的初级阶段。

50 年代末，航天工业组建初期的质量保证在制造过程主要靠检验系统，设计过程主要靠设计师系统的自我保证，实行拟制、校对、审核和批准的技术责任制。航天型号研制处于试验阶段，设计师作为产品的使用者监督着制造过程的产品质量。

60 年代，航天工业以周恩来总理提出的“严肃认真，周到细致，稳妥可靠，万无一失”的十六字方针为科研生产及质量管理工作的指导思想。60 年代初期，第一个自行设计的近程运载火箭首飞失败，开始引起高层领导对质量可靠性的重视，制定发布了《国防部第五研究院暂行条例(草案)》(老五院的“七十条”)，该条例(草案)强调按研制程序办事，充分做好地面实验，建设了全箭试车台和控制系统仿真试验室等基础设施，树立“严肃的态度、严格的要求、严密的方法”的三严作风，组建专家工作组，培训质量管理干部，推行、应用统计质量控制方法和可靠性技术。1965 年组建了质量控制专业研究所，开始研究型号研制过程的可靠性保证和质量控制问题。

70 年代初至 70 年代中，研制过程中元器件质量低劣，设计、制造过程严重失控，一些重点型号飞行试验连续失利和定型装备进度一拖再拖，再次引起高层领导对质量可靠性的关注。70 年代中开始进行质量整顿、质量复查，落实电子元器件定点、定技术条件供应，结合重点工程“三抓”任务(太平洋运载火箭、潜地导弹、通信卫星工程)开展质量保证活动。从 70 年代中到 80 年代初采取了元器件筛选、整机老炼、系统稳定运行、产品验收、失效分析、设计鉴定答辩、技术状态更改控制等一系列技术和管理措施，并在各型号研制中逐步推广，取得明显效果，创造了型号研制过程开展质量保证的新经验。

(2)70 年代末到 90 年代中期

1978 年开始，日本的全面质量管理(TQC)经验在中国、特别是在国企中得到了普遍的推广应用，全航天系统推行了全面质量管理，开展全员培训、“质量月活动”、群众性的质量管理小组活动以及创优质产品活动，引入统计质量管理的工具和方法，以工作质量保证产品质量，提高了全员的质量意识。

80 年代初，质量管理工作已经涉及到设计、工艺、设备、生产、计划和教育等多个部门。各单位逐步建立了质量管理组织，负责全面质量管理的策划和推进工作；各重点型号开始制订并实施可靠性保证大纲；标志着航天工业进入了有组织、有计划地开展质量管理和质量保证的新阶段。

1983 年，在推行全面质量管理的基础上，借鉴美国的经验，国防科工委颁发了《军工产品质量控制暂行条例》，对研制、生产全过程提出了全面、有效的质量控制要求。1987 年，国防科工委颁布《军工产品质量管理条例》(简称《条例》)，要求各单位按照条例的要求实施质量保证体系考核，考核不合格的不能从事军工产品的研制生产。80 年代中至 90 年代初，航天系统的质量工作是以贯彻《条例》，实行质量保证体系考核为主线展开的。《条例》根据“一次成功，系统管理，预防为主，实行法治”的指导思想，系统地规范了型号研制、制造过程的质量保证和质量管理活动，其中研制过程质量保证要求主要是总结了航天工作经验。《条例》的实施是航天工业进入规范化质量管理的里程碑，为今后质量管理工作发展奠定了基础。

从 1993 年起，国防科技工业开始实行质量保证体系考核向认证管理转变，经过几年的探索，国防科技工业系统在国家系列标准《质量管理和质量保证标准》基础上，增加军工的特殊要求，并于 1996 年编制了《质量管理和质量保证》国家军用系列标准，作为军工产品承制单位质量管理体系认证的依据，军工产品承制单位依据此标准进一步完善了质量管理体系。在这期间，航天工业总公司成立，狠抓思想、作风、纪律整顿，结合产品暴露的问题，广泛开展质量清理整顿，持续开展质量教育培训活动，实施质量专项技改。1994 年，编写出版了《航天故障启示录》和《三 F 技术培训教材》，确定了航天质量日(1992 年 3 月 22 日，长征二号捆绑式运载火箭发射澳大利亚 B1 卫星失利)，一些单位开始由质量保证体系考核转为质量管理体系认证。

(3)90 年代中期到“十一五”中期

到了 90 年代中期，航天企业面对社会主义市场经济环境和国际市场的激烈竞争形势的同时，还面临着工程项目任务日益繁重、技术要求越来越高、协作单位越来越多的局面和顾客高可靠、高安全、长寿命的使用要求，管理层认识到了质量管理水平已经不能适应多项目并举的生产形势，应对质量管理工作进行改进。1995 年航天制定并实施质量管理改革方案，提出了“单位抓质量管理体系建设，型号抓产品保证，质量专业抓基础建设”的质量工作总体思路。但是在 1996 年，“2. 15”(1996 年 2 月 15 日，“长三乙”火箭首发“国际通信卫星 708”，火箭起飞后 22 秒爆炸，星箭俱毁)、“8. 18”(1996 年 8 月 18 日，“长征三号”发射中星七号通信卫星，三级发动机二次点火发生故障，卫星未能进入预定轨道)接连出现重大挫折，质量形势严重滑坡，中国航天面临“失败不起，没有退路，只能成功”的境地。

面对当时严峻的质量形势，航天从实际出发，在深刻反思和认真总结四十多年来的成功经验和失败教训的基础上，采取了一系列举措。1996 年，组建了四个元器件可靠性保证中心，一个软件评测中心，两个软件检测站，一个可靠性与安全性研究中心和一个工艺研究所等专业质量保证机构，并开始向各院派驻了总公司质量监督代表。1997 年，制订并发布了强化型号质量管理的“28 条”措施，结合重点型号狠抓贯彻实施，取得了明显的效果。通过抓型号质量保证的实践，深刻地认识到必须在“救火”的同时寻求“防火”的规律，必须把抓产品质量与抓质量管理体系建设紧密结合起来。1997 年底，提出了体现从源头抓起的振兴航天质量的“四个三”计划，即三个层次的要求：一是按照“零缺陷”的目标进行立法，从源头抓起，防止质量问题的产生；二是万一出现质量问题就按“定位准确、机理清楚、问题复现、措施有效、举一反三”的 5 条标准归零，彻底纠正；三是对要发生的一系列质量问题，特别是重复故障、人为责任事故进行统计分析和深层次的原因分析，从管理上采取措施，改进质量管理体系；从执行、监督和奖惩 3 个方面进行落实，严格按照 3 个层次的要求做；从人力资源、技术手段和专业机构 3 个方面来保证。1997 年，在深入调研基础上，航天工业开始引进欧空局的产品保证技术和管理，进一步规范和深化型号质量管理工作。1998 年，反映航天工业特点的 QJ 9000《航天质量管理和质量保证标准》制订并发布(2003 年该标准进行了修订)，规范了航天行业各单位的质量管理体系建设和运行，把产品保证与质量管理更紧密结合起来，进一步提高了单位的质量保证能力。

1999 年，中国航天科技集团公司(以下简称集团公司)成立，按照“坚持、完善、发展”的原则，贯彻钱学森的系统工程管理思想，充分吸取了国内外成功企业质量管理经验，遵循“从源头抓起、预防为主、全过程控制”的质量管理原则，针对航天型号研制生产任务的新特点，制定并实施了“型号科研生产管理 80 条”等一系列质量规章和标准，不断丰富航天质量管理理念和方法。2003 年，集团公司启动了质量文化建设工作，制定发布了《中国航天科技集团公司质量文化建设纲要》，编制了《中国航天科技集团公司质量文化手册》，提出了“质量是政治、质量是生命、质量是效益”的质量理念，同时，进一步明确了质量工作的指导思想、价值观、行为准则、行为规范体系等方面的内容。

(4)“十一五”中期至今

“十一五”以来，航天型号研制生产面临着“三高两重”(三高：型号研制业务运行高可靠，研制发射飞行任务高密度，内部人员和外部环境变化高动态；两重：国家重大工程责任重，多型号并举任务重)的特点，集团公司提出了建设国际一流大型航天企业集团的发展目标，这些都对质量管理提出了新的、更高的要求，赋予质量管理新的责任和挑战。

2008 年，按照“坚持、完善、发展”的方针，针对新的形势与任务要求，集团公司总结 1996 年以来航天质量管理的成功经验和有效做法，充分借鉴国内外成功企业质量管理经验，以三个显著提高(提高全员质量素质、提高体系运行有效性、提高产品质量可靠性)为目标，制定并发布了《航天型号精细化质量管理要求》(简称“新 28 条”)，这也成为了集团公司质量管理的顶层规章。在此基础上，集团公司制定发布了《航天型号技术风险分析与控制要求》、《航天型号量化控制工作要求》、《强化航天型号可靠性工作的若干要求》、Q/QJA 32—2006《航天产品技术状态更改控制要求》、Q/QJA 65—2010《航天型号研制转阶段评审》、Q/QJA 14A—2009《航天型号出厂评审》以及 Q/QJA 71—2011《航天型号单点故障模式识别与控制要求》等一系列支撑性的质量制度和标准，进一步深化了航天型号精细、量化过程控制和风险管控工作。为推进"新 28 条"要求的有效贯彻落实，集团公司研究实施了质量管理体系评估制度，建立了集团公司对研究院、研究院对厂(所)、厂(所)自评的分级实施的质量管理体系自我完善和持续改进，促进了质量管理中薄弱环节的识别和改进以及质量管理最佳实践的总结和推广。2014 年，集团公司党组研究决定，用 3 年左右的时间，通过实施航天质量提升工程，来推动集团公司质量能力的全面提升。实施航天质量提升工程，是集团公司在管控模式调整和全面深化改革的关键时期，落实集团公司战略发展目标的一项重要举措。集团公司在质量管理方面一系列举措的制定和有效实施保证了以"探月工程"、"北斗导航工程"和"载人航天工程"等为代表的航天工程任务的顺利实施。

2.1.2　航天质量管理主要特点

航天质量管理是以过程控制精细化为特征，坚持预防为主、从源头抓起、全员参与的原则，有效识别与控制技术风险，不断提高产品保证能力，不断提高技术、产品、管理和队伍成熟度，实现型号研制生产试验过程质量控制的规范化、定量化和精细化，确保航天型号研制及飞行任务一次成功。其主要内涵包括以下六方面：

1)树立零缺陷质量意识，落实质量责任。要求全员牢固树立"零缺陷"理念，追求各项工作第一次就做对、做好，力求型号研制、生产和服务中各环节全面优质，力求地面试验、飞行试验等各项任务的圆满完成。

2)顶层策划、总体优化，有效识别和控制技术风险。运用系统工程的理论和方法，在产品各阶段系统开展质量策划，强调工程管理诸要素的相互协调和整体优化，确保对技术风险的有效识别和控制措施的落实。

3)集同工作、放大细节、量化控制。工作中注重跨单位、跨专业、跨部门的相互协同和综合集成。把握航天工程"细节决定成败"的特点，快速聚焦、充分识别影响任务成败的关键细节，对产品实现的关键过程和产生质量问题的深层原因和薄弱环节加以放大，采取量化、细化的方式和工具手段进行控制和改进。

4)精细数据管理，强化全过程质量控制。持续全面收集型号研制生产全过程的各类数据，有效识别和充分验证产品关键特性，建立航天产品数据包，加强设计、生产、试验、交付验收、售后服务等全过程的过程质量控制。

5)不断完善知识创新和快速共享的管理体系和制度。建立质量与可靠性信息系统、数据库，建立并实施质量问题分析、质量管理体系评估、质量问题快报、质量问题归零和举一反三等制度，完善标准规范体系，开展最佳实践交流，促进知识创新和快速共享。

6)强调技术、产品、管理和队伍成熟度的同步提升，注重工程方法、工具的开发与应用。同步开展技术成熟度评估、产品定型、质量管理体系审核、全员质量专业培训等工作，保证和提升航天工程的质量与可靠性。加强质量可靠性关键技术和质量管理方法的研究与推广应用，建立健全产品保证专业技术机构体系，不断提高产品保证专业技术能力。

2.2　航天质量文化

2.2.1　航天质量文化结构

中国特色的航天文化是中国航天创造力的体现，是中国航天人品格的体现。航天质量文化是航天企业文化的重要组成部分。

航天工业经历了几十年的发展，积淀了深厚的航天质量文化底蕴。它体现着几代中央领导的教诲和期望，融合了几代航天人成功的经验和失败的教训，是“两弹一星”精神、载人航天精神和航天传统精神在质量方面的体现，是航天事业宝贵的精神财富和巨大的无形资产。培育航天质量文化就是为航天产品研制生产及质量管理提供强大的精神动力和创造良好的工作氛围。

航天质量文化的结构由精神层面、行为层面和物质层面有机组成，如图 2－1 所示。精神层面是质量文化的灵魂。行为层面是质量行为规范体系及其运行机制。物质层面是质量文化的物化部分。这三个层面自上而下逐层落实，自下而上逐层体现。质量文化建设是这三个层面的有机结合，即实施“以德治质”、“依法治质”、“以物保质”的有机结合。

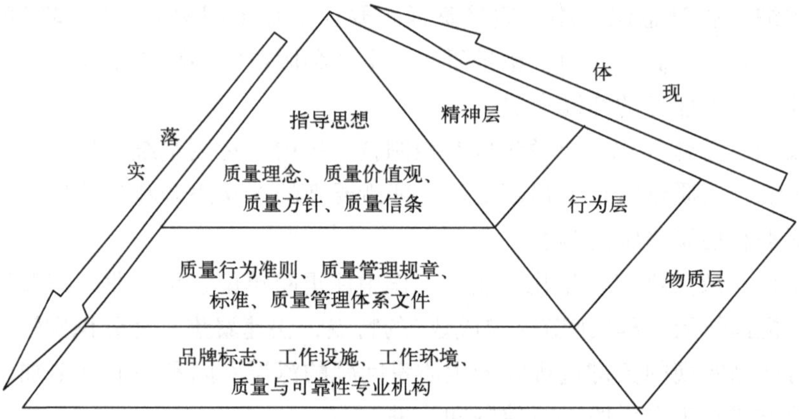

图 2－1　航天质量文化的结构图

质量文化精神层面的建设以周恩来总理的十六字方针作为指导思想，并结合新的形势赋予新的内涵，挖掘、提炼集团的质量理念、质量价值观和质量方针，将其融入集团的企业精神、企业价值观、企业经营理念和发展方针之中，实施“以德治质”。

质量文化行为层面的建设是通过贯彻、展开和体现集团的指导思想、质量理念、质量方针和质量价值观，确定集团的质量行为准则（诚实守信，遵章守纪，严慎细实，持续改进)，完善质量管理的规章制度，建立技术标准和管理标准体系，建立健全集团公司所属单位质量管理体系，形成全集团范围内的质量行为规范体系和质量激励与约束相结合的机制，从而激励、规范、评价和监督集团各级领导及全体员工在经营管理、产品研制和生产中的质量行为，实施“依法治质”。

质量文化物质层面的建设是通过品牌标志、工作设施、质量与可靠性专业机构和工作环境等载体，体现、落实集团的指导思想、质量理念、质量价值观、质量方针、质量行为准则，保证质量行为规范体系和质量激励与约束机制的有效运行，即以高知名度、美誉度的品牌标志体现高质量的形象，以一流的专业机构、一流的工作设施、一流的专业水平、一流的工作环境来保证一流的产品质量，实施“以物保质”。

2.2.2　指导思想、质量理念、质量座右铭

(1)指导思想——严肃认真，周到细致，稳妥可靠，万无一失

1966 年，周恩来总理针对航天型号技术复杂、质量与可靠性要求高的特点，提出了“严肃认真，周到细致，稳妥可靠，万无一失”的十六字方针，高度概括了航天人应具有的工作作风，到今天对航天工程质量管理仍具有巨大的现实指导作用，成为航天人永恒的质量座右铭。

“严肃认真”是我们应有的工作态度。航天产品研制生产需要严谨务实、精益求精的工作作风，需要事前的严密策划，全过程的严格控制，发现质量问题归零管理就是落实“严肃认真”的具体措施。

“周到细致”是我们的工作方式。元器件选用、采购、监制验收、筛选复验到失效分析全过程的统一管理，靶场表格化管理，测试覆盖性管理等就是“周到细致”的具体方式。

“稳妥可靠”是我们的工作要求。开展型号研制全过程的系统策划和可靠性设计、分析、试验等活动，特别是开展故障模式影响分析，就是落实“稳妥可靠”的要求。

“万无一失”是我们的工作目标，“一次成功”、“零缺陷管理”就是在型号研制中对“万无一失”的体现和落实。

(2)质量理念——质量是政治，质量是生命，质量是效益

在航天科技工业发展的新阶段，我们总结、提炼、形成了“质量是政治，质量是生命，质量是效益”的质量理念，体现了“保质量就是保安全、保战斗力、保胜利”的思想和航天工程质量管理的重要使命。

“质量是政治”，航天产品质量事关国家地位和形象，事关国家安全和祖国统一大业，事关国家经济建设、科技发展和社会进步。特别是载人航天等重大专项工程对于提高中华民族的凝聚力和展示中国的综合国力具有十分重大的意义，受到党中央和全国人民的高度重视。国防现代化建设也迫切需要我们高质量地完成任务。对于航天科技来讲，质量问题决不仅仅是技术和管理问题，首先是政治问题，讲质量就是讲政治，提供高质量的产品就是高度政治责任感的体现。

“质量是生命”，航天产品的质量从根本上决定着航天科技工业的生存和发展，对集团

公司而言，如果研制不出高性能、高可靠的航天产品，便失去了生存的根基，更谈不上持续发展。航天产品的质量直接影响着航天员、解放军指战员及人民群众的生命安全。

“质量是效益”，集团公司作为国家高科技、战略性产业的一个大型企业集团，既要追求经济效益，又要追求社会效益，航天的特点决定了只能以质量求效益，追求高质量就是追求高效益。对于航天民用产品，也只有靠高质量才能真正赢得市场。

2.2.3 质量价值观、质量道德观

(1)质量价值观——以质量创造价值，以质量体现价值

企业向顾客提供产品或服务的目的在于使顾客在使用产品或享受服务的过程中能够实现价值的增值，即为顾客创造价值，同时也使投资方、企业、员工和合作伙伴的价值得到增值和体现。航天产品及其服务，需要以质量和技术为顾客、社会和国家创造价值，同时以质量和技术来体现集团公司及其员工的价值和合作伙伴的价值。没有高质量，高技术也就难以体现航天产品价值。

(2)质量道德观——诚实守信，尽职尽责

诚实守信是每个员工做事的基本道德规范，也是企业对国家和社会负责的最基本道德准则。讲质量的最基本道德就是讲诚信。诚实守信就是要努力履行承诺，严禁隐瞒不报、弄虚作假，要以“诚”取“信”于员工、顾客、合作伙伴、上级、国家和社会。

尽职尽责是每个员工应遵守的基本道德准则，也是企业对国家和社会负责的最基本道德准则。保质量的最基本要求就是要尽职尽责。尽职尽责就是要尽心尽力地做好本职工作，竭尽全力地对所做的工作负责，对员工、顾客、合作伙伴、上级、国家和社会负责。

2.2.4 质量方针、质量行为准则

(1)质量方针——一次成功，预防为主，精细管理，持续改进，顾客满意，追求卓越

一次成功表明航天产品研制生产“成功就是硬道理”，各项工作应努力第一次就做对做好，识别控制风险，地面试验充分，确保成功。

预防为主是指产品研制生产应从源头抓起，进行系统策划，合理配置资源，采取有效措施，消除质量隐患，防止问题发生。这是实施质量管理最主动、最经济、最有效的方式。

精细管理强调各项工作要精心细致，要分解、细化每项工作，明确落实责任，应用科学方法，规范工作流程，识别设计过程，预防和控制异常，依靠数据说话，使各项活动及其过程实现精确、高效、协同和持续运行，不断提升各项工作规范化、信息化管理水平。

持续改进是质量管理的基本原则，即要求集团公司各单位及全体员工永不满足已有的质量水平，通过持续的学习与创新，不断提高产品和服务的质量水平。

顾客满意是指秉承“顾客至上”的原则，各项研制生产和经营管理活动都以顾客为中心，充分了解顾客的需求与期望，以高质量的产品和服务来满足顾客需求，努力赢得顾客

满意和顾客忠诚。

追求卓越是指以国际最高标准为目标，通过不断学习、创新、评价和改进，满足国家、顾客越来越高的需求和期望，不断提升核心竞争力，致力于把集团公司建设成为产品和服务及经营管理国际一流的大型航天企业集团。

(2)质量行为准则——严慎细实

“严慎细实”是在航天工程研制过程中提炼出的航天人所必须遵循的质量行为准则。

“严”。严的作风体现在严明的纪律、严密的组织、严肃的态度。航天工作的成果体现在高质量的产品，质量是方方面面工作的综合反映，无论是在型号研制工作中，还是在管理工作上，严格执行制度的程度是评定每一位干部员工能力的基本标准，是确保成功的重要基础。干航天必须严字当头，不讲情面，不留退路，发现问题抓住不放，解决问题一抓到底，做到严格要求，赏罚分明。

“慎”。慎的作风体现在慎始慎终、慎言慎行。就是要尊重客观规律，慎重对待型号研制中的每一个技术问题，做好充分的技术论证和科学试验，确保航天发射稳妥可靠，万无一失。

“细”。细的作风体现在认真细致，精细到位。注重过程管理，强调过程受控，第一次就把事情做对做好，不留任何缺陷，做到一丝不苟，分秒不差。要使制度得到不折不扣地执行，使严肃的制度变为干部员工的自觉行为，就必须细致地理解每一项制度的重要性，就必须细致理解严格执行制度对于确保型号研制、试验、发射成功的作用。

“实”。实的作风体现在脚踏实地，求真务实。就是要自觉执行命令和履行职责，勇于进取，善于攻关，创造性地完成自己的工作，做到兢兢业业，勤勤恳恳。要使制度成为指导、约束干部员工行为的准则，也是提供高质量、高可靠性航天产品的有力保证，要使制度落到实处，不仅是型号研制工作，各项工作都要形成闭环管理。

2.3 航天特色质量文化活动

2.3.1 航天质量日

2004年9月21日，某型号导弹批抽检飞行失利，为铭记教训，警钟长鸣，集团公司将每年的9月21日确定为集团公司质量日。集团公司每年制定质量月和9.21质量日活动方案，确定活动主题，并对各院、直属单位开展质量月活动提出了明确要求。通过召开视频会议、观看质量警示录、组织主题演讲、进行领导访谈、开展专题培训等多种多样的形式开展了质量方面的宣传教育活动。

集团公司所属各单位结合本单位的实际，分别制定了质量月和9.21中国航天科技集团公司质量日活动计划并加以实施。充分利用报纸、闭路电视、黑板报、宣讲等多种形式，宣传质量形势、任务和各项质量保证措施，使各级组织的各项活动的效果真正传达到基层员工。针对树立零缺陷质量意识，加强面向产品质量分析，强化航天产品数据包，推进成功数据包络分析方法和提高风险识别与控制能力等不同的主题，组织开展了群众性活动，进一步提高了全体员工的质量意识，形成人人讲质量、人人抓质量、人人保质量的良好氛围。

通过质量月和9.21航天科技质量日活动，使广大干部职工进一步树立了大局意识和“以质量保成功，以质量促发展”的观念，增强了责任感和使命感，促进了航天科研生产和质量管理水平的提高。

2.3.2 群众性质量管理活动

QC小组活动是航天企业质量领域开展时间最长，参加人数最多，取得成效最显著的一项群众性质量管理活动。集团公司认真组织各院开展QC小组活动，充分发挥各院质量管理小组推进者、班组长主导作用，调动研制生产一线员工积极参与，立足本岗，结合身边的质量问题开展活动，运用科学方法解决了大量科研生产和管理中存在的实际问题，对提高产品质量和管理水平，做出了积极的贡献。据统计2012—2016年航天科技有81个QC小组被评为全国优秀质量管理小组；38个班组被授予全国质量信得过班组，在军工企业中名列第一，中央企业红旗班组标杆数量排在前列。2015年，集团公司开展QC小组成果发表会80次，创新性QC小组数430个。

集团公司每年结合形势任务特点，开展一个主题鲜明的职工建功立业活动，将劳动竞赛、合理化建议等职工建功立业活动作为班组建设的重点工作，引导广大职工建功航天。开展了以“万人献万计、天天有改进、降本增效益”，“创新、创效、创优”，“一次劳动竞赛、一次技术比武、一次建言献策、一次成果发布、一次技术架桥”，“我承诺、我奉献、我创新、我超越”为主题职工经济技术创新创效活动。职工建功立业活动开展以来，累计征集合理化建议12.7万条，建议采纳率达到31.4%，设立员工创新项目7079个，成果转化率达到21.0%，创造经济效益10.8亿元。

此外，集团公司还在班组中广泛开展学习型组织建设，坚持传帮带机制，传承科学作风，搭建实践平台，将工作经验和创新成果以“文件库”、“软件库”等形式固化下来形成“货架技术”，推动职工之间的知识交流和经验共享。

2.3.3 6S管理与星级现场管理

2003年，集团公司全面推进了以“整理、整顿、清洁、规范、素养、安全”为核心的6S管理。集团公司先后召开了视频动员大会和现场会，组织各单位对6S管理样板观摩学习和经验交流，下发了《中国航天科技集团公司6S管理评价准则和评分标准》、《关于深入开展6S管理工作的通知》和《集团公司6S管理检查验收管理办法》等指导性文件，按照集团公司统一部署和要求，各院、直属单位先后开展了6S管理工作，通过真抓实干，勇于创新，使现场环境得到明显改善，员工精神面貌得到改观，提高了工作效率和管理水平，丰富了企业文化的内容，树立了新的企业形象。

2015年3月，集团公司在6S管理基础上启动了生产现场管理星级评价工作。2015年

10 月，发布了《关于开展集团公司生产现场管理星级评价工作的通知》(质字［2015］73 号)，同时印发了《生产现场管理星级评价工作管理要求》(试行)、《航天生产现场管理实施指南》(试行)和《生产现场管理星级评价手册》(试行)等文件。

2016 年 3 月至 5 月，集团公司组织成立专家组对一院 211 厂总装事业部、五院总装与环境工程部 AIT 总装车间、九院光电公司产品制造部开展了星级现场试评价工作，取得了较好的效果。集团公司将按照《生产现场管理星级评价工作管理要求》，分级分类组织对总装、总测现场(包含部分电装现场)开展生产现场管理星级评价工作，其他类型的生产现场由各院负责组织评价。到 2017 年底，要实现所有生产现场达到三星级以上水平的目标。

2.3.4　中国航天质量奖

中国航天质量奖是中国航天科技集团公司和中国航天科工集团公司共同授权航天质量协会设立的中国航天行业质量经营领域的最高奖项，旨在引导和激励航天各级组织和广大员工追求卓越，从而提高航天行业整体质量效益和竞争能力。中国航天质量奖分为组织、产品(项目)和团队(个人)3 类，分别授予推行航天卓越绩效模式并取得显著成效的单位，以及实施卓越的项目管理并取得显著的质量、经济、社会效益的团队和个人。参考美国波多里奇国家质量奖最新评价体系和卓越项目管理的经验，融合了航天工业特色，制订了《中国航天质量奖(组织类)评审管理办法》、《中国航天质量奖(组织类)评审标准》和《中国航天质量奖(项目类)评审管理办法》、《中国航天质量奖(项目类)评审标准》，以期发现航天行业中质量管理的最佳实践。

“中国航天质量奖(组织类)”是对获奖单位给予表彰和奖励，在航天行业推进追求卓越的质量经营，进一步深化航天企事业单位对卓越绩效模式的理解，引导和激励航天企事业单位追求卓越。每两年评选一次，有效期为 4 年，从 2009 年起，中国航天质量奖(组织类)已经开展了 4 届，有 24 家单位参评，9 家单位获奖。

中国航天质量奖(项目类)奖项是借鉴国内外推行卓越项目管理的经验、做法和最新成果，结合航天工业型号管理的实践，从项目目标、领导力、人员、资源、过程、客户结果、人员结果、其他相关方结果、主要成就和项目结果九个方面规定了航天卓越项目的评价要求，为航天项目管理团队追求卓越项目管理和绩效提供了评价准则。从 2011 开始，中国航天质量奖(项目类)，每两年一次，已开展过 3 届评审。

2.3.5　中国航天质量论坛

中国航天质量论坛由航天质量协会承办，每两年举办一次，至今已经成功举办了四届，是航天行业总结交流航天质量管理实践经验，全面推广先进质量管理理念和方法，探讨航天质量管理的后续思路的重要平台。每届航天质量论坛依照当时的质量形势和存在的问题，确定相应的主题，来寻找行业中的质量管理最佳实践。如第三届航天质量论坛中就在型号研制过程中的先进质量方法，航天质量管理模式建设与提升，安全与风险、质量分析与改进，卓越绩效管理模式，软件质量保证和其他等七个方面，收集并发布了 124 个最佳实践。第四届主题为“创新方法追求卓越——中国航天质量发展之路”，汇集了航天质量管理模式与方法、质量分析、改进与风险管理，质量与可靠性技术，供方质量管理与控制，软件质量保证，质量创新活动与实践，航天质量文化等方面共 143 篇论文。

2.3.6　质量案例教育

航天质量工作中形成的最佳实践，有很大一部分都是在处理各种质量问题的实践经验中总结出来的。将故障案例汇编成册，体现了航天人实事求是的态度，正视问题、直面差距的勇气。各类型号在工程研制和飞行运行任务中暴露的典型故障案例，其中故障定位、针对问题所采取的有效措施和问题的启示，都是我们付出巨大代价换来的宝贵经验，“前事不忘，后事之师”，这是我们今后在工程研制中引以为戒、举一反三、预防和控制类似问题的重要财富。通过编制故障案例和警示，对培养和提高全体职工的质量意识，对我们做好型号质量工作大有裨益。

从故障案例入手，反思我们质量管理体系中的不足之处，结合航天工作的特点，在改进、完善我们的管理上下功夫，不断提升质量管理体系自我诊断、自我完善的能力，努力将航天特色质量管理要求固化于制，内化于心，外化于行。

为了加强质量问题信息的利用，促进质量问题举一反三工作的开展，编发了《星箭故障案例集》(1995—2005)、《载人航天工程质量问题案例集》(共三册)和《故障启示录 1999—2012》等基于航天产品质量问题的案例集，累计下发近 3000 余册，供型号研制和管理人员学习使用，并取得了一定的效果。此外，自 2006 年开始，集团公司质量技术部每年都编发航天产品质量问题警示录，并依此拍摄警示片在集团公司范围内播放，供型号研制和管理人员学习，收到了较好的效果。据统计，仅 2011 年航天产品故障警示录(宣传片)，就有将近 3 万人进行了观看，并收到了很好的效果，增强了员工的质量责任意识。

近年来，各院也加大了对质量问题信息利用的力度，并组织相关单位和人员针对本单位发生的质量问题，编写了诸如质量问题案例集、质量问题警示录等文本资料，供单位内部有关人员学习使用。如一院于 2011 年编写了《国内航天产品质量问题案例集》、《国外航天产品质量问题案例集》两个案例集；编写了 2011 年型号质量问题警示录，并将此拍摄成警示教育片在一院内部播放，收到了很好的效果。自 2010 年开始，五院、六院每年都组织相关人员编写型号质量问题警示录，并制成警示教育片在单位内部播放；七院每两年、九院每年编写质量问题案例集，对本单位近期发生的典型的、有警示教育意义的质量问题进行汇编、整理，并汇总到案例集中下发到所属各单位。

2.4　标准化

2.4.1　标准化基本概念

标准化有关概念来源于人类的社会实践，是人们在生产实践过程中逐步形成的，而且标准化有关概念也是在发展的，有它的相对性。

(1)标准

GB/T 20000.1—2002《标准化工作指南 第 1 部分：标准化和相关活动的通用词汇》对"标准"的定义是："为了在一定的范围内获得最佳秩序，经协商一致制定并经公认机构批准，共同使用的和重复使用的一种规范性文件。"在该定义之后还有一条注："标准宜以科学、技术和经验的综合成果为基础，以促进最佳的共同效益为目的。"

上述定义，从不同侧面揭示了标准这一概念的如下含义：

1)标准是共同使用和重复使用的规范性文件。所谓共同使用是指你用、我用、他也用，大家都要用；重复使用是指今天用、明天用、后天用，经常要用。也就是说，只有大家共同使用并且要多次重复使用，标准这种文件才有存在的必要。

2)制定标准的目的是获得最佳秩序，以便促进共同的效益。这种最佳秩序的获得是有一定范围的。"一定范围"是指适用的人群和相应的事物。所谓"适用的人群"可以是全球范围的、某个区域的、某个国家的、某个地方的、某个行业的、某个集团的等，具体适用的人群取决于协商一致的范围；所谓"相应的事物"是指条款涉及的内容，可以是有形的、无形的，例如有关安全的、环保的、能耗的、产品的、方法的等。

3)制定标准的原则是协商一致。协商一致是指普遍同意，即对于实质性问题，有关重要方面没有坚持反对意见，并且按照程序对有关各方的观点均进行了研究，且对所有争议进行了协调。协商一致并不意味着没有异议，一旦需要表决，协商一致是具有指标的，例如国家标准以四分之三同意为协商一致的指标。

4)制定标准需要有一定的规范化程序，并且最终要由公认机构批准发布。各级标准的制定都有其特定的程序，如航天行业标准的制定程序包括明确需求、标准论证、标准起草、标准审批和标准复审等环节。这里的"公认机构"在国外主要是指有社会影响力和技术权威性的各种学会、协会或政府机关，在我国主要是指政府和行政机关。

5)标准产生的基础是科学、技术和经验的综合成果。标准这一规范性文件是一种技术类文件，它具有科技含量，是在充分考虑最新技术成果后制定的；标准又是对人类实践经验的科学归纳、整理并规范化的结果。由于在标准制定中需要广泛征求意见，必须经过协商一致的过程，因而保证了制定的标准能够广泛吸收各方面的意见和建议，使得科学、技术和经验能够在有机结合后纳入标准。

(2)标准化

GB/T 20000.1—2002《标准化工作指南 第 1 部分：标准化和相关活动的通用词汇》对

“标准化”的定义是：“为在一定范围内获得最佳秩序，对现实问题或潜在问题制定共同使用和重复使用的条款的活动。”该定义中有两条注：“1. 上述活动主要包括编制、发布和实施标准的过程；2. 标准化的主要作用在于为了其预期目的改进产品、过程或服务的适用性，防止贸易壁垒，并促进技术合作。”

上述定义揭示了标准化这一概念的如下含义：

1）标准化不是一个孤立的事物，而是一个活动过程，主要是制定标准、实施标准进而修订标准的过程。这个过程也不是一次就完结了，而是一个不断循环、螺旋式上升的运动过程。每完成一个循环，标准的水平就提高一步。

2）标准化活动的核心是标准。标准化的主要任务是制定标准、实施标准和对标准的实施进行监督。标准化的目的和作用，都是要通过制定和实施具体的标准来体现的。标准化的效果只有当标准在社会实践中实施以后，才能表现出来。

3）标准化是一项有目的的活动。标准化可以有一个或更多特定的目的，以使产品、过程或服务具有适用性。这样的目的可能包括品种控制、可用性、兼容性、互换性、健康、安全、环境保护、产品防护、相互理解、经济效益、贸易等。一般来说，标准化的主要作用，除了为达到预期目的改进产品、过程或服务的适用性之外，还包括防止贸易壁垒、促进技术合作等。

4）标准化活动是建立规范的活动。定义中所说的“条款”，即规范性文件内容的表述方式。标准化活动所建立的规范具有共同使用和重复使用的特征。标准不仅针对当前存在的问题，而且针对潜在的问题。这是信息时代标准化的一个重大变化和显著特点。

2.4.2 标准分类和标准体系

（1）标准分类

标准的分类方法不是单一的，根据不同的目的或原则可以划分出不同的类别。可按标准的适用范围分类，亦可按标准化对象的性质分类。通常有下列几种分类方法。

①按标准的适用范围分类

根据标准适用的领域和有效范围，可将其分成不同的级别。在世界范围内有国际标准、区域标准。在一个国家内，有其各自的分级方式，在国外有的分为国家标准、协会标准、企业标准等，在我国则分为国家标准（含国家军用标准）、行业标准、地方标准和企业标准。

②按标准化对象的性质分类

按标准化对象的性质可分为三大类，即技术标准、管理标准和工作标准，如图2－2。

③按标准文件的表现形式分类

标准文件有不同的形式，国防科技工业标准文件包括标准、规范、标准图样、指导性技术文件等。

④按标准化对象所属专业分类

按《中国标准文献分类法》将标准划分为24类；

- 标准
  - 技术标准
    - 基础标准
    - 产品标准
    - 方法标准
    - 安全、环保、卫生标准
  - 管理标准
    - 管理基础标准
    - 计划管理标准
    - 技术管理标准
    - 科研、生产管理标准
    - 财务、审计管理标准
    - 经营管理标准
    - 劳动人事管理标准
    - 政治思想工作管理标准
    - 行政管理标准
    - 安全、环保、卫生管理标准
  - 工作标准
    - 通用工作标准
    - 工作质量标准
    - 工作程序标准

图 2－2　按标准化对象的性质分类

按 GJB 832A—2005《军用标准文件分类》将军用标准划分为 25 大类 233 个小类。

⑤按标准化对象在生产过程中的作用分类

一般可分为材料标准、零部件(半成品)标准、工艺和工装标准、设计标准、产品标准、检验与试验方法标准等。

⑥按标准的约束性分类

可分为强制性标准和推荐性标准。这是我国的一种标准分类方式，在国外一般不采用，在国家军用标准化中也不采用。通常在实行市场经济的国家，标准都是自愿采用的，采标的动力主要来自市场的约束。

(2)标准体系

①标准体系及标准体系表的基本概念

1)标准体系。一定范围内的标准，按其内在联系形成的科学的有机整体叫标准体系。

标准体系是多种多样的，一定范围内的标准都可形成不同的标准体系，如全国的、行业的、企业的、某项产品的，某个事项等范围内都可形成各自的标准体系。

“内在联系”是指在标准体系内，各标准之间具有纵向的层次关系，共性和个性的联系，横向的协调和配套联系。

“有机整体”说明在标准体系内，各标准之间互相联系、互相依存、互相制约、互相作用而形成一个系统、一个整体。标准是作为标准系统的一个单元而存在，脱离了这个整体、失去了标准之间的互相作用，也就没有存在的意义了。有机整体的含义在于发挥标准群体的作用和系统效应。

标准体系是人造的系统。

2）标准体系表。一定范围的标准体系内的标准，按照一定的形式排列起来的图表叫标准体系表。标准体系表是标准体系的一种直观表达形式。

标准体系表内包括一定时期、一定范围内的标准体系应有的全部标准。既包括现行标准和正在制定的标准，也包括预计将来需制定的标准。根据标准体系表适用范围，可以包括相应级别的标准，如《全国通用综合性基础标准体系表》仅有国家标准，而《航天行业标准体系表》则包括有国家标准、国家军用标准和航天行业标准。某企业标准体系表则应包括三级或四级标准。

②标准体系表的功能和结构

1）标准体系表的功能。通过编制标准体系表可以总结过去、了解现状、规划未来的标准制（修）定工作，便于和加强标准化管理工作。它是组织标准化工作的有效方法之一。主要作用有：

a. 标准体系表描绘出在一定时间一定范围内的标准化工作的发展蓝图，明确了标准化工作的发展方向。

b. 根据标准体系表可以有目的、有计划、有重点地指导标准制（修）定计划和规划的编制。

c. 通过标准体系表可以全面了解标准化工作的现状。既可清楚地了解到标准制（修）定情况（已有哪些标准，哪些标准正在制定，将要制定哪些标准），又可了解到有关国际标准和国外先进标准的信息以及采标情况等。

d. 为各行业各专业标准间、上下层次标准间的协调提供依据，避免重复或遗漏，有利于不断完善和提高现有标准体系，使其逐步达到系统化、科学化和先进的技术水平。

e. 便于领导和有关部门了解标准化工作的现状和未来。有助于科研生产工作，为科研生产人员提供标准信息。有利于标准化工作自身的建设和发展。

f. 便于标准化工作的组织管理。

2）标准体系表的结构。标准体系可按照不同范围划分为国家、行业、专业、门类、企业等不同层次的标准体系；也可按照不同的具体对象划分为不同产品、项目的标准体系。例如，以卫星产品为对象，形成的卫星标准体系表结构图见图 2－3；以满足空间项目的区域合作为主旨，形成的 ECSS 标准体系表结构图见图 2－4；以适用于企业综合性和全局性管理，建立的企业标准体系表结构图见图 2－5；以适用于企业以产品为中心、某专项或局部工作的管理，建立的企业标准体系表结构图见图 2－6。

③标准体系表的编制原则

1）结构合理。编制标准体系表时，要以标准体系表内标准之间的内在联系为前提，把标准按其共性即适用范围大小排列在不同的层次上，按其配套性安排在不同的门类，充分体现出标准之间互相依存、互相衔接，互相补充、互相制约的关系，使标准体系表的构成科学合理。

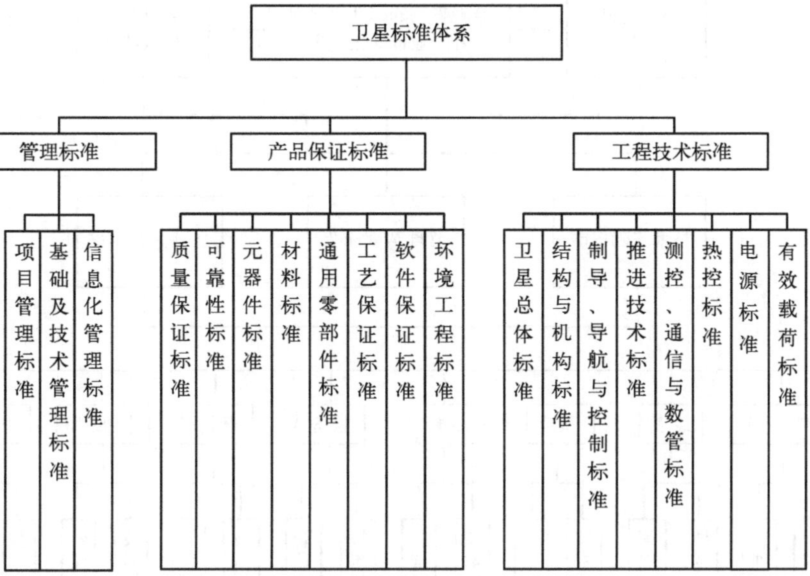

图 2－3　卫星标准体系表结构图

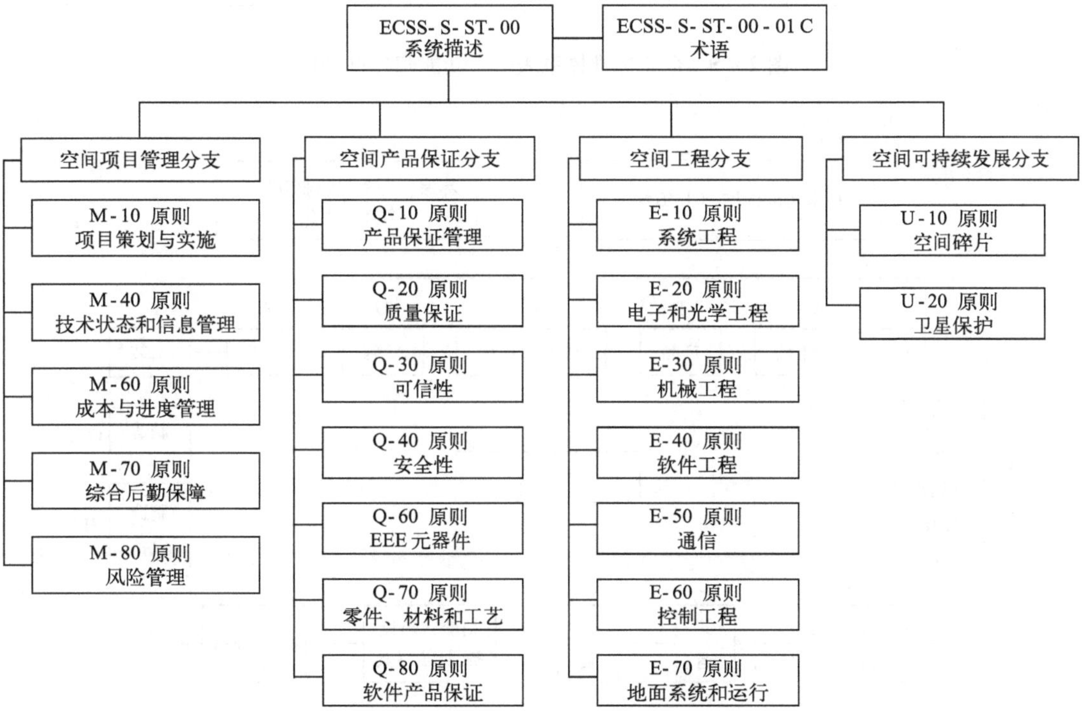

图 2－4　ECSS 标准体系表结构图

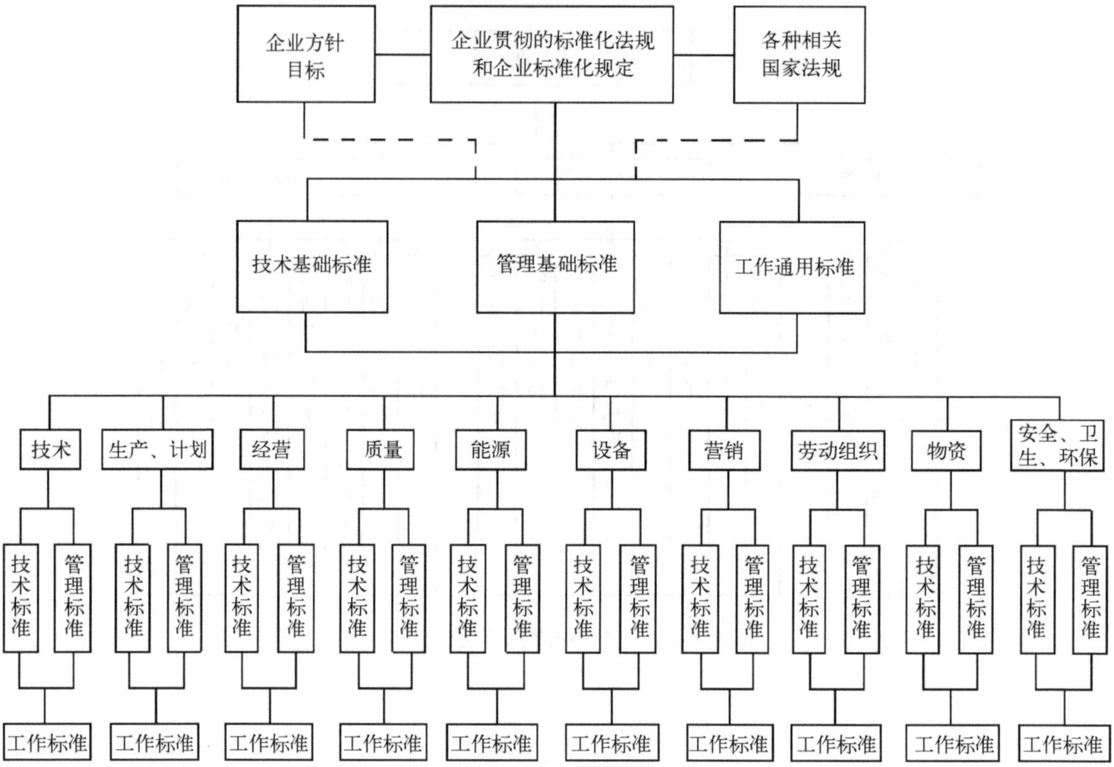

图2－5　企业标准体系表——功能归口型结构

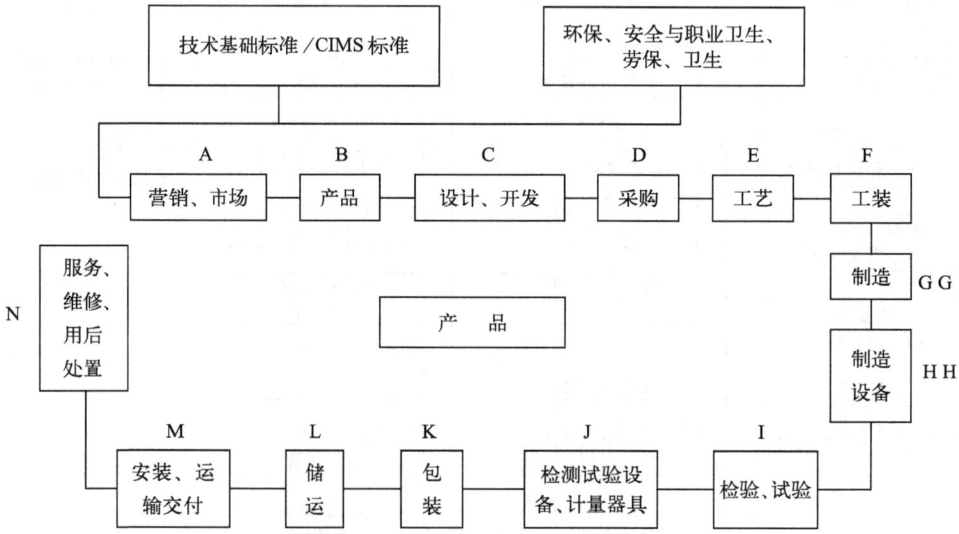

图2－6　企业标准体系表——序列结构

2)技术先进。编制标准体系表既要从当前科研生产实际出发，也应充分考虑科学技术发展，使标准体系表的技术内容具有先进性，以指导标准化工作和科研生产的技术活动。

3)完整配套。在一定范围内力求把全部应有的标准在标准体系表中列出，使其完整配套。

4)层次恰当。根据标准的适用范围大小，把其安排在恰当的层次上。应尽量把标准安排在高层次上，扩大标准的适用范围，避免标准拆得过散，使标准体系表结构简化、层次适当。

5)划分明确。把标准体系表中的标准按其技术特性或标准性质划分门类或子系统。在标准体系表中，一个标准只有一个确定的位置，不得重复出现，如需要重复时，则在其位置上应以“相关标准”列出。

2.4.3　标准化工作任务

(1)标准的制定

①基本要求

制定标准要在国家经济技术政策的指导下，充分运用标准化原则和方法，以促进技术进步和提高经济效益为宗旨。制定标准一般应符合以下基本要求。

1)先进性。航天标准的制定应满足国防现代化的需求，应充分考虑使用要求，做到技术先进、经济合理、安全可靠。要以提高航天产品质量和可靠性、节约资源、获得最大效益为目的。

2)统一性。统一性强调的是每项标准或系列标准内，标准的结构、文体和术语应保持一致。这三个方面的统一将保证标准能够被使用者无歧义地理解。

3)协调性。协调性主要是针对标准之间的，它的目的是“为了达到所有标准的整体协调”。因此，在制定标准时应遵循现有基础通用标准的有关条款，以及与同一领域标准之间的协调。

4)适用性。适用性是指标准的内容应具有可操作性，便于实施。标准的结构形式、技术内容和条款的编排应便于被其他标准、法律、法规或规章所引用和剪裁使用。

5)一致性。一致性是指起草的标准应以对应的国际标准(如有)为基础并尽可能与国际标准保持一致。我国国家标准与国际标准间一致性程度分为等同、修改、非等效。

6)规范性。规范性是指起草标准时要遵守与标准制定有关的制定程序、编写规则，以及各级标准化管理机构发布的标准化管理办法等法规性文件。

②标准制定程序

按各级文件的规定及制定标准的一般惯例，标准的制定程序一般分为八个阶段：明确需求阶段、立项阶段、起草阶段、征求意见阶段、审查阶段、批准阶段、出版归档阶段及复审阶段。标准制定各阶段工作流程见图2-7。

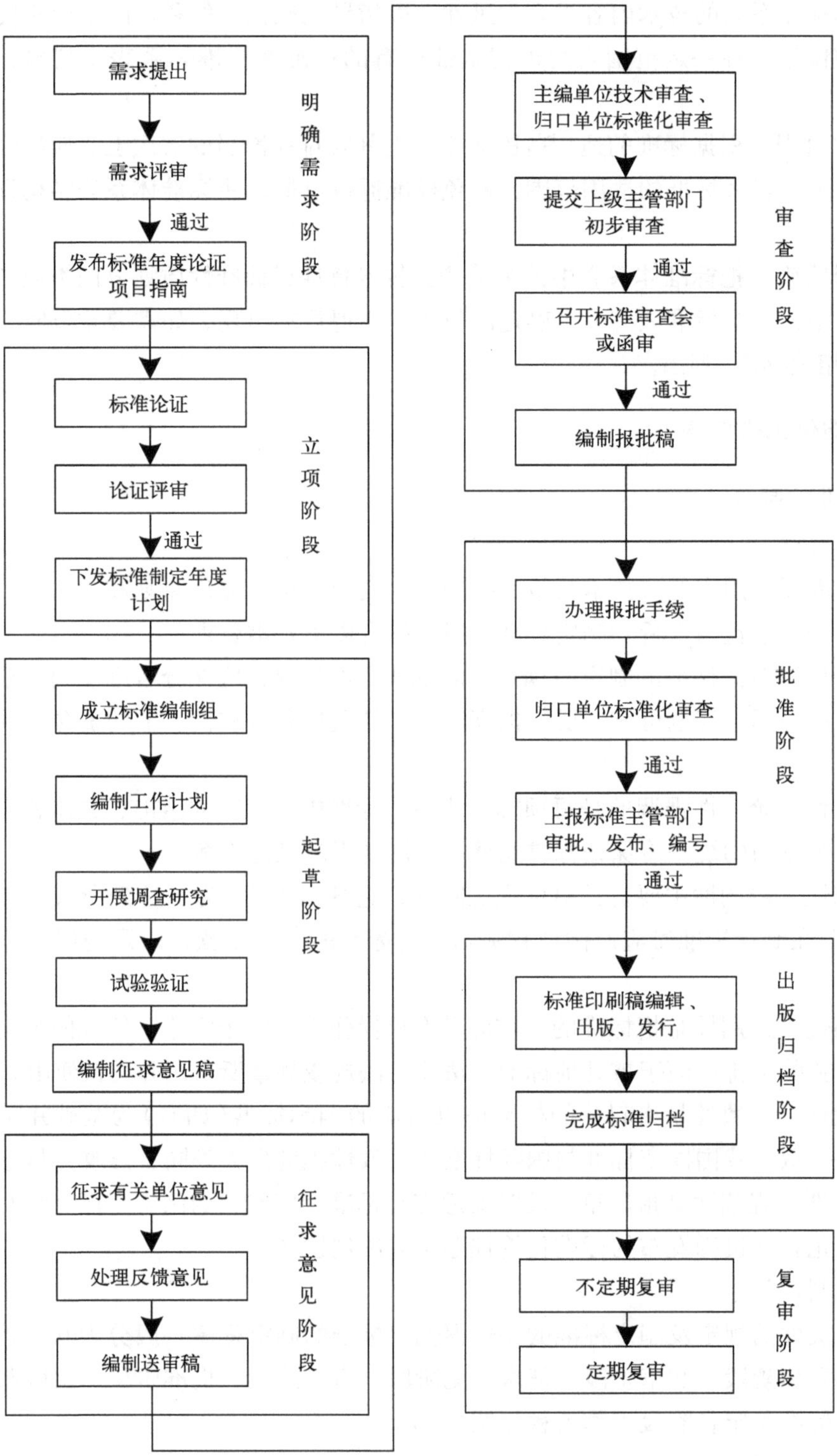

图 2－7　标准制定各阶段工作流程

(2)标准的实施

①标准实施的内涵

标准实施是指在与产品、过程或服务(以下通称“实施对象”)有关的各类事项中选用标准并执行标准规定的要求的一系列活动。

可见，实施标准一般包括两个过程：

1)选用标准。即选择适合特定事项需求的标准。

2)执行标准。即在产品设计、制造、试验、验收、使用、维修或其他过程及服务各环节中，执行标准规定的要求。

大部分场合，实施标准除了要从技术上进行分析做出判断或抉择外，还需要投入一定的人力、物力和财力，需要组织有关各方面人员协同配合、共同完成。因此，实施标准通常也是一项有组织的技术管理活动。

由于标准种类繁多，作用和内容各不相同，一个特定标准的实施，可能只涵盖上述概念中的一部分。

②标准实施的对象

标准实施的对象即标准化的对象。可以是各种产品，如武器系统、分系统、设备、零部件、元器件、原材料等硬件产品或软件产品；也可以是各种过程，如质量管理等管理过程，环境试验等试验过程，可靠性工程等工程过程；也可以是各类服务，如产品售后服务、运输服务、后勤保障服务、技术资料提供服务等。可见标准实施的对象极其广泛。

产品、过程、服务既是标准制定的对象又是标准实施的对象，但制定和实施标准考虑的重点却不一样。制定标准关注对象的共性问题，即将对象的共性要求定为标准；而实施标准关注对象的特性，即针对对象的特性要求来实施标准。

③标准实施的意义

标准实施的意义，可归纳为三个方面。

1)标准的实施是获得预期经济效益和社会效益的根本途径

标准是生产实践和科学技术成果的总结。标准制定出来如不去实施，则是一纸空文，不可能自动转化为生产力，当然也不会产生任何效益。

对航天产品来说，标准的实施可缩短研制周期，保证技术上的统一、协调和最优，并使极其复杂的综合技术工程能够顺利进行，最终拿出高质量、低成本的产品。

2)标准的实施是衡量、评价标准的质量和水平的唯一标准

标准在制定过程中，由于参与的人数比较少，并受到某些客观条件的限制，造成认识的局限性，对标准的内在质量和水平，一般很难做出恰如其分的评价。在审查过程中，根据以往的经验也只能做出初步的评价，真正客观正确地衡量、评价标准的质量和水平应是在实施标准之后。只有在标准实施过程中，才能不断发现问题，加深对标准的认识，做出更全面的评价。

3)标准的实施是修订标准和提高标准水平的基础

标准实施过程中出现的问题涉及面很广，有技术问题、生产问题、管理问题、使用问

题等，往往在制定标准的时候是难以考虑周全的。这些问题的出现，为进一步修订和完善标准，提高标准水平积累了宝贵的经验和丰富的资料。另外，随着生产的发展，科学技术的进步，对现行标准不断提出新的要求，促使标准不断更新，从而推动了标准的质量和水平的不断提高。

④标准实施的程序

标准的实施是一项复杂细致的工作，一般分为策划、准备、实施、检查和总结五个步骤。由于标准化对象不同，涉及到的标准内容也不相同，在标准实施的程序上也不尽相同。

(3)标准实施的监督

标准实施的监督是标准化活动的组成部分，是保证标准实施的重要手段。

①定义和内涵

标准实施监督是指以各种形式对标准实施情况进行检查，并纠正实施中的偏差，处理实施中错误行为的活动。标准实施监督的内涵包含了两个方面：

首先是通过各种形式，检查标准规定的要求是否得到实施，存在哪些偏差。其次是对不符合标准规定的行为采取适当的措施加以纠正或处理。

标准实施监督的作用是促进标准在产品设计、生产和试验各环节得到有效实施，防止偏差和错误的产生，保证标准在实施中发挥作用，获得预期的社会和经济效益。

②监督的依据

标准实施监督的基本依据是国家的有关法律、法规。《中华人民共和国标准化法》及其《实施条例》和《军用标准化管理办法》均将标准实施监督作为标准化工作的任务之一，可见，对标准实施的监督是有法律、法规依据的。此外，有些法律、法规(如环境保护法、食品卫生法等)也对标准实施及相关的监督作出相关规定。

标准实施的监督与标准实施的要求密切相关。因此，标准实施监督应依据下列提出标准实施要求的各种文件：

1)指令性文件；

2)研制总要求、研制生产合同；

3)产品自身的设计文件、工艺文件、研试文件等技术文件。

③标准实施监督的形式

按照监督的主体和性质不同，标准实施监督的形式一般可分为国家监督、行政监督、订购方监督和企业自我监督(内部监督)。

2.4.4 型号标准化

(1)型号标准化概述

型号标准化是航天工业标准化工作的重要组成部分，在航天标准化工作中有着举足轻重的地位。型号标准化的发展促进和带动了整个航天标准化工作的发展。

型号标准化是以某特定型号为主体对象而开展的标准化工作。型号标准化是型号研制工作的组成部分，在型号研制中起技术指导和保障作用。型号标准化是提高型号研制产品质量和装备效能，缩短研制周期、降低研制成本的重要保证，也是确保型号研制获得最佳秩序和最佳经济效益的有效途径。

型号标准化是一项系统性很强的工作。从层次看，包含了从系统、分系统到设备的多层次的标准化工作；从过程看，包含了从方案论证到型号定型、交付使用时间跨度很大的全过程的标准化工作。随着新标准的不断颁发，新技术不断充实到型号研制中去，任务要求不断地调整，型号标准化工作必须实施动态管理，在型号研制过程中，要适时修改补充标准化要求和贯彻标准的要求。

(2)型号标准化工作程序

型号研制程序是制定型号标准化工作程序的依据。各类航天型号研制程序不尽相同，各个阶段的标准化工作也不尽相同。考虑到各类航天型号在相同研制阶段内，标准化工作的任务及内容虽有差异，但也具有共性特征。一般将型号研制程序分为论证、方案、工程研制、设计定型(鉴定)、生产(工艺)定型五个阶段，给出航天型号标准化工作的一般模式。在实际工作中，由于各类型号的研制程序和研制规模、周期及工作内容不同，型号各阶段的标准化工作的任务、内容及形成的标准化文件也有所差异，可视特定型号研制的具体情况予以剪裁。

(3)通用化、系列化、组合化(模块化)

“三化”是通用化、系列化、组合化(模块化)的简称。“三化”是标准化形式中较高级的形式。“三化”是以最少的品种规格，最少的工作量和人力，实现满足最多的需求、最低的成本、最短的研制周期、最可靠的产品质量的有效途径和重要手段。

①开展和实施“三化”的意义

1)“三化”是未来高技术战争的需要，是新形势科技发展的需要，也是适应社会主义市场经济的企业的需要。

未来高技术战争是体系对体系的战争，所以从开始研制阶段就必须从全军角度考虑，构成统一的系统、体系。

从国防科技改革角度，“三化”适应军民结合，适应“多研少产”的改革，适应走基本型道路，提供成熟的技术硬件和软件，提供超前研究，技术储备。

2)“三化”是高技术所需高投入与经济承受能力有限这一矛盾的战略选择，它可以大幅度降低开发费用，降低成本。

高科技产品越来越先进和复杂，从而导致费用急速增长。而“三化”提供研制基本型，采用“一机多用”，“一机多型”，“一弹多用”等发展思路是非常需要的。

3)缩短研制开发周期和延长产品有效寿命期。

“三化”提高研制的继承性，大大减小重新设计的比例，因而大大缩短了研制周期，同时能延长产品的有效期。

4)提高产品可靠性。

“三化”能将“多研、少产”转化成“少品种，大批量”，能形成专业化生产和商品化的条件，保证设计优化，从而提高可靠性和降低成本。它不追求局部的先进，它追求整体的先进和可靠。

5）便于使用、维修和后勤保障，节省维修经费。

“三化”减少产品品种，维修方便，更换方便，人员培训简单，后勤备件大大压缩，使人力、物力、财力大大减少。

6）“三化”是提高陆、海、空一体化综合作战效能的有效途径。

未来战争是陆、海、空、天一体化的战争，全军范围内的“三化”将有助于三军信息的互联及武器装备的互通、互用，简化操作使用和后勤保障，提高可靠性和可维修性，缩短维护和修复的时间，从而大大提高整体作战能力和作战效能。

7）“三化”已是世界主要国家发展武器装备的重要技术政策。

“三化”是武器装备设计水平趋于成熟的标志，也是武器装备发展有序化和系统管理水平趋于成熟的标志。世界各国都把“三化”作为重要的国防科技发展战略之一，作为国防关键技术选择原则之一。

综上所述，我国应把“三化”作为发展航天事业的一项重要技术政策。

②有关“三化”的几个观点

1）“三化”的历史。“三化”不是近代工业发展的产物，从古至今，“三化”伴随着标准化的历史早已被人们利用。我国早在秦代，在车子上的零部件实行通用化和系列化，宋代发明的活字印刷术是组合化方法的巧妙应用。

2）“三化”的应用范围。在任一范围内的同一类产品都可进行“三化”。“三化”虽是标准化学科中的重要原理，但却广泛应用在机械、机床、汽车、造船、电子、建筑、武器装备等各领域中，当然航天技术领域也不例外。“三化”可以在国际、国内、行业、企业等不同范围内实施，但实施范围越大，效益也越大。在航天系统内实施“三化”，就要打破型号界限，打破院和厂、所的界限，范围越大，效益也会越大。

“三化”的应用与产品复杂程度与大小都没有关系，大到武器系统、分系统、设备，小到零部件、元器件都可实施“三化”。

3）组合化与模块化的关系。从标准化原理角度看两者都是在系统或设备分解、组合的理论基础上，含义是相同的。两者的差别在组合化偏重于结构的分解和组合，模块化偏重于功能（包括性能参数和接口要求）的分解和组合。近年来，模块的含义也在扩展，已不仅仅是一个电路板、一个电路，已扩展到一个设备、一个分系统或更大的产品，如舰船设计中把船头、船尾、船身当成三个大模块，总之模块可大也可小。

4）在什么研制阶段实施“三化”。“三化”工作应在规划、计划阶段，在预研、方案论证阶段就要充分开展，当进入初样阶段，图纸已设计出来时，“三化”工作就无法再开展了，若错过了开展“三化”的阶段和时机则是很难再补救的。

在某专业，某类产品范围内，“三化”搞得越早，则越主动，成效也越大，反之，若多年已形成分散研制和生产的状态，要想再实施“三化”，则是一件非常艰难的工作。

5）谁来实施“三化”。“三化”是一种原理、是一种方法、是一种研制开发的途径，“三化”原理应渗透到每一个产品设计思路中。因而，企业领导、管理人员和设计师应人人学习“三化”，用“三化”。

实施“三化”是一复杂的系统工程，实施“三化”的关键是企业领导人的决策。在哪一级范围内实施“三化”，则需要哪一级企业最高领导进行决策。

2.4.5　产品标准化

(1)产品标准化综述

①背景

目前，航天产品主要有两种类型，一种是按某一具体型号要求研制的专用产品；另一种是为满足多型号选用需求、经“系列化”设计的通用产品(以下简称通用产品)，也称为“产品化”产品。型号产品研制中的标准化工作经过多年的工程实践形成了比较成熟的标准化工作程序和要求。

1996 年 9 月，原国防科工委和航天工业总公司印发了《关于加强卫星与飞船工程通用化、系列化、组合化工作的决定》，在国防科技工业领域开展了卫星与飞船通用化、系列化、组合化(简称“三化”)工作。通过“三化”工作，“三化”的设计思想在卫星、飞船以及运载火箭研制中得到宣贯，获得了一批“三化”研究的重要成果，为后来的产品工程研究起到了启蒙和指导作用。

我国航天事业现已进入快速发展时期，为适应新时期多型号并举、组批生产、高密度发射、多领域应用的任务形势，通用产品研制借鉴了“三化”思想，规划实施了通用产品的能力建设工程，即航天产品化工程。当前，航天产品化工程已在运载火箭系统和航天器系统全面开展并逐步深化，在系统和单机两级通用产品的型谱编制、产品研发、成熟度培育、产品定型、生产线建设、国产化与更新换代，以及型号选用和技术状态控制等方面均取得重大进展并初见成效，部分产品逐步实现规格研制、批量生产，为缩短型号研制周期、改善研制效益、提高型号质量与可靠性、加速技术进步发挥了重要作用。

随着航天产品化工作进展，急需开展产品标准化工作，2011 年集团公司选取太阳电池阵驱动装置(SADA)、星敏感器、光纤陀螺组合和箭载计算机四种典型通用单机产品实施产品标准化示范项目，开展了型谱产品规范的研究、验证与制定，产品过程规范的研究与制定等一系列工作。希望通过推广产品标准化示范项目的成熟经验来指导通用产品研制过程中的标准化工作。

②特点

产品标准化的特点如下：

1)目标明确。产品标准化是为通用产品研制服务的，标准化的主体对象是通用产品。产品标准化的目标是在通用产品研制过程中通过制定和应用标准以及开展其他一些标准化活动，在较短的时间以较低的费用研制出满足多型号使用需求和未来技术发展要求的通用产品。

2)与成熟度结合。“产品化”的任务就是要不断提升产品成熟度，最终使产品“定型”。

通用产品研制也是产品成熟度不断提升的过程。因此，产品标准化工作应结合产品成熟度情况开展，产品标准随着产品成熟度提升不断完善。

3)多型号适用。以往型号研制中通常结合型号研制的特定要求，编制成型号专用的产品标准，作为型号研制生产、订货和验收的依据。通用产品研制过程中形成的产品标准具有较广的适用性，不同型号研制依据统一的产品标准选用和验收产品。

(2)产品标准化工作程序

不同层次的通用产品成熟度等级划分和定级条件存在差别，研制程序不尽相同，但其标准化工作思路具有共性。围绕通用单机产品的三个研制阶段，产品标准化工作程序见表2－1。

表2－1　产品标准化工作程序

<table>
<tr><th colspan="2">研制程序</th><th>成熟度等级</th><th>标准化工作程序</th></tr>
<tr><td rowspan="3">初次研制阶段
(Ⅰ阶段)</td><td>原理样机研制阶段</td><td>1级</td><td rowspan="3">按照产品型谱/型谱标准开发产品，编制“产品标准化要求”，编制厂所级产品规范</td></tr>
<tr><td>工程样机研制阶段</td><td>2级</td></tr>
<tr><td>飞行产品研制阶段</td><td>3级</td></tr>
<tr><td colspan="2">重复使用和验证阶段(Ⅱ阶段)</td><td>4～5级</td><td>编制院级产品规范</td></tr>
<tr><td colspan="2">产品状态固化阶段(Ⅲ阶段)</td><td>6～8级</td><td>开展定型产品的标准化评审，编制集团公司级产品规范，编制过程规范</td></tr>
</table>

需要说明的是，产品型谱是通用产品研制的依据，目前产品型谱中的通用产品主要有两个来源，一是过去型号研制的单机产品的转化，这些产品经过多次应用和完善，已具有一定成熟度等级；二是根据多型号需求和未来产品技术发展趋势，按照产品化思路新研制的产品。表2－1阐述的是新研制产品各阶段的标准化工作的一般程序，现有不同成熟度的通用产品在开展标准化工作时，可予以剪裁。

2.4.6　岗位标准化

(1)岗位标准化综述

①岗位标准化的提出

岗位标准化是以岗位为核心开展的标准化工作，是以标准实施为目的，以岗位为对象，以岗位实施标准目录为抓手，指导和规范岗位工作，并通过对岗位标准的实施、培训考核等一系列活动，提高标准化工作针对性和时效性，使标准真正落实到一线的一项有组织的技术活动。

标准化在助推航天科技工业规模化、产业化发展的过程中，集团公司始终将提高标准在科研生产中的应用实施效果作为标准化发挥效用的核心环节给予高度重视。经过多年的实践和积累，通过对标准化与科研生产实际的内在联系和相互作用机理的探索和研究，创造性地将标准化工作与岗位有机结合起来；通过创新标准应用手段，可以提升标准应用能力，实现标准选用与岗位职责相匹配，标准实施与实际操作相结合，标准编制与实际需求相统一，促进标准化在以岗位经验和岗位技能为核心的知识收集、加工、分享、运用和再创新的闭环过程中的最佳载体作用。

但是从型号研制生产中暴露的问题来看，有些标准并没有在一线发挥应有的作用，有章不循带来的质量问题时有发生；标准层次较多，一线岗位人员不知如何选取和有效使用标准的问题也依然存在，因此只有发挥全体研制人员和标准化人员的力量，瞄准目标、协调推进，点点滴滴地积累，才能逐步解决面临的难题，实现标准化工作的可持续发展。另外要进一步发挥标准化人员的作用，把一线的标准化需求理清楚、弄明白，实现标准化人员与研制队伍相结合，标准化工作与研制需求相结合，制修订与实施监督检查相结合。只有这样，才能真正发挥标准化的指导和服务作用。岗位实施标准目录的编制和实施恰好为实现“三结合”提供了一个重要的平台。集团公司领导强调“如何严格管理，管得住，管得好，要靠标准规范”，而岗位实施标准目录就是要把各级各类标准落实到岗位，落实到一线，解决标准实施不力的重要抓手，岗位标准化正是在这样的背景下提出并正式启动的。

为此，集团公司将此项工作列为各年度标准化工作要点进行部署和安排，并且推进力度逐年加大，不断促进标准化工作重心向岗位转移。特别是随着集团公司航天标准化工程的启动，岗位标准化被列入航天标准化工程的重要工作任务之一，为了使岗位标准化实施工作的策划和推进更加科学和系统，集团公司以天科质第 197 号文制定并下发了《关于推进岗位实施标准工作的通知》。该通知明确了各单位开展岗位实施标准工作目标，确立了“以点带面，全面推进”的总体工作思路，进一步明确了具体的工作内容、计划节点及考核要求。集团公司有针对性地从总体设计单位、分系统专业设计单位、生产制造单位分别选取设计岗位、工艺岗位、操作岗位等几类典型岗位进行试点，重点在岗位实施标准目录编制的规范性、目录中标准项目的适用性、标准贯彻实施的有效性上开展探索实践，确保标准与岗位相结合，提高标准实施水平。该文件的制定与下发，是进一步深入开展岗位实施标准工作的依据，旨在指导和带动集团公司各单位全面实现工作目标，真正使“标准落地”。

②岗位标准化的作用

岗位标准化是通过标准的有效实施提高工作质量、促进岗位能力建设的重要手段；是企业技术保障能力的体现，将促使企业标准化向更系统、更完善的方向发展；是避免低层次问题，提升规范化精细化水平的长期性、基础性工作；是保障企业技术能力与发展的一项重大举措。

1）岗位标准化工作是实施标准，推动标准“落地”的重要手段。

编制并实施岗位实施标准目录，可明确岗位应实施的标准，完善标准与岗位工作内容之间的配套协调；指导员工通过标准熟悉和掌握岗位的工作内容与方法；促进对岗位工作目标、任务、流程的理解；促进一线岗位人员正确选取和有效使用标准，使标准真正落地，有效提升标准的实施水平。

2）岗位标准化工作是提升岗位能力，提高工作效率的有效方法。

岗位是企业科研生产的最基本单元，通过岗位标准化工作，使标准化工作重心向岗位转移，将个体隐性知识外化为岗位的显性知识，将多个个体的能力融合固化成为岗位能力，从而促进岗位能力的整体提升，加速知识的获取、加工、提炼、分享、运用和再创造，是提高岗位工作效率的一种有效的方法。

3）岗位标准化工作是知识传承，促进员工快速成长的重要载体。

近年来，随着型号任务量的快速增长、新员工大幅增加，对已有标准、规范不执行或执行不到位的低层次质量问题逐步增多。岗位人员流动加快，如何快速融入岗位工作，实现最低交接适应期，已成为各企业面临的急需解决的难题。围绕岗位特点和岗位流程所开展的设计、工艺、生产工作，均离不开岗位应知应会标准的支撑。这些标准是上岗的资质和门槛，是科研人员经验的传承，因此岗位标准的实施是岗位人员的义务和职责，是新员工快速进入岗位，承担重要岗位工作，保持企业持续发展的利器之一。

（2）岗位标准化工作程序

岗位标准化的工作程序主要有：

1）前期准备。在开展岗位标准化工作之前，应具备人力资源部门提供的明确的岗位设置，清晰的岗位职责和工作内容，作为岗位标准化工作的前期条件输入。

2）编制岗位实施标准目录。面向岗位确定需贯彻实施的标准，进行适用性分析，对各岗位现行使用的各级标准进行归类整理，确认标准的有效性和完整性，形成岗位实施标准目录。

3）岗位标准的实施。以岗位实施标准目录为指导，通过创新实施载体，开展培训考核等方式，使标准真正落地，使标准化真正成为岗位工作内容之一，提升标准的实施水平。

4）信息反馈，动态管理。对标准的实施进行信息反馈等闭环管理环节，及时掌握标准实施过程中的问题，为实现岗位实施标准目录动态管理及岗位标准化工作的持续改进提供依据。

2.5 计量

2.5.1 计量概述

（1）计量的概念

在我国，计量过去称为“度量衡”或“权度”，仅涉及关于长度、容积和重量的量值一致性，主要器具为尺、斗、秤。新中国成立后，确定用“计量”取代“度量衡”，其内涵不仅是“量”由长度、容积、重量扩展到一切可测量的量，计量是“实现单位统一、量值准确可靠的活动”，即计量是为了保证计量单位统一和量值准确可靠这一特定目的的测量，它虽然只是测量中的一种特定形式，却是具有现实意义的测量，以公认的计量基准、标准为基础，依据计量法规和法定的计量检定系统（表）进行量值传递来保证准确的测量，计量的被测对象主要是测量仪器和测量标准。计量属于测量范畴，源于测量，而又严于一般测量，涉及整个测量领域，并按法律规定，对测量起着指导、监督和保证的作用。计量与其他测量一样，是人们理论联系实际，认识自然、改造自然的方法和手段。它是科技、经济和社会发展中必不可少的一项重要的技术基础。计量仅从技术专业角度看，目前划分为长度计量、温度计量、力学计量、电磁计量、无线电计量、时间频率计量、放射性计量、光学计量、声学计量和化学计量十大专业类别。

(2)计量的基本特性

计量是通过技术的法制的手段，实现测量的单位统一和量值准确可靠，而协调这之间的关系要依靠计量管理，因此完整的计量概念中应包括计量管理。讲计量的基本特性，就应包括计量管理的特性。

①计量技术特性

1)一致性。计量的基本任务是保证量值的准确可靠与计量单位统一，无论任何时间、地点，利用任何器具、方法，以及任何人进行计量，只要符合有关计量要求的条件，计量结果就应在一定允许范围内一致。计量单位的统一或对同一被测量的测量结果的一致，对现代化大生产的分工，国内外贸易，科研成果的评价，技术交流，人民生活，高科技武器系统研制等都是非常重要的。计量的一致性或统一性是计量的最本质的特性，古今中外都是如此，计量失去统一性，也就失去了存在的意义。随着全球化经济的发展，计量的统一性不仅限于一个国家，一个地区，而且遍及国际。我国实行以国际单位制为基础的法定计量单位制，就是保证计量更好的体现和发挥一致性的作用。各行业、各部门、各地区、各单位都必须认真做好推广和使用法定计量单位，同时要保证所使用的测量仪器设备的量值通过计量标准溯源到国家标准，实现测量结果或计量标准的值具有可追溯性。

2)准确性。计量的一致性是建立在计量的准确性基础上的。量值的准确可靠，是计量的目的和归宿，“准”是计量工作的核心，一切计量科学技术研究的目的，最终是要达到所预期的某种准确度。随着科学技术的发展，社会需求的提高，要求的准确程度愈来愈高，特别是高科技领域，如国防科技工业，现代化武器装备的研制和生产，对计量的准确性要求不断提高。为了保证计量的准确性，首先要建立准确可靠的计量标准，通过检定或校准，把量值传递到所使用的每台测量设备。

3)法制性。计量的法制性是计量的一致性和准确性的保证。为了实现全国范围内单位的统一，量值的准确，国家必须对统一使用的计量单位，复现单位量值的国家计量标准，以及进行量值传递的手段、方法等，用法律做出规定，作为各行业共同遵守的准则。在我国通过政府制定计量的法律、法令来规范和约束计量活动和计量行为，各计量主管部门也根据自身特点和实际情况，制定相应的条例、办法等，与国家法律、法令配套形成自己的法规体系，保证本行业、本部门内计量的一致性和准确性的有效体现。计量的法制性一方面体现在计量依法监督管理，即计量的法制管理；另一方面也体现在法定的计量机构出具的证书、报告，给出的测量结果，具有法律效力。计量作为一门科学，与法律、法规和行政管理紧密结合的程度，在其他学科中是少有的。

4)社会性。计量的社会性是由现代计量学是一门综合性的技术基础性的学科，涉及众多专业领域这一广泛性所决定的。计量与国民经济各部门，人民生活的各方面，商贸活动各领域有着密切的联系，对维护社会经济秩序具有重要的作用。计量的质量是各方面产品、活动的质量的基础和保障条件。聂荣臻元帅的名言：“科技要发展，计量须先行”，原国防科工委主管技术基础工作的栾恩杰副主任讲：“计量是一个国家，一个地区和一个行业科技发展的探测器”，说的是计量的重要性，也是计量的社会性的最好注解。

②计量管理特性

计量或者说计量技术的上述四个特性，反映了计量管理的特性，但从计量管理的特性和特点看，计量管理还另具有以下四个特性。

1）技术性。计量本身是一项科学技术性较强的工作，做好计量管理工作，特别是在计量“公证”和计量“仲裁”的计量管理中，都是要以技术数据作为依据，是否正确、准确、合格、符合、可行等，也都是要靠数据判定。计量管理的技术性是明显的，先进的技术手段和雄厚的技术力量，不仅是计量管理的对象，更是计量管理的支柱。

2）服务性。计量管理的服务性是我国计量管理的宗旨所决定的。计量管理必须着眼于社会经济的实际效益，因此不能把管理和服务对立起来，恰恰相反，两者必须要相辅相成。只有在管理中体现服务精神，在服务中贯穿管理的原则，才能收到理想的管理效果。

3）群众性。计量管理的群众性就是要时刻考虑人民群众的利益，注意保护消费者和用户免受计量不准或不诚实的测量所造成的危害，杜绝缺斤少两，提倡“计量信得过”，杜绝使用不合格计量器具，提倡计量质量第一，都是计量管理的群众性体现。此外，注意发动群众参与计量监督，专业计量管理与群众计量管理相结合等，也是计量管理群众性的要求。

4）权威性。计量管理部门和管理机构代表国家、政府对各行业进行计量监督，计量监督依照法律法规进行，包括检查、认证、认可和鉴定等，因此具有权威性。计量管理的权威性既体现在行政上，更体现在法制上；既体现在职能上，更体现在水平上。用先进管理思想、管理方法，结合先进科学技术和高素质管理人才，建立计量管理系统应是发展方向。

综上所述，计量是技术和管理的结合体，计量具有双重性，计量依靠计量技术作物质基础，实现单位量值的统一，同时又依靠计量管理的监督职能，保证计量制度的统一和量值的准确可靠。计量技术和计量管理是支撑计量的两根支柱，缺一不可，两者的结合才能使计量的特性更好地体现，更好地发挥作用。

（3）计量工作的内容

计量工作包括计量技术工作和计量监督管理工作。计量工作的主要内容是贯彻执行国家计量法律、法规和规章制度；制定和协调计量工作发展规划；统一国家计量制度，推行国家法定计量单位；研究建立计量基准和标准，组织量值传递或量值溯源；监督管理计量器具和商品量；组织计量仲裁检定，调解计量纠纷；研究计量学理论和测试技术手段和测量方法。而计量作为一门学科，计量工作的具体内容包括：

1）研究计量单位及其计量标准的建立、复现、维护、保存和使用；

2)研究计量器具的计量特性评定；

3)研究量值传递与量值溯源的方法；

4)研究基本物理常数，常量的准确测定；

5)研究标准物质特性的准确测定；

6)研究测量理论和测量结果处理方法；

7)研究计量法制和管理；

8)研究计量人员进行计量的能力培养与考核方法；

9)研究测量有关的一切理论、方法和实际应用问题。

随着生产的发展，科学技术的进步，计量研究的内容不断丰富，目前已突破传统的物理量的范畴，扩展到化学量和工程量，乃至生理量和心理量。

2.5.2　计量监督管理

(1)计量器具及其监督管理

计量器具是保证产品研制、生产和试验等过程的重要物质资源。计量器具按计量学用途可分为计量基准器、标准器和计量器具。其中，计量器具是单独地或连同辅助设备一起用以进行测量的器具，常被称为测量仪器。计量器具一般可分为实物量具、计量仪器(仪表)与计量装置。计量基准、标准即测量标准，是“为了定义、实现、保存或复现量的单位或一个或多个量值，用作参考的实物量具、测量仪器、参考物质或测量系统”，分为国际计量基准、国家计量基准。我国计量基准又分为国家基准、副基准、工作基准三类；在国外，副基准、工作基准亦称次级标准，它们是“通过与相同量的基准比对而定值的测量标准”。计量标准是“国家计量检定系统表规定的准确度等级，用于检定较低等级计量标准或工作计量器具的计量器具”。可见，计量标准是量值传递中的重要环节。而用于日常校准或核查实物量具、测量仪器或参考物质的测量标准称工作标准。

工作计量器具基本计量特性要求，从内容上和作为计量标准的计量器具是同类的，即都有准确性、稳定性和可靠性等几个方面的相关要求。计量器具最基本的使用要求是必须经过法定计量技术检定或校准后方可使用，并且应在规定的检定/校准有效期内使用，特别是依法强制管理的计量器具只有检定合格后才能使用。

量值传递是指通过对计量器具的检定或校准，将国家基准所复现的计量单位和量值，通过各等级计量标准逐级传递到工作计量器具，以保证被测对象量值的准确和一致；而量值溯源是指通过一条具有规定不确定度的不间断的比较链，使测量结果或测量标准的值能够与规定的参考标准，通常是与国家标准或国际测量标准联系起来的特性。量值传递与量值溯源具有共同点，两者都是为了保证量值的统一和准确，使在不同国家、地区或组织按不同方式、方法进行测量的结果在规定的测量不确定度范围内实现单位量值的统一和相对的准确，并最终溯源到国家基准和国际基准。量值传递与量值溯源的不同特点如表 2-2 所示。

表 2-2 量值溯源与量值传递的特点

序号	量值传递	量值溯源
1	自上而下	自下而上
2	严格按检定系统等级进行量值传递	没有严格的等级
3	按统一的计量检定规程检定进行量值传递	按校准规范通过校准实现量值溯源
4	强检计量器具按规定的周期和检定机构送检	由使用单位自主选择校准机构进行校准

为保证计量器具的正确性以及量传的精度要求，在计量器具的购置、校准、使用、维护、修理和报废等各个环节，要相应地建立健全管理制度，不允许采购没有生产许可证和CMC标志的计量设备，并根据其准确度、稳定性等要求，对测量设备实行分类管理，严格按照计量检定规程进行检定。对于因使用或其他原因未达到检定标准的计量器具及仪器，须根据检定结果分别进行修复或报废。加强对在用计量器具的管理，台账是测量设备管理的基础，如果台账信息不全，账物都不符合的话，要想测量设备百分之百受控，那只能是句空话。对新购置的或关键的通用测量设备和专用测试设备，根据其特点和技术状况，建立关键的通用测量设备和专用测试设备清单。

我国对计量器具的管理大体上可分为两种情况，一种情况是按照国家的有关计量法规进行法制管理，属于强制性规范管理。另一种情况是各部门和各单位按照自己的实际情况和规定进行行政管理，属于任意性规范管理，在计量法制管理范围内，法定的计量器具为统一量值的依据，实行强制管理的计量器具就是法定的计量器具，法定的计量器具要求实行强制检定。

计量标准器具监督管理应包括计量标准器具和有证标准物质的管理。计量标准器具的管理应符合《国防科技工业计量标准器具管理办法》的要求，至少应涵盖计量标准器具的建立、溯源、使用和维护、暂停与回复、撤销、主标准器及配套设备更换等要求；有证标准物质的管理应符合《国防专用标准物质管理办法》，至少应包括标准物质的购置/研制、定级、储存、使用、废弃处理等要求。具体计量标准器具的监督管理如下：

1）所有在用计量标准器具，其证书应在有效期内。

2）应按照计划向上级国防计量标准器具进行溯源，并按规定的要求进行定期的核查和功能性检查。承担武器装备科研生产许可目录外的产品科研生产任务的民口单位，承担军品任务前已纳入国家质检总局系统管理的，可按原溯源渠道。

3）计量标准器具应具有完整的技术资料档案，且应至少保存至计量标准器具撤销后5年。计量标准的档案资料应包括：计量标准考核（复查）申请表，计量标准建标报告，新建计量标准器具需求分析报告，计量标准证书，计量标准履历表，主标准器及其配套设备的使用说明书，计量标准重复性考核记录，计量标准稳定性考核记录，计量标准操作规程，主标准器和配套设备的检定/校准证书，检定规程/校准规范，计量检定系统（国防计量器具等级图）等。

4）计量标准器具的工作环境应满足检定规程/校准规范的要求。

5)计量标准器具的更换、暂停、恢复、撤销应履行相关审批手续。

6)计量标准器具应在批准范围内(参数、量限、不确定度等)开展量传工作。每项计量标准器具应配备两名以上(含两名)取得相应专业(项目)资格的计量检定人员。

7)有证标准物质的存放应满足有关管理规定和技术文件的要求。

测量设备的监督管理应涵盖台账管理、周期检定和测量设备分类、购置、使用、维护、限用、禁用、停用、封存、启封、更换、报废等具体管理程序，还应包括检验和生产共用测量设备的管理要求。其监督管理的一般要求包括：

1)用于型号武器装备科研生产的计量器具应建立统一台账，台账内容至少应包括计量器具名称、型号、编号、类别、主要技术指标、溯源机构、溯源有效期等信息，并实施动态管理。

2)型号武器装备科研生产单位应制定测量设备周期溯源计划，计划要涵盖全部测量设备，经审批后按计划实施。

3)测量设备应向国防计量技术机构进行溯源，并在有效期内使用。承担武器装备科研生产许可目录外的产品科研生产任务的民口单位，承担军品任务前已纳入国家质检总局系统管理的，可按照原渠道溯源。

4)测量设备的限用应履行审批手续，并在限用范围内使用。

5)测量设备的禁用、停用、封存应履行相关手续，不得使用已禁用、停用、封存的测量设备。重新启用前应经过检定或校准。

6)禁用、停用和封存的测量设备一般应按要求隔离存放，并粘贴相关标识，无法搬离现场的设备应采取必要的防误使用措施。

7)发现测量设备不合格时，应立即停止使用，并按不合格测量设备追溯管理规定的要求对测量结果进行追溯。

8)测量设备的存放环境应符合相关要求。

9)检验和生产共用的测量设备用于检验前应进行验证，其技术性能应满足使用要求。

10)测量设备的测量范围应根据被测量的范围科学合理地选择；测量设备的准确度应高于被测量值的准确度，被测产品与测量设备之间、测量设备与其校准设备之间的测试不确定度比不小于4∶1；不满足时应经过分析论证，并提出合理解决方案。

11)委托外单位检定和校准的测量设备，应确保溯源的参数、量值、测量不确定度等数据有效。

12)开展测量设备的自检自校的测量设备应使用已建立的计量标准器具，自检自校的测量设备应确保溯源的参数、量限、测量不确定度等数据有效。

13)测量设备应在溯源的参数、量限、测量不确定度等范围内使用。

(2)专用测试设备的计量管理

①专用测试设备定义

专用测试设备指型号产品研制、试验、生产和使用过程中，用于质量控制、性能评定、产品验证，保证型号产品符合战术技术指标和性能要求而专门研制或配置的非通用测试设备。专用计量器具应符合《国防科技工业专用测试设备计量管理办法》的相关要求，周期检定管理至少应包括溯源渠道、周期管理、周检计划、实施等要求。其中溯源渠道应包括溯源机构的资质、能力要求；周期管理应包括溯源周期的确定依据、调整原则和不满足时的处理措施；周期计划应包括编制、审批、执行、调整等相关要素。

②专用测试设备计量管理的一般要求

1）所有专用测试设备都应纳入计量管理；

2）专用测试设备应实施全过程计量管理，包括从申请、选型（立题）、采购、验收（评审）、入库、发放、校准/检定、流转、降等、封存到报废等；

3）型号行政指挥负责本型号使用的专用测试设备计量监督与管理的领导工作，型号研制单位的计量主管领导协助型号行政指挥，组织实施各项计量保证措施；

4）对参加外场测试的专用测试设备的计量监督与管理按标准进行。

③专用测试设备计量管理的详细要求

在专用测试设备的校准方式上，尽量避免送检方式，建设采用先进的计量保障方案方式，利用传递标准和核查标准相结合来实现专用测试设备的量值溯源。这样，既可以免除送检困难，又可以保证测试设备不因搬运而丧失准确度。做好专用测试设备的计量管理工作的要求如下：

1）严把专用测试设备的购置和研制关，主管型号的计量人员要参与购置选型、研制策划与评审论证，计量人员要对专用测试设备的量值溯源情况和有关技术文件进行审核。

2）专用测试设备的验收要符合要求，配套设备要齐全，有技术说明书、使用说明书、测试报告或校准证书、校准规范、测试或校准软件等。

3）建立专用测试设备管理台帐，根据使用部位要求将专用测试设备分类管理，进行周期校准或使用前校准，见表 2－3。

表 2－3　专用测试设备分级

级别 要求	A 类专用测试设备	B 类专用测试设备	C 类专用测试设备
使用部位	关键部位、关键参数的定量测试，如：综合测试用的测试设备	关键部位、关键参数的定量测试，如：检测用的测试设备	不重要场合，一般部位、指示性的测试设备
准确度要求	准确度要求较高	有准确度要求	只作定性区别或功能测试
校准周期	根据校准规范要求，进行周期校准	根据校准规范的要求，进行周期或使用前校准	使用前进行功能检查
证书和标志	具有校准有效期内的校准证书和计量确认标志	具有校准有效期内的校准证书和计量确认标志	具有有效期内的功能检查合格报告和准用标识

4）校准规范的编写要符合 GJB 5348—2004《国防科技工业校准规范编写规则》的要求，重点明确计量特性、校准条件、校准项目、校准方法、校准结果的处理和复校时间建议，经主管领导审批后才能有效使用。校准人员应持有同类参数的计量检定员证，校准方法应能把专用测试设备的量值溯源到国防最高计量标准或国家计量基准、标准中。当无法溯源时可采取同类设备进行比对或能力验证；使用适当的标准物质检查；采用经协商并在文件中明确规定的协议测量方法；用比例测量法或其他公认的方法。

专用测试设备的计量管理工作是型号产品生产阶段的计量保障难点，只有通过全面加强计量保障工作，不断提高计量人员的综合素质，才能确保专用测试设备的测量结果准确可靠，满足预期使用要求，为型号产品质量保驾护航。进一步加强对国防计量专用测试设备管理的监督和指导，使各型号任务承担单位充分认识专用测试设备纳入计量管理的重要性和必要性。

总之，在型号产品生产阶段，按照产品设计的技术指标和工艺规范的要求，配备相应的测量设备和专用测试设备，实施有效的计量管理，保证型号产品生产各个环节的质量得到有效的控制，确保量值的准确可靠和统一是切实做好型号产品计量的保障工作。专用测试设备计量管理流程图见图 2－8。

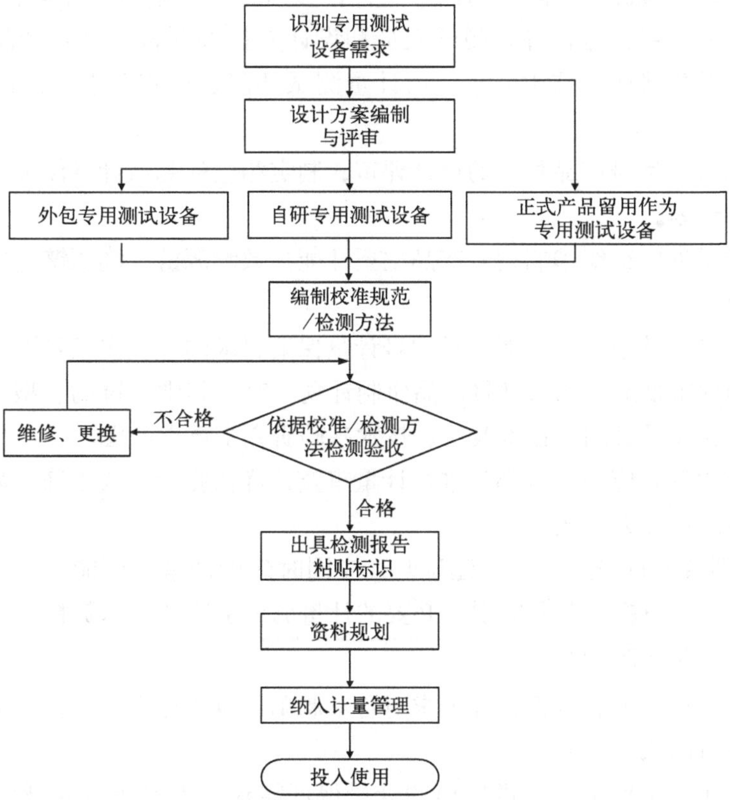

图 2－8　专用测试设备计量管理流程图

2.5.3 型号计量工作

型号计量工作贯穿于武器装备和航天产品研制、生产、试验和使用的全过程，计量测试水平的高低，不仅直接影响型号武器装备系统的研制周期和成本，而且还影响到型号武器装备的性能、质量、可靠性和使用安全性。

(1)研制阶段的计量工作

1)在可行性研究过程中，应进行型号计量可行性论证。根据型号武器装备的战技指标提出型号装备计量保证要求。

2)在方案论证阶段，应参与型号装备的方案论证，提出型号初步计量工作方案，包括明确计量组织机构和人员、编制计量保证大纲。

3)将型号产品(配套产品)的主要性能参数和计量保证要求纳入相应的技术指标、技术经济合同或技术协议中。

4)参与研制的设计人员根据上述要求提出相应的计量测试技术指标和要求。

5)设计过程中，应提出技术要求和制定型号计量工作方案。分析确定承担任务的计量保证需求、评估现有计量保障能力，针对存在的差距提出解决方案，包括需要研制的计量器具和专用测试设备项目，需落实的保障条件；参与技术引进项目评审、试验大纲制定；明确测量设备选型、溯源途径等。测试人员和设计人员共同根据型号产品研制要求的变更，及时提出计量测试补充技术要求，由计量测试部门及时跟踪型号产品计量测试保证工作。

6)计量部门参与型号产品相应的设计评审，制定相应的测试计量保证工作计划，并纳入型号产品研制计划。

7)由计量测试部门组织编制型号产品主要性能参数溯源链，溯源链包括符合用户提出产品计量特性要求的全部内容。

8)在型号产品设计中，凡不能满足型号计量保证要求的，提出型号测试计量保证项目或课题，经立项评审批准后纳入型号产品研制计划。对于其中关键的、型号专用的、定型急需的项目分别在型号研制、技术改造、技术基础研究中重点考虑。

9)产品的成果鉴定应经计量部门进行计量审查，确认测量方法正确、数据准确可靠并签署意见后，其结论方为有效。

10)型号武器装备科研生产能力建设时，应同时建设计量保证能力。引进重大仪器设备应经计量部门进行审查，并同时引进必要的计量测试手段和技术资料。

(2)生产阶段的计量工作

1)在型号产品生产前，根据设计要求对各承制单位技术标准、工艺规范、生产加工的计量保证能力进行确认；

2)要求承制单位根据工艺人员提出的计量保证需求，落实相应的测量(检测)设备和校准设备，制定测试计量保证工作计划并纳入型号产品生产计划；

3)确认承制单位根据溯源链要求配备测量和校准设备，以满足生产中测试计量保证需求；

4）确认生产中使用的测量设备，都应溯源到国防或国家基准，并满足测量不确定度的规定，如条件不满足时，进行不确定度分析，采取合理的补偿办法并经用户确认。

（3）试验阶段的计量工作

1）在编制型号产品试验、试飞任务书、大纲和制定方案时，分析测试计量保证能力，提出要求，文件评审应包括测试计量保证相关要求。

2）按照试验、试飞中的测试计量保证需求，制定工作计划并纳入型号产品试验、试飞计划。

3）确认型号产品试验、试飞中使用的测量设备满足测量不确定度的规定。

4）确保购置、研制试验设备和测量设备的可溯源性，必要时同时购置、研制相关校准设备，对无法溯源的测量设备的适用性进行评估确认。

5）对于型号规范规定的试验、试飞项目，开试前进行计量监督检查。

（4）交付使用阶段的计量工作

针对交付使用的设备进行定期计量工作，应溯源到国防或国家基准，并满足测量不确定度的规定，保证型号产品在平时处于良好的使用状态。

综上所述，型号研制过程一般划分为需求分析阶段、可行性论证阶段、方案设计阶段、工程研制阶段、设计定型鉴定阶段、试生产阶段、批生产阶段、使用改进阶段和处置阶段。在研制型号的同时，对组成装备的各系统、分系统和设备所需检测和校准的项目或参数及其技术指标进行论证和确定，并编制相应的检测或校准方法。对影响装备功能和性能的主要测试参数设置计量检测接口，并明确检测方法。有计量要求的检测设备应按照周期进行检定/校准，并确保使用在有效期内，所有设备均应经过计量确认，证明其能够满足被测参数的使用要求。具体型号研制各阶段计量工作内容见表 2－4。

表 2－4　型号研制各阶段计量工作

型号研制流程	计量工作
方案论证	确定四性，确定分系统指标、关键技术项目指标、元器件和原材料的计量保障方法，确定标准化要求，编制计量需求保障大纲
方案设计	确定是否提出了新的计量、检测技术需求
	确定专项可靠性试验项目的计量保障方法
关键技术的应用	确定关键技术所需元器件、原材料的计量确认
	关键技术试验验证过程的计量保障方法
方案验证试验	确定模样试验项目的计量保障方法
	根据试验大纲进一步完善计量需求保障大纲
	试验结果的计量保障方法

续表

型号研制流程	计量工作
方案设计评审	确认计量接口的设计及有效性、通用性
	选用的原材料、元器件的计量确认
	可靠性指标的计量保障方法
	“九新”的试验验证及计量保障方法
初样设计准备	确认计量接口的设计及有效性、通用性
	可靠性指标分配后的计量确认方法
	根据列出的初样阶段大型试验项目，确定试验的计量保障方法
初样设计	选用的原材料、元器件的计量确认
	“四性”指标是否调整，如调整，计量检测的方法是否需要调整
	根据编制的关键件、重要件项目清单，分析关键件、重要件的计量保障方法
	可靠性试验结果的计量测试需求
初样设计完成后至设计图纸下厂前	落实各项计量测试和计量保障方案
软件质量控制	分析软件测试过程的计量测试需求
地面试验	确保参试的地面试验设备在检定有效期内
初样设计评审	评审计量接口是否满足计量测试要求和通用性要求
	设计与功能试验是否进行了计量确认
	是否落实了各项计量测试和计量保障方案
试样设计准备	确认计量接口的设计及有效性、通用性
	根据列出的试样阶段大型试验项目，确定试验的计量保障方法
	可靠性指标分配后的计量确认方法
试样设计	“四性”指标是否调整，如修改，计量检测方法是否需要调整
	根据编制的关键件、重要件项目清单，分析关键件、重要件的计量保障方法
	选用的原材料、元器件的计量确认
	可靠性试验结果的计量测试需求
试样设计完成后至设计图纸下厂前	落实各项计量测试和计量保障方案
产品验收	确认计量保障大纲的规定工作已完成
	确认重点验收项目和验收参数的计量保障方法及实施
	产品验收试验的计量保障方法及实施
	“四性”计量确认
	计量接口的验收
	试验过程是否全部进行了计量确认，未覆盖的项目如何控制
地面试验	确保参试的地面试验设备在检定有效期内
试样设计评审	评审计量接口是否满足计量测试要求和通用性要求
	设计与功能试验是否进行了计量确认

2.6　质量信息管理

2.6.1　质量信息概述

信息是人类共享的一切知识，或社会发展趋势以及从客观现象中提炼出来的各种消息之和，具有客观性、知识性、可分享性等基本属性。

(1)质量信息的概念

质量信息是反映企业产品质量和产供销各个环节的基本数据，原始记录及产品使用过程中反映处理的各种情报资料。它是质量管理的耳目，也是一项重要的资源。

按照 Q/QJA 11A—2007《航天产品质量与可靠性信息管理要求》的定义，航天产品质量可靠性信息是航天各级单位在型号研制、生产、试验和使用全寿命周期过程中开展质量管理活动及型号产品开展质量与可靠性保证活动的相关数据、报告与资料。

(2)质量信息的分类

根据质量信息管理需要，应对质量信息进行分类。常用的分类方法有：

1)按不同的质量特性区分，分为功能特性信息、可靠性信息、维修性信息、保障性信息、安全性信息、测试性信息、环境适应性信息和互用性信息等；

2)按寿命周期阶段区分，分为论证阶段信息、方案阶段信息、工程研制阶段信息、定型阶段信息、生产阶段信息、使用阶段信息和退役阶段信息等；

3)按信息处理的深度区分，分为 A 类信息和 B 类信息。A 类信息是现场收集到的数据及加工处理形成的报告、文件和资料；B 类信息是在 A 类信息基础上综合形成的手册、案例，以及质量活动的工程与管理经验等；

4)按产品质量状态区分，分为正常质量信息和质量问题信息，质量问题信息又分为一般质量问题信息、严重质量问题信息和重大质量问题信息；

5)按质量信息的密级区分，分为绝密信息、机密信息、秘密信息、内部信息和一般信息。

(3)质量信息的内容

航天质量信息主要包括：

1)航天型号研制、生产、试验和使用全寿命周期过程中的质量问题信息；

2)航天产品配套物资质量信息；

3)航天产品故障模式、故障机理和应对措施信息；

4)航天产品可靠性和寿命相关试验和验证信息；

5)航天产品可靠性管理、设计分析及试验验证信息；

6)航天产品设计评审、出厂(所)评审报告；

7)各级发布的故障和事故信息通报和质量动态信息、质量活动情况；

8）质量与可靠性工作中积累的实践经验、研究成果及工具信息；

9）各级单位、型号质量工作计划及执行情况。

2.6.2　质量信息管理工作

（1）信息采集和处理

在航天产品研制过程中，各级单位按规定的格式和内容要求及时、准确地采集质量与可靠性信息。各院及所属单位根据型号工作需要制定本级的信息采集格式。各级单位及时采集本单位重要的质量与可靠性管理和技术活动信息，并及时对本级质量与可靠性相关信息进行整理、汇总。

（2）信息存储

各级单位按照集团公司信息化的统一要求和相关标准、规范，组织建立航天产品质量与可靠性信息库，进行质量与可靠性信息的积累，做好信息的储存，并提供相应的信息服务。航天质量可靠性信息中心负责协助建立集团公司级质量与可靠性信息库，按保密授权和职责范围，提供集团公司领导、主管部门、各级单位的信息服务。集团公司领导、主管部门、各级单位需要查询信息中心的信息，填写数据查询申请表。

（3）信息传递

集团公司对不同类型的质量与可靠性信息内容分别实行快报、月报、季报、半年报和年报制度，并根据需求传递有关的质量与可靠性信息。各院及所属单位根据需要在满足集团公司相应要求的前提下，制定并实施适应本单位管理模式的质量与可靠性信息传递制度。

（4）信息更正

上报集团公司的质量与可靠性信息的更正由各院信息报送部门填写质量与可靠性信息更改单，报航天质量可靠性信息中心，经集团公司质量主管部门批准后统一修改。

（5）信息利用

各级单位组织开展质量与可靠性信息的分析，采取多种形式充分利用这些信息为型号研制服务。集团公司管理的质量与可靠性信息发布由集团公司质量主管部门统一管理，并根据信息的分类特性和关联程度，做好信息的反馈和发布。

（6）信息保密与资源保障

各级单位在开展质量与可靠性信息工作全过程中应严格遵守国家的保密法规和集团公司的保密规定。在人、财、物等方面应保障质量与可靠性信息工作系统的正常运行。

2.6.3　质量与可靠性信息报送

集团公司级质量与可靠性信息报送制度分为定期报送和不定期报送两类：

1）定期报送制度包括质量与可靠性信息快报、月报、季报和年报；

2）对集团公司关心的其他质量与可靠性信息实行临时通知的不定期报送制度，信息报送程序临时通知。

（1）质量问题信息快报

1）对型号研制、生产、试验和使用过程中发生的具有如下性质的质量问题实行信息快报制度：

a. 重大质量事故和重大质量问题信息。

b. 型号产品在初样阶段发生的下列质量问题信息：批次性的质量问题；影响型号研制进度的质量问题；影响型号研制试验成败的重要的质量问题；影响型号产品设计方案的质量问题；其他有重大影响和造成重大损失的质量问题。

c. 型号研制进入正样（试样）阶段后发生的质量问题信息。

2）重大质量事故和重大质量问题发生后，责任单位应立即向本型号两总系统、所属院报告该事故的简要情况，所属院在事故发生后两小时内向集团公司型号主管部门报告该事故的简要情况。不能明确定位责任单位的，由总体单位负责报告。在发射场的可由发射场试验队负责人直接报告。集团公司型号主管部门在接到问题报告后应立即向集团公司领导报告。

报告应包括如下内容：

a. 事故发生的时间和地点；

b. 事故发生的产品名称、研制单位及其所属的型号名称；

c. 事故发生的简要经过；

d. 事故造成的现场直接后果；

e. 现场采取的紧急应对措施；

f. 报告人姓名和联系方式。

3）由问题发生时的产品主管单位在两小时内分别向所属院质量部门和型号两总报告；各院质量部门在接到报告后两小时内按规定的格式和填写要求，通过集团公司内网航天产品质量问题信息管理系统（以下简称集团公司质量问题信息管理系统）向集团公司质量主管部门报告。重大质量事故和重大质量问题的相关信息，也必须在问题发生后工作时间 4 小时内通过集团公司质量问题信息管理系统向集团公司质量主管部门报告。

4）集团公司质量主管部门在收到各单位质量问题快报信息后，定期对质量问题快报信息进行汇总和统计，通过内网向集团公司领导和相关部门及时报告，同时通过集团公司质量问题信息管理系统向有关院发布。

5）质量问题快报后，有关单位（型号）应尽快确定质量问题，并通知快报上报单位，由快报上报单位在集团公司质量问题信息管理系统中明确归零归口单位。归零归口单位负责对快报问题进行归零闭环，在质量问题完成归零工作 3 个工作日内完成质量问题信息采集卡的填写，并通过集团公司质量问题信息管理系统上报集团公司，对应的质量问题归零报告应作为附件同时上报。如已上报的质量问题快报信息经分析无需归零，可由问题快报单位所在院质量部门向集团公司申请撤销该快报。质量问题归零信息项至少应包括：

a. 问题标识信息（质量问题名称、问题发现时间、问题发现地点、责任单位、归零归口单位）；

b. 问题产品信息[型号名称及代号、型号批次(编号)、问题产品名称、产品设计单位、生产单位、所属整机及分系统、隶属分类];

c. 归零过程信息(质量问题概况、原因定位及机理分析、纠正措施及落实情况、故障程度、技术原因分类、管理因素、故障模式、归零情况、举一反三说明);

d. 在轨问题或异常信息(是否首次发生、是否存在故障预案、航天器是否已恢复正常)。

6)各院每周应对质量问题的归零闭环情况进行督促和检查，集团公司定期对质量问题快报及归零情况进行统计并通报。

7)航天产品研制过程中如发现元器件批次性质量问题，除按正常质量问题快报程序上报外，各院物资主管部门应在2小时内将元器件批次性质量问题相关信息上报集团公司。集团公司收到上报的元器件批次性质量问题后，经分析、评议后将相关信息及清查的有关要求传达到各院物资主管部门；各院物资主管部门在接到集团公司清查要求后，应迅速组织对问题元器件同批次产品的库存和装机情况进行全面清查、统计，并在8小时内将清查结果报集团公司；各院要依据清查结果组织有关人员分析评估元器件质量问题对所有涉及型号的影响，提出处理措施，并于3个工作日内将结果报集团公司。

(2)月报

1)飞行任务质量信息和发动机试车质量信息。各院应于每月前5个工作日，将上月飞行任务质量信息和发动机试车质量信息，通过内网邮件报送航天质量可靠性信息中心。

2)航天用电子元器件、原材料等物资质量信息。各院应于每月前5个工作日，将上月物资监制、验收、筛选、检查确认过程中出现的典型、共性的质量问题，通过内网邮件报送航天质量可靠性信息中心。

3)电子元器件DPA、失效分析、补充筛选与超期复验失效信息。各电子元器件可靠性分析中心或失效分析中心应于每月前5个工作日，将上月电子元器件DPA、失效分析信息和电子元器件的补充筛选与超期复验失效信息，按照QJ 1556B—2006《电子元器件质量与可靠性信息采集卡填写规定》规定的格式和内容，通过内网邮件报送航天质量可靠性信息中心。

4)月度质量综合分析报告。各院每月25日，应将本月质量综合分析报告报送航天质量可靠性信息中心，其中1、2、4、5、7、8、10、11月份报告分析的范围为本月，3月份报告分析的范围为一季度，6月份报告分析的范围为上半年，9月份报告分析的范围为1—9月，12月份报告分析的范围为全年。

(3)季报

各院应应于每年1月、4月、7月、10月前5个工作日按计划部门的要求报送本季度综合质量指标数据。

(4)年报

①年度质量工作总结、质量工作要点

各院在每年1月15日前，将上年度质量工作总结报告(含质量管理体系审核情况及考核结果）通过内网邮件报送航天质量可靠性信息中心。每年的 3 月底前报送本年度质量工作要点。

②年度质量管理体系认证机构审核和二方审核情况

各院在每年 1 月 15 日前，将上年度院本级和所属各单位质量管理体系接受认证机构审核和二方审核的情况，通过内网邮件报送航天质量可靠性信息中心。

2.6.4　质量信息综合利用

（1）故障和事故信息通报

集团公司实行故障和事故信息通报制度。各级单位可参照建立相应的信息通报制度。

①集团公司故障和事故信息通报的范畴

集团公司对以下性质的问题发布故障和事故信息通报：

1）批次性质量问题，包括型号按批次性失效处理的电子元器件、原材料质量问题；

2）具有教育意义和警示作用的责任质量事故和重复性质量问题；

3）需要其他单位或型号尽快了解以便开展举一反三活动的共性质量问题。

②集团公司故障和事故信息通报的内容要求

1）故障和事故信息通报的基本内容包括编者按、故障或事故现象、对故障或事故原因的分析、措施及建议。

2）故障和事故信息通报内容必须准确。批次性质量问题的内容应由集团公司相关专业专家组进行技术审查。

③集团公司故障和事故信息通报编发程序

1）批次性质量问题按批次性失效处理的电子元器件、原材料在接到失效分析报告 48 小时内，共性质量问题、责任质量事故和重复性质量问题在主管部门进行分析和性质判定后 2 个工作日内由航天质量可靠性信息中心完成通报的编制。

2）故障和事故信息通报编制后，送集团公司质量主管部门审批后集中分发到集团公司有关部门、各相关院。

④集团公司故障和事故信息通报的使用

1）集团公司故障和事故信息通报的发放范围由集团公司质量主管部门确定，名单适时更新。

2）各级单位应建立故障和事故信息通报发放对象的人员数据库，对数据库和发放对象进行动态管理。人员数据库的数据项至少应包括发放对象的姓名、单位、职务或职称、技术专业、负责型号、分系统等内容。

3）集团公司故障和事故信息通报接收人或所在单位在收到当期通报后应立即填写回执单，并反馈给航天质量可靠性信息中心备案，以避免错发漏发。

4）集团公司故障和事故信息通报接收对象应按职责对照通报的问题，组织在本单位、本型号产品中及时开展举一反三。质量与可靠性信息主管部门应将举一反三的情况纳入本单位季度质量综合分析报告。

(2)面向产品质量分析

①面向产品质量分析定义

发生质量问题后或对一定时期内某类产品发生的质量问题进行统计后，通过对产品及其结构、使用和技术条件、产品研制过程等进行系统的研究，以确定问题原因、识别薄弱环节、明确措施的过程。

②面向产品质量分析目的

面向产品质量分析工作的目的是挖掘质量问题背后的深层次原因，总结提炼出针对本单位产品和质量管理体系运行中存在的共性问题和薄弱环节，并提出改进措施，以提高产品成熟度和推进质量管理体系的持续改进。

③面向产品质量分析作用

1)提高员工质量意识。通过开展面向产品质量分析工作，营造全员参与的氛围，使每名员工切实感受到自身在影响产品质量的因素中所起到的重要作用，提高员工对质量的认知度，从而使员工的质量意识得到提升。

2)掌握质量分析方法。面向产品质量分析工作强调要根据产品的不同情况采用不同的质量分析统计工具和方法。通过该工作持续有效的开展，可以提高质量分析的科学性，使我们更多的掌握和运用各种质量分析方法，为其他分析工作的开展提供参考。

3)锻炼产品研制队伍。面向产品质量分析工作的实施者是产品研制队伍，通过针对产品质量问题的分析，可以使掌握在个人手中的经验和教训得到共享，为年轻同志提供一个较好的学习机会和一个较高的起点，从而使年轻同志尽快地成长起来，不断提升产品研制队伍的能力和水平。

4)提高产品成熟度。通过开展面向产品质量分析工作，可以消除产品实现过程中发生的不合格，保证产品生产的稳定性和一致性，实现可重复生产和批生产，持续提升产品固有质量与可靠性，从而提高产品成熟度。

5)建立规范的三层次文件体系。通过开展面向产品质量分析工作，制定针对性较强的纠正预防措施，并通过对措施落实情况的跟踪检查，将行之有效的措施不断地完善到与产品研制配套的第三层次作业文件中，建立起规范的三层次文件体系。

④面向产品质量分析基本步骤

面向产品质量分析工作程序一般分为3个层次、12个基本步骤，如图2-9所示。

⑤集团公司对各级开展面向产品质量分析工作的要求

面向产品质量分析工作应做到“主题明确，分析透彻，措施到位，记录完整”，相关要求如下：

a. 以产品为质量分析的对象，贯穿产品全寿命周期。分析的对象是典型通用宇航产品，以产品为牵引开展相应的分析工作。

b. 以研制队伍为质量分析的主体，推动全员参与。产品负责人负责组织产品队伍对发生问题的产品采用不同的质量分析方法，开展相应的分析工作。

c. 以问题信息为质量分析的重点，识别薄弱环节。分析的重点是产品研制过程中和交

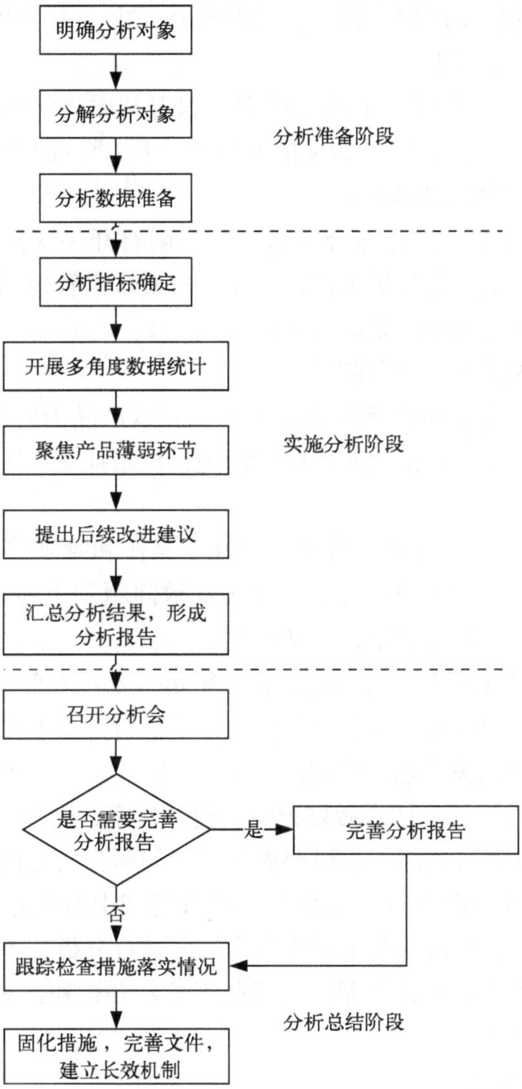

图 2 - 9　面向产品质量分析的流程基本步骤

付后发生的质量问题、不合格、产品超差以及质量监督过程中发现的问题信息等。

d. 以明确措施为质量分析的落脚点，提高产品成熟度。通过面向产品的质量分析，识别造成质量问题的深层次原因和薄弱环节，制定针对性的纠正和预防措施并加以落实，逐步提高产品成熟度。

1) 建立质量问题分析例会制度。

a. 各级单位要高度重视并切实做好面向产品质量分析工作，按厂(所)、院、集团公司，自下而上逐级建立质量问题分析例会制度，并纳入到各级质量管理体系文件中，以实现面向产品质量分析工作的制度化和规范化。

b. 各院要结合实际，对所属型号和单位提出开展面向产品质量分析工作的具体要求，落实相关职责。在产品的质量问题分析中，尤其要注重并充分发挥基层班组、车间（研究室）等科研生产一线人员的作用。

c. 各院、厂（所）每月，班组、车间每周应组织召开质量问题分析例会。各院的质量问题分析例会要建立在厂（所）、型号例会的基础上。厂（所）的质量问题分析例会要建立在班组、车间（研究室）例会的基础上。

d. 集团公司定期组织质量问题综合分析，每季度召开一次质量问题分析例会。各院参加例会并汇报本单位质量问题分析工作，集团公司质量主管部门在各院质量问题分析工作的基础上，进行全集团的质量问题综合分析。

2）重点围绕产品开展质量问题分析。

a. 各院要全面梳理本单位承研承制的主要产品，以产品为对象和归属，对产品研制、生产和使用过程中发生的所有质量问题要按时清理，拉条挂账，进行汇总统计，识别问题多发产品。

b. 各院应从设计、工艺、设备、器材、软件、操作和管理等方面，查找产品发生质量问题的原因，进行归类并深入透彻分析，找出导致问题发生的深层次技术和管理原因，识别薄弱环节，并制定针对性的措施，实施改进。

c. 各院要选择典型质量问题进行剖析，提出警示，要对本单位承制产品发生的共性问题、重复性问题进行全面的分析，查找质量管理体系运行方面的原因，提出改进的措施。

3）做好质量问题分析相关信息的管理。

a. 各院要对发生的质量问题认真做好记录，包括文字、照片和录像等客观证据，确保记录的真实、准确、完整和可追溯。各级要做好质量问题分析的记录，并存档备查。

b. 各院要对本月质量问题进行汇总分析，检查清理上月质量问题归零情况，要做到彻底归零。要按附件的格式和内容要求完成质量问题综合分析报告。

c. 各院要按年度对产品发生的质量问题进行汇总、分析和比对，完成年度综合分析报告上报集团公司质量主管部门。

（3）故障模式识别与应用

航天产品的故障模式是指系统（型号）、分系统、单机产品、部组件、基础产品等各级产品故障的表现形式。相应的，航天产品故障模式可按产品的层级分为系统级（型号）故障模式、分系统级故障模式、单机产品故障模式、部组件故障模式、基础产品故障模式等。为规范航天产品质量信息的应用，各有关单位应建立基于质量问题信息的航天产品故障模式识别与应用的工作机制。

①各级职责

1）设计师系统职责。各级设计师系统负责主管产品故障模式的识别、梳理和相关知识的归纳、总结和提炼工作，并对主管产品故障模式和相关知识的正确性负责。

2）质量主管部门职责。各级质量主管部门负责本单位抓总研制的航天产品故障模式库的建立、日常维护和管理应用等工作，负责制定产品故障模式库建立、使用和修改完善的管理办法，各级单位要加强航天产品故障模式库建立及相关管理工作责任制的落实，制定实施细则，做好故障模式库建立及相关管理工作的组织、协调、监督和资源保障工作。有条件的单位应开发航天产品故障模式管理及应用软件，并纳入单位质量信息管理工作系统统一进行管理。各级单位应明确负责组织航天产品故障模式库建立工作的责任部门和责任人，相关岗位人员应接受相关知识培训。

②故障模式库的建立

1）基于 FMECA 分析的故障模式库的建立。对于相关单位根据 FMEA、FTA 分析情况提炼出的故障模式，即实际未出现过故障的故障模式，可参照 QJ 3050、Q/QJA 71 标准执行建立相应产品的故障模式库。

2）基于历史质量问题的故障模式库的建立。

a. 分析整理历史质量问题数据。各级质量主管部门，要会同产品设计、工艺、试验、测试等有关人员，对该产品历史上曾出现过的故障进行梳理和分析，根据故障定位和故障机理分析的结果，确定各级产品曾出现过的故障模式、故障原因、纠正及改进措施、举一反三情况、技术（工作）准则或禁忌等信息。同时，将梳理出的各级产品的故障模式与之前建立的产品故障模式清单进行对照，修正、完善产品故障模式清单。

b. 给出产品故障模式清单。各级质量主管部门，要会同产品设计、工艺、试验、测试等有关人员，根据问题梳理的结果，结合 FMEA、FTA 等工作，并参考曾出现过的、已知的故障模式，对各级产品的故障模式进行梳理，确定产品故障模式清单。产品故障模式清单不仅包含本级产品的故障模式，也包括组成该产品的各级产品的故障模式。因此，某一产品的故障模式清单，由组成该产品的各级产品的所有故障模式构成，是按各级产品所形成的一棵“故障模式树”，树的最底层是构成该产品的基本单元（基础产品）的故障模式。

c. 建立产品故障模式库。各级质量主管部门，要会同产品设计、工艺等有关人员，在分析整理历史质量问题数据和 FMEA、FTA 分析的基础上，建立产品故障模式库。

d. 产品故障模式库的审核确认。各级质量主管部门，要组织产品设计、工艺、试验、测试等有关人员，对产品故障模式清单、产品故障模式库的正确性、完整性进行审核和确认，必要时要组织专门的评审。

e. 产品故障模式库的修正与完善。各级质量主管部门，要定期组织设计、工艺、试验、测试等有关人员，根据产品设计 FMEA、工艺 FMEA 等有关工作，不断修正和完善产品故障模式库。当产品发生质量问题后，各级质量主管部门要组织设计、工艺等有关人员，结合归零结论，修正和完善产品故障模式库。

3）撰写专题分析报告。各级质量主管部门，要结合故障模式库建立、故障树分析等工作，组织设计师系统，按产品撰写专题故障模式分析报告并定期更新，分析产品故障的主要原因、常见的故障模式及纠正措施，提炼技术（工作）准则和禁忌，持续积累故障模式相关知识，并将产品故障模式分析作为各级面向产品质量分析会的一部分。

③故障模式库的使用要求

1）改进设计工作。各级设计人员、工艺、试验、测试人员，在开展产品设计、工艺设计、试验设计时，要参考相关产品故障模式库中的信息，掌握该产品曾出现过的故障模式、潜在的故障模式以及采取的纠正措施，用以指导产品设计、工艺设计工作。

2）支持设计评审工作。纳入设计评审工作。各级在开展设计评审、工艺评审时，要将通过故障模式库中梳理出的设计（工作）准则或禁忌，作为评审的重点予以审核，确保评审工作的针对性和有效性，避免重复性质量问题的发生。

3）协助质量问题归零工作。当产品发生质量问题后开展归零工作时，归零人员可参考产品故障模式库的相关信息，为故障的准确定位和快速归零提供支持和帮助。

（4）共性问题识别与治理

共性质量问题是指在一定范围内、一段时期内出现的多个具有某些共性因素的系列质量问题，且是可以通过相关治理工作解决的问题。共性质量问题具有关联度大、影响范围广、影响程度深等特点，历年来一直是集团公司各级单位质量工作的重点。

①共性质量问题的分类

按照共性质量问题的表现形式、产生的原因、治理的方法、影响的范围和程度的不同，共性质量问题的分类方法有很多：

1）按照共性质量问题中共性因素类别的不同，可将其分为共因质量问题和共模质量问题；其中共因质量问题是指具有相同或类似原因（技术、管理）的共性质量问题，共模质量问题是指具有相同或类似表现形式的共性质量问题；

2）按照共性质量问题产生的原因的不同，可将其分为技术类共性质量问题、管理类共性质量问题和混合类共性质量问题；

3）按照共性质量问题治理工作主抓单位级别的不同，可将其分为集团级共性质量问题，院级共性质量问题和厂（所）级共性质量问题；

4）按照共性质量问题影响程度的不同，可将其分为轻微共性质量问题（值得关注的问题）、一般共性质量问题和重大共性质量问题。

②共性质量问题的表现形式

一般来说，共性质量问题可能有以下几种表现形式：

1）同类产品的共性质量问题：同类产品在一段时期内多次出现的质量问题，但造成质量问题的原因可能是分散的，如一段时间以来频繁出现的通用基础产品共性质量问题，就是由技术、管理、人员、体系等多方面的原因造成的。

2）同类单位的共性质量问题：同类单位（同一个单位）一段时期内多次出现的质量问题，可能涉及不同的产品，且是由不同的原因造成的。这类共性质量问题大多是由于管理因素造成的，可能涉及该单位的质量管理体系、人员培训、资源保障等多方面的问题，如近一段时间以来整个集团公司暴露的外协、外购产品质量问题频发问题，就是由于在合格供应商选择、要求传递、下厂监制和入厂验收等多个方面都存在薄弱环节造成的共性质量问题。

3）同类原因的共性质量问题：一段时期内由某类原因引起的多个质量问题，造成这类问题的原因是明确的，技术类如空间单粒子翻转问题，管理类如人为原因造成的系列低层次质量问题等，以及虚焊、漏焊问题，接插件接插错误，器件装反等问题。

4) 同一阶段的共性质量问题：一段时期内产品设计、工艺设计、生产过程、试验以及交付验收等某个实现环节多次出现的类似的质量问题，如地面试验中的设计方案问题，产品的检测检验方法问题等，这类问题集中爆发于产品实现过程中的某个阶段，可能涉及技术、管理、标准、规范等多个方面。

5) 普遍存在的共性质量问题：一段时期内各单位、各型号普遍存在的质量问题，这类问题可能是由于相关标准、规范或制度不完善而引发的系列共性问题，也可能是涉及人员质量意识的、普遍存在的问题，如一直以来各单位、各型号普遍存在的误操作的问题频发，既有技术要求不完善、操作性不强的技术方面的因素，也有违章操作、质量意识不强等管理方面的原因。

6) 其他类型的共性质量问题：以上几方面没有覆盖的，存在其他共性因素的质量问题。

③共性质量问题识别与治理工作的流程

一般来说，共性质量问题的识别和治理工作可分为四个过程：一是识别过程，即通过多种渠道识别并确定各级、各单位存在的共性质量问题，做好策划工作；二是分析和治理过程，即针对需要解决的共性质量问题，应根据其影响范围、影响程度从集团、院、厂(所)三个层面分别采取针对性的解决措施，实施改进，确保问题得到彻底解决；三是监督检查过程，对于重点问题、重点单位，相关单位要组织人员进行跟踪检查，确保共性质量问题的治理工作取得实效；四是措施闭环过程，要将治理过程中卓有成效的做法和工作通过完善技术和管理文件建章立制，防范类似问题的重复发生，持续提高质量管理水平。

④共性质量问题识别与治理工作的原则

1) 系统策划、统筹解决的原则：对于共性质量问题的识别与治理工作，首先应坚持系统策划、统筹解决的原则，即在识别、确定共性质量问题时要有统一的标准；在分析、治理共性质量问题时，工作抓总单位要有详细的工作计划，各级有关单位要通力配合，并提供必要的资源保证，确保共性质量问题的彻底解决。

2) 分级识别、分级治理的原则：不同单位、不同产品可能会出现不同的共性质量问题，各类共性质量问题的影响范围、影响程度也不同，采取的治理措施也会多种多样。因此，对于共性质量问题应采取“分级识别，分级治理”的原则，针对问题的不同，厂(所)、院和集团公司分别开展有针对性的识别和治理工作。各级可分别成立共性质量问题识别专家组、治理工作小组和监督检查专家组。

3) 全面识别、重点突破的原则：各单位应定期结合集团公司面向产品质量分析工作质量管理体系评估工作、以及各类质量监督检查工作，通过多种途径在本单位范围内开展共性质量问题的识别与分析工作，分析的对象不应仅局限于产品研制、生产和试验等过程中发生的质量问题，还应涵盖研制生产过程中发生的不合格、偏离、超差等问题，质量管理体系内、外审中发现的不符合项，质量监督代表发现的质量隐患等，以及其他所有与质量有关的指标和事件，以便全面识别可能存在的共性质量问题。同时，在识别共性质量问题时还应坚持宽进严出的原则，做到不遗漏、不扩散，一段时期内一个单位确定的共性质量问题宜少不宜多，要做到集中力量、重点突破、有效解决。

4)深入分析、挖掘本质的原则：对于共性质量问题的原因分析工作，要坚持“从问题表象深入到问题本质”的原则，深入查找产品设计生产过程中存在的薄弱环节，分析造成问题的本质原因。对于确定为共性的质量问题，应开展进一步的分析工作，确定是什么性质、什么范围内的共性问题，确定产生共性质量问题的因素有哪些，尤其应重点分析共性质量问题背后可能潜在的共性管理因素，以便制定有针对性的解决措施，彻底根治共性质量问题，提升质量管理的水平。

5)举一反三、闭环管理的原则：各级单位要建立共性质量问题快速传递和响应的机制，一旦确定为共性质量问题后要能够将相关信息及时传递到各有关单位，以便开展举一反三工作；同时，各级单位应建立共性质量问题监督检查和闭环管理机制，治理工作完成后，各单位要将治理过程中卓有成效的做法和工作通过完善技术和管理文件建章立制，以持续提高质量管理水平；有关单位应定期对各级单位共性质量问题识别与治理工作进行监督检查，确保共性质量问题的治理工作实现闭环管理。

⑤共性质量问题的识别模式

各级单位可结合各类质量活动分析自身可能存在的共性质量问题，如面向产品质量分析工作、质量管理体系评估工作以及各类质量监督检查工作等，分析的对象应涵盖产品质量问题，生产过程中出现的不合格项，质量管理体系评审中发现的不符合项，监督检查中发现的质量隐患等各类与质量有关的事项。同时，为了保证全面识别各级单位可能存在的共性质量问题，可采取“从上到下”和“从下到上”相结合的识别模式。

1)“由下到上”的共性质量问题的识别模式，指由下级单位开始识别、确定自身存在的共性质量问题并报上级单位，上级单位在收到下级各单位报告的共性质量问题后要组织专家对其进行分析、汇总，确定本级存在的共性质量问题，并向更高级的单位报告的识别模式。“由下到上”的共性质量问题的识别模式适用于下级单位容易发现的共性质量问题，或者是下级单位乐于暴露和治理的共性质量问题，如可能涉及技术改造、资源调配和技术攻关等的技术类共性质量问题，就是各级单位高度重视且乐于治理的共性质量问题，可采取“由下到上”的识别模式。

2)“由上到下”的共性质量问题的识别模式，指由上级单位开始识别，确定本级及其下级存在的共性质量问题，并通知下级单位按照上级的要求开展有关共性质量问题治理工作的识别模式。“由上到下”的共性质量问题的识别模式适用于那些难于发现、需要由上级单位组织专家研究后才能确定的共性质量问题，或者是下级单位不想暴露、需要由上级单位强制其治理的共性质量问题，如管理类共性质量问题一般可采取“由上到下”的识别模式。

3)“由下到上”和“由上到下”相结合的共性质量问题识别模式，可以全面识别各级单位可能潜在的共性质量问题，做到“不遗漏”；同时，由于下级确定的共性质量问题要报告给上级(备案)、上级确定的共性质量问题要交给下级开展治理工作，“上下”互动后，可进一步明确共性质量问题的共性因素、原因和影响范围，做到“不扩散”。

⑥共性质量问题分级识别和分级确定的机制

1)厂(所)级共性质量问题。一般来说，厂(所)级共性质量问题的识别工作主要由厂

(所)、院级工作执行小组负责。做如下规定：对于厂(所)来说，三个月内质量问题数大于 10 个，或者是同一个产品的质量问题数、或由同类原因引起的质量问题数、或同一阶段(产品实现过程)出现的质量问题数、或可能存在其他类共性因素的质量问题数达到了 3 个，建议查找各质量问题之间是否存在共性因素。若共性质量问题治理工作可以由厂(所)级单位抓总、且由厂(所)级单位抓总可以完成的可定为厂(所)级共性质量问题；对于厂(所)级共性质量问题工作抓总单位存在疑义的，由院级工作执行小组组织相关专家最终确认。

2)院级共性质量问题。与厂(所)级共性质量问题的识别方法类似，院级共性质量问题的识别工作主要由院级、集团级工作执行小组负责。做如下规定：对于规模较小的专业院来说，可参照厂(所)级共性质量问题的确定原则，即三个月内全院质量问题数大于 10 个，或者是同一个产品的质量问题数、或由同类原因引起的质量问题数、或同一阶段(产品实现过程)出现的质量问题数达到了 3 个，就建议查找质量问题之间是否存在共性因素；对于总体院和规模较大的专业院来说，若三个月内同一个产品的质量问题数、同类原因引起的质量问题数、同一阶段(产品实现过程)出现的质量问题数、可能存在其他类共性因素的质量问题数达到了 5 个，建议查找各质量问题之间是否存在共性因素。

若共性质量问题治理工作必须由院级单位抓总、且由院级抓总可以完成的可定为院级共性质量问题；对于院级共性质量问题工作抓总单位存在疑义的，由集团级工作执行小组组织相关专家最终确认。

3)集团级共性质量问题。集团级共性质量问题由集团级工作执行小组组织相关专家来确定，通过集团公司级的面向产品质量分析、质量管理体系评估、监督检查等工作来进行。与总体院的情况类似，做如下规定：若整个集团公司三个月内同一个产品的质量问题数、同类原因引起的质量问题数、同一阶段(产品实现过程)出现的质量问题数、可能存在其他类共性因素的质量问题数达到了 5 个，建议查找各质量问题之间是否存在共性因素。一般来说，若共性质量问题的治理工作需要跨院协调解决的、单靠一个院无法完成治理工作的可定为集团级共性质量问题。

⑦面向厂(所)、院和集团公司三级的共性质量问题识别流程

如图 2－10 所示，可以采取“由下到上”和“由上到下”相结合的共性质量问题识别模式。

1)“厂(所)级—院级—集团级”的三级共性质量问题识别模式，即首先由厂(所)确定自身存在的共性质量问题，并对其进行分类，确定哪些是厂(所)本身能够解决的，哪些是需要报告院级单位、由院级单位抓总解决的，并一并上报院级单位；各院工作执行小组要定期汇总所属各厂(所)报告的共性质量问题，并结合自身的相关分析和质量工作，确定本院存在的共性质量问题，并对其进行分类，确定哪些是由所属厂(所)级抓总解决的，哪些是由院级抓总解决的，哪些是需要报告集团公司、由集团公司抓总解决的；集团公司工作执行小组要定期汇总各院报告的共性质量问题，并结合集团公司的相关分析和质量工作，确定集团公司存在的共性质量问题，并对其进行分析，确定哪些是由院级单位抓总解决的，哪些是由集团公司抓总解决的。

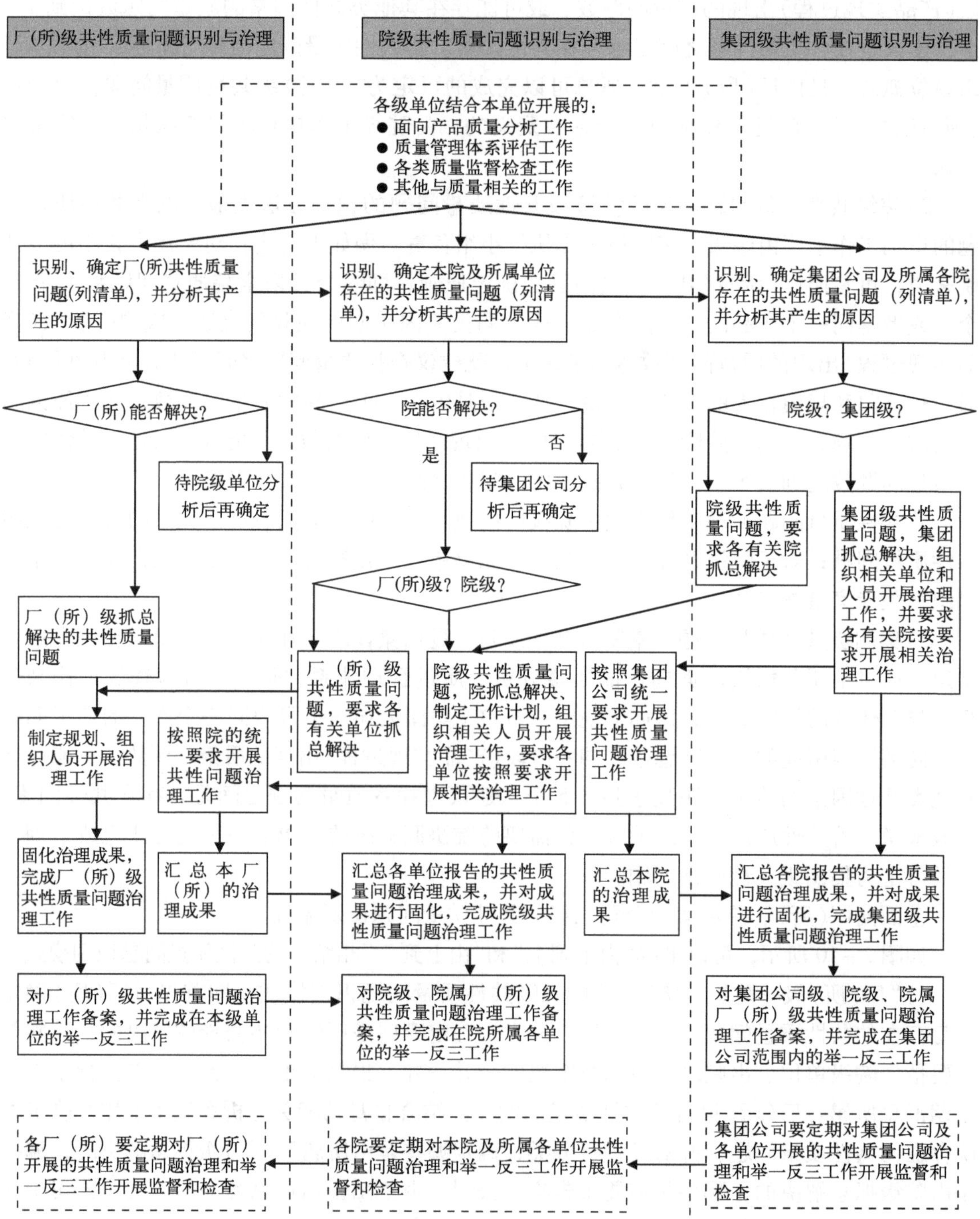

图 2－10　共性质量问题识别模式

2)“集团级—院级—厂(所)级”的三级共性质量问题识别模式，即集团公司定期组织人员确定集团公司级、院级的共性质量问题，并要求各有关院开展共性质量问题治理工作；各院定期确定院级和厂(所)级的共性质量问题，并要求各有关单位开展共性质量问题治理工作；各厂(所)定期确定自身存在的共性质量问题。

3)在识别和确定共性质量问题之后，工作执行小组要将问题清单提交工作领导小组，以便各级工作领导小组策划、实施共性质量问题的治理工作。

⑧共性质量问题统筹解决和分级管理的治理机制

对于识别出的共性质量问题，各级单位应高度重视，并根据问题的性质，立即组织相关人员开展治理工作。一般来说，共性质量问题治理工作需要多个部门的通力配合才能完成，因此根据造成共性质量问题原因的不同，其治理工作的原则建议如下：

1)若为相对容易解决的纯技术类共性质量问题，建议由型号(产品)主管部门牵头组织治理，这类问题一般为院级和厂(所)级共性质量问题，治理时牵扯的部门不会太多，较容易治理。这类共性质量问题一般可以通过技术改造、修订技术标准和规范等方式来解决。

2)若为纯管理类共性质量问题，建议由各级质量主管部门牵头组织治理，这类问题可能为厂(所)级共性质量问题、院级共性质量问题，甚至是集团级共性质量问题。对于这类共性质量问题，一般可以通过制定质量管理要求、修订相关管理标准来解决。

3)若共性质量问题涉及技术、管理、计划、培训等多个原因，建议由所在单位的科技委(或更高一级单位)牵头组织治理工作。这类质量问题一般难度较大，可能涉及技术攻关、设备改造、人员培训、资源保障等多个方面，涉及的部门和人员也比较多，因此可以由科技委(或更高一级单位)联合多个部门来解决。

⑨共性质量问题快速响应和举一反三的工作机制

各级单位可利用现有的“集团公司质量问题快报系统”，建立共性质量问题快速响应和举一反三的机制。在共性质量问题识别专家组确定共性质量问题后，以及质量问题治理工作小组治理工作取得阶段性成果后，相关单位要及时将相关信息逐级报告给质量主管部门和型号(产品)主管部门。各级质量主管部门在收到共性质量问题的相关信息后，要迅速下发到各有关单位，以便其开展举一反三工作。

⑩共性质量问题监督检查和闭环管理的工作机制

集团公司、院级型号主管部门和质量主管部门，要成立共性质量问题监督检查小组，定期对各单位共性质量问题识别和治理工作进行监督和检查，检查解决方案是否合理，措施是否可行，并对各单位共性质量问题举一反三工作开展情况进行检查。同时，共性质量问题监督检查小组要对本级抓总的共性质量问题治理工作进行验收和评审，重点审查共性质量问题治理工作中固化成果情况，制修订的标准、规范和要求是否能够彻底解决问题，技术改造、技术攻关的成效是否明显等内容，做到闭环管理。

参 考 文 献

[1] 中国航天科技集团公司质量文化手册. 2012.

[2] 天科质[2011]836 号《中国航天科技集团公司质量文化建设纲要(2011—2015 年)》.

[3] QC 小组简报，航天质量协会. 2016.

[4] 质字[2015]73 号《关于开展集团公司生产现场管理星级评价工作的通知》.

[5] 质字[2016]60 号《关于实施航天生产现场管理星级建设与评价工作的补充通知》.

[6] 郭瑞霞. 航天标准化基础知识[R]. 中国航天标准化研究所，2004.

[7] 毕国楦. 航空工业标准化基础[M]. 北京：航空工业出版社，2002.

[8] 李春田. 标准化概论[M]. 北京：中国人民大学出版社，2014.

[9] 金烈元. 标准的实施与监督[M]. 北京：航空工业出版社，2005.

[10] 国家质量技术监督局计量司. 通用术语及定义解释[M]. 北京：中国计量出版社，2000.

[11] 邱荣忠. 计量管理[M]. 北京：宇航出版社，1993.

[12] 国防科工委科技与质量司. 计量技术基础[M]. 北京：原子能出版社，2002.

[13] 国家技术监督局宣传教育司. 技术监督与管理[M]. 北京：中国计量出版社，1988.

[14]《国防计量》编委会. 国防计量[M]. 北京：国防工业出版社，1990.

[15] 国家国防科技工业局. 武器装备科研生产单位计量工作通用要求，2015.

[16] 中华人民共和国中央军事委员会. 国防计量监督管理条例，1990.

[17] Q/QJA 11A—2007《航天产品质量与可靠性信息管理要求》.

[18] 天科质[2008]285 号《加强航天产品质量问题分析工作的若干要求》.

[19] 质字[2010]47 号《关于进一步加强面向产品质量分析工作的通知》.

第 3 章　质量管理体系

3.1　质量管理体系基础

3.1.1　质量管理体系概念

体系是指“相互关联或相互作用的一组要素”。管理体系是指“组织建立方针和目标以及实现这些目标的过程的相互关联或相互作用的一组要素”。管理体系要素规定了组织的结构、岗位和职责、策划、运行、方针、惯例、规则、理念、目标，以及实现这些目标的过程。一个管理体系可以针对单一的领域或几个领域，如质量管理、财务管理或环境管理。

质量管理体系是组织若干管理体系中关于质量的部分，把影响质量的技术、管理、人员和资源等因素都综合在一起，在质量方针的指引下，为达到质量目标而互相配合、协调运作。

按 ISO 9001：2015 标准建立的质量管理体系，不仅要能证实其有能力稳定地提供满足顾客要求和适用的法律法规要求的产品或服务的能力，还要通过体系的有效应用，包括体系持续改进的过程以及保证符合顾客与适用的法律法规要求，能增强顾客满意度。质量管理体系能够帮助组织提高整体绩效，为推动可持续发展奠定良好的基础。

3.1.2　质量管理体系标准产生与发展

(1)质量管理体系标准产生

美国为了军事工业的需要，确保武器的质量，1959 年，美国国防部发布了军用标准 MIL－Q－9858《质量大纲要求》。1971 年，美国机械工程师学会发布 ASME－Ⅲ－NA4000《锅炉与压力容器质量保证标准》。1971 年，美国国家标准协会发布 ANSI N45. 2《核电站质量保证大纲要求》。1979 年，英国标准化学会制定了一套质量保证标准 BS5750：Part0、Part1、Part2、Part3。随后一些发达国家先后制定了质量管理和质量保证标准。这对提升产品质量起到了积极作用。

1979 年英国标准协会 BSI 向 ISO 提交了一份建议，倡议研究质量技术和管理经验的国际标准化问题。1979 年，ISO 批准成立 ISO/TC176 质量管理和质量保证技术委员会。1984 年，BS5750 被提交国际标准化组织(ISO)制定国际质量保证标准的蓝本。

1986 年 ISO/TC176 完成第一个国际标准 8402；1987 年发布 5 项标准与 1986 年发布的标准统称为 ISO 9000 系列标准。ISO 8402：1986《质量—术语》，ISO 9000：1987《质量管

理和质量保证标准—选择和使用指南》，ISO 9001：1987《质量体系—设计开发、生产、安装和服务的质量保证模式》，ISO 9002：1987《质量体系—生产和安装和服务的质量保证模式》，ISO 9003：1987《质量体系—最终检验和试验的质量保证模式》，ISO 9004：1987《质量管理和质量体系要素指南》等标准构成了87版ISO 9000系列标准。

（2）质量管理体系标准发展

①ISO 9000系列标准第一次修订

ISO/TC176于1990年决定对ISO 9000系列标准进行修订。这次修订提出了ISO 9000族标准的概念。ISO 9000族标准是指由ISO /TC176制定的所有标准。87版ISO 9000系列标准到94版ISO 9000族标准，只是对87版ISO 9001、ISO 9002和ISO 9003进行了技术性局部修改，保留了87版的结构和思路。到1994年，ISO已发布了16项标准，到1999年ISO族已形成27个标准和2个指南性的技术小册子。这些标准构成了94版ISO 9000族标准。

②ISO 9000族标准第二次修订

1996年，ISO/TC充分考虑87版和94版标准以及现有其他管理体系标准的使用经验，对ISO 9000族标准进行修订。1997年正式得出了质量管理八项原则。94版式到2000版标准进行了大幅度修改，是“战略性”的换版。将94版ISO 9001、ISO 9002和ISO 9003合并为2000版ISO 9001。八项质量管理原则全面融合于2000版标准中。标准的编制采用“过程模式”结构，体现PDCA循环。ISO 9001和ISO 9004结构协调一致。

③ISO 9000族标准第三次修订

2004年，国际标准化组织各成员国对ISO 9001：2000进行了系统评审，确定修订ISO 9001：2000。2008版标准对2000版标准中文字或编排位置进行了调整。2008版标准没有引入新的要求，只是更清楚、明确地表达ISO 9001：2000要求，增加了与ISO 14001：2004的兼容性。

④ISO 9000族标准第四次修订

2012年，ISO/TC决定修订2008版ISO 9000族标准。2015版ISO 9001标准是对2008版标准的战略性修改，2015版ISO 9001标准采用ISO制定的管理体系标准框架，以提高与其他管理体系标准的兼容性。2015版ISO 9001标准使组织能够使用过程方法、并结合PDCA循环和基于风险的思维，将其质量管理体系要求与其他管理体系标准要求进行协调或整合。

⑤行业质量管理体系标准

随着ISO质量管理体系认证标准ISO 9001的历次换版，逐渐强化了标准的通用性和原则性，更加广泛适用于所有产品类别、不同规模和各种类型的组织。同时，为了增强ISO 9001标准在各行业的针对性，国际标准化组织质量管理与质量保证标准化技术委员会（ISO/TC176）扩大了与相关技术委员会和行业的合作，制订了有关行业的国际质量管理体系认证标准。如国际航空航天质量组织按ISO标准框架，制订了国际航空航天质量管理体系标准AS 9100；ISO/TC176与国际汽车特别工作组合作，制订了汽车行业的国际标准

ISO/TS 16949；与电气通信服务行业合作，制订了电讯行业的质量管理体系标准 TL 9000；欧洲铁路联盟也在 ISO 9001 标准的基础上，针对铁路行业特殊要求制定了 IRIS 标准并开展认证。

1996 年我国发布了质量管理和质量保证国家军用标准(GJB/Z 9001 ~9004—96)。该标准是根据《军工产品质量管理条例》的要求，在质量管理和质量保证国家标准(GB/T 19001 ~19004—1994)的基础上增加了军用产品的特殊要求编制的。为适应军用产品质量管理面临的新形势，GJB/Z 9001 在 2001 年、2009 年分别进行了两次改版。形成了 GJB 9001A—2001 和 GJB 9001B—2009。

1998，原航天工业总公司制定了 QJ 9001《航天质量管理和质量保证标准》。标准是在 GJB/Z 9001 ~9004—96 的基础上，增加航天行业的特殊要求编制的。2003 年，为适应航天质量管理要求，根据国际标准和国家军用标准的发展，对标准进行了修订。

3.1.3　质量管理体系核心标准

ISO 9000、ISO 9001 和 ISO 9004 是质量管理体系的核心标准。

1)ISO 9000《质量管理体系　基础和术语》提供了一个合适的理解和实施 ISO 9001：2015 标准的基本背景。ISO 9000 标准中详细描述了 ISO/TC 176 编制的质量管理原则并在编制 ISO 9001：2015 标准过程中已考虑这些质量管理原则。这些原则本身不是要求，而是形成了 ISO 9001：2015 标准规定要求的基础。ISO 9000 也规定了用于 ISO 9001：2015 标准的术语、定义和概念。

2)ISO 9001《质量管理体系　要求》规定的要求主要的目标是对组织提供的产品和服务信任并提高顾客的满意度。ISO 9001：2015 标准的适当实施也可以期望会给其他组织带来利益，更好地理解和控制组织的过程。

3)ISO 9004《追求组织的持续成功　质量管理方法》为组织提供超越 ISO 9001：2015 标准要求的选择，以强调更宽的主题范围带来组织整体绩效的提高。ISO 9004 包括对组织自身评估的方法，用以评价组织质量管理体系的成熟度水平。

3.2　质量管理体系标准要求和理解

3.2.1　引言

ISO 9001：2015 标准的引言介绍了质量管理体系的理念、方法和作用。说明了 ISO 9001：2015 标准与其他管理体系标准的关系。

(1)总则

采用质量管理体系是组织的一项战略决策，能够帮助其提高整体绩效，为推动可持续发展奠定良好基础。

ISO 9001：2015 标准采用过程方法，该方法结合了 PDCA(策划、实施、检查、处置)

循环与基于风险的思维。

过程方法能使组织策划过程及其相互作用。

PDCA 循环使得组织确保对其过程得到充分资源和管理，提供充足资源，确定改进机会并采取行动。

基于风险的思维使得组织能确定可能导致其过程和质量管理体系偏离策划结果的各种因素，采取预防控制，最大限度地降低不利影响，并最大限度地利用出现的机遇。

在日益复杂的动态的环境中持续满足要求，并针对未来需求和期望采取适当行动，这无疑是组织面临的一项挑战。为了实现这一目标，组织可能会发现，除了纠正和持续改进，还有必要采取各种形式的改进，比如突破性变革、创新和重组。

(2)过程方法

①总则

ISO 9001：2015 标准提倡在建立、实施质量管理体系以及提高其有效性时采用过程方法，通过满足顾客要求增强顾客满意度。采用过程方法所需考虑的具体要求见质量管理体系及其过程条款。

将相互关联的过程作为一个体系加以理解和管理，有助于组织有效和高效地实现其预期结果。这种方法使组织能够对其体系的过程之间相互关联和相互依赖的关系进行有效控制，以提高组织整体绩效。

过程方法包括按照组织的质量方针和战略方向，对各过程及其相互作用系统地进行规定和管理，从而实现预期结果。可通过采用 PDCA 循环以及始终基于风险的思维对过程和整个体系进行管理，旨在有效利用机遇并防止发生不良结果。

在质量管理体系中应用过程方法能够：

1)理解并持续满足要求；

2)从增值的角度考虑过程；

3)获得有效的过程绩效；

4)在评价数据和信息的基础上改进过程。

②PDCA 循环

PDCA 循环可应用于所有过程以及作为整体的质量管理体系。

P—策划(Plan)：根据顾客的要求和组织的方针，建立体系的目标及其过程，确定实现结果所需的资源，并识别和应对风险和机遇。

D—实施(Do)：执行所做的策划。

C—检查(Check)：根据方针、目标、要求和所策划的活动，对过程以及形成的产品和服务进行监视和测量(适用时)，并报告结果。

A—处置(Action)：必要时，采取措施提高绩效。

③基于风险的思维

基于风险的思维是实现质量管理体系有效性的基础。ISO 9001：2015 标准的以前版本已经隐含基于风险思维的概念，例如：采取预防措施消除潜在的不合格原因，对发生的不合格进行分析，并针对不合格的影响采取适当措施，防止其再次发生。

为了满足 ISO 9001：2015 标准的要求，组织须策划和实施应对风险和利用机遇的措施。应对风险和利用机遇可为提高质量管理体系有效性、获得改进结果以及防止不利影响奠定基础。

某些有利于实现预期结果的情况可能导致机遇的出现，例如，有利于组织吸引顾客、开发新产品和服务、减少浪费或提高生产率的一系列情形。利用机遇所采取的措施也可能需要考虑相关风险。风险是不确定性的影响，不确定性可能是正面或负面影响。风险的正面影响可能提供改进机遇，但并非所有的正面影响均可提供机遇。

3.2.2　组织的环境

组织环境是新版标准的一个新概念，对其的理解至关重要。组织环境是指对组织建立和实现目标的方法有影响的内部和外部因素的组合。ISO 9001：2015 标准的第四章组织的环境主要包括以下四个方面：理解组织及其环境；理解相关方的需求和期望；确定质量管理体系范围和质量管理体系及其过程。

(1)理解组织及其环境

理解组织及其环境意图是为组织提供对内外部因素(包括正面和负面)的最佳理解，这些因素可能会影响到质量管理体系实现期望结果的能力。组织应意识到这些内外部因素可能是不断变化的，因此，应定期进行监视和评审。

应理解在确定质量管理关键要素时，理解组织及其环境条款连同其他条款的要求提供了必要的信息基础。例如质量管理体系范围、过程、方针、策划、目标、风险和机遇。

可以通过多种来源获取内外部因素的信息，例如国家和国际新闻、网站、国家统计部门和其他政府部门出版物、行业和技术出版物、本地和国家会议、行业协会等。

考虑国际、国内、地区和当地的各种法律法规、技术、竞争、市场、文化、社会和经济因素，有助于理解外部环境。考虑组织的价值观、文化、知识和绩效等相关因素，有助于理解内部环境。

(2)理解相关方的需求和期望

理解相关方的需求和期望的意图是确保组织不仅关注顾客要求，而且对质量管理体系利益相关方的要求也应进行确定，并监视和评审所确定的相关方及其要求。

组织应将那些对质量管理体系有影响的各方确定为相关方。组织的潜在相关方包括：顾客，最终用户或受益者，业主，股东，银行，外部供应商，员工及其他为组织工作的人员，监管机关，地方社区团体，非政府组织等。

相关方要求可能表现在很多方面，例如：顾客对事物的要求，如符合性、价格和安全性；已与外部供应商实现的合同；行业规范及标准；许可、执照或其他授权形式；条约和公约；和公共机构及顾客的协议；组织契约合同承担的义务。

(3)确定质量管理体系范围

确定质量管理体系范围的意图是在组织确定范围后，避免对环境相关事宜、相关方及其需求、组织产品和服务的描述过于宽泛或受限，对每一要求的适用性进行正确评估。

在确定质量管理体系范围时，组织应考虑相关方的内外部因素；可能影响质量管理体系的相关方要求；产品和服务和外包等。

为确定质量管理体系范围，应评估质量管理体系要求的适用性，对不适用的要求进行调整，并详细说明这些不适用要求不会影响产品和服务符合性的能力和责任。组织应保持确定的质量管理体系范围成文信息。

(4)质量管理体系及其过程

质量管理体系及其过程条款的意图是确定质量管理体系所需的过程，特别是考虑其在组织中的应用。标准中提出了 8 条要求，通过对这些要求的识别和确定使得质量管理体系完全纳入组织和经营管理之中。

组织应对过程有清晰的认识，一个过程是一组相互关联或相互作用的活动；一个过程将输入转化为输出。组织通过对过程的控制和检查，促进绩效提升及改进推广。组织开展的质量管理实践活动的典型输出可能包括：书面程序、网站/内网、数据服务器、工作指导书、手册、指南、标准样品、软件、表格和记录等。

新版标准仍对过程维持和保留成文信息提出了要求。标准要求在必要的程度上，保持成文信息以支持过程运行，保留确认其过程按策划进行的成文信息。

3.2.3 领导作用

领导作用是质量管理体系建立和运行成功的关键。ISO 9001：2015 标准的第五章领导作用主要包括以下三个方面：领导作用和承诺；方针；组织的角色、职责和权限。

(1)领导作用和承诺

①总则

领导作用和承诺条款的意图是明确与质量管理体系有效性及策划结果的实现相关的最高管理者的职责，使其发挥作用。

标准中列出了最高管理者的 10 项职责，最高管理者可通过确保实现所策划的结果来证实其履行了责任。最高管理者还应：

1)通过持续的绩效监视和测量及定期管理评审来确保质量管理体系的适宜性和有效性；

2)在建立、更新质量方针和目标时，确保其与组织环境、内外部因素、战略方向保持一致，并支持总体经营过程；

3)确保质量管理体系过程和其他职能过程接口(例如财务、设计、测试、顾客支持等)在组织中无缝对接；

4)确保部门之间建设性合作，体现系统方法，以实现过程间有效的接口和将输入转化为输出时的有效性为目的，协同进行风险评估和风险处置；

5)监视当前及预期的工作量、进度，确保在必要时获得充足的质量管理体系资源(如人力资源、工具及设备和软件等)；

6)通过内部信息会议、邮件、个人讨论、组织会议等形式，就质量管理体系的价值和效益进行沟通；

7)监视质量管理体系的输出，当期望结果未能实现时，确保纠正措施相关责任落实到个人或团队；

8)使用真实的证据就改进对于保有顾客、提升市场占有率、降低成本等方面的价值在组织内进行沟通；

9)确保内部审核、第三方审核、管理评审等提出的关于改进的信息和建议在组织内进行有效沟通；

10)为其他管理职能(例如财务、设计、测试、顾客支持等)在理解和处理顾客强制性要求和顾客反馈方面提供支持和指导。

②以顾客为关注的焦点

以顾客为关注的焦点条款的意图是确保最高管理者在关注顾客要求实现、增强顾客满意度方面，彰示其领导作用和承诺(例如以身作则)。

关于满足顾客要求、增强顾客满意度，可考虑的输入：

1)法律法规要求及顾客要求；

2)技术及法律法规要求的调查与研究结果；

3)水平对比数据；

4)市场趋势、统计及预测信息；

5)质量工具的应用结果；

6)顾客满意信息的监视结果。

活动的输出可以是，组织在考虑了风险和机会的基础上进行决策和制定相应措施，建立或修改方针、行动准则，进行资源配置。

AS 9100 在“以顾客为关注焦点”中补充了监测产品、服务符合性和及时交付性，如果预期的结果不能达到应采取措施的要求。

(2)方针

①制定质量方针

制定质量方针条款的意图是最高管理者将质量方针与组织战略方向保持一致。

组织制定质量方针时可考虑：

1)基于组织使命、愿景和核心价值观建立的战略方向；

2)组织成功所需的改进程度及类型；

3)期望达到的顾客满意程度；

4)利益相关方的需求及期望；

5)实现预期结果所需的资源；

6)利益相关的潜在贡献。

②沟通质量方针

沟通质量方针条款的意图相对清晰，即：通过考虑与组织员工、利益相关方(例如受产品和服务变动影响的外部供应商)的沟通需求，组织需要确保质量方针被清晰地理解并贯穿于整个组织。

(3)组织的角色、职责和权限

组织的角色、职责和权限条款的意图是确保最高管理者对相关岗位进行分配，并确保这些人员了解被要求完成的事(职责)、允许做的事(权限)、各类工作的负责人以及各职责与权限之间的关系。

可考虑通过一些活动来定义组织角色、职责和权限，如对实际绩效评价结果和计划分析，以及对岗位描述及支持形成文件和信息创建和修订。

上述活动的输出可能包括：

1)必要的成文信息，例如岗位描述、工作指南、手册、程序等；

2)培训需求；

3)针对设施/设备的约束性使用条件配备必要的技术手段；

4)对处理过程运行中的信息的必要控制，或数据访问限制。

AS 9100 在“组织的角色、职责和权限”中补充了最高管理者应指定一名管理者作为管理者代表，能够行使本条款中规定的职责和权限，管理者代表能够自由并不受限制地与最高管理者联系以解决质量管理问题等要求。

3.2.4 策划

ISO 9001：2015 标准的第六章策划主要包括以下两个方面：应对风险和机遇的措施；质量目标及其实现的策划。

(1)应对风险和机遇的措施

在策划质量管理体系时，组织需要了解可能影响目标和期望结果的因素，其中包括对相关风险和机遇的识别，并应考虑外部、内部环境，以及利益相关方对质量管理体系实现目标结果的影响。在识别利益相关方时，可以识别和确定质量管理体系的风险和机遇。在识别风险和机遇时，组织可关注提升正面效果，创造新机会并预防或降低不良效应。此即采纳“基于风险的思维”。

基于风险的思维，其应用可以帮助组织建立主动预防的企业文化，关注更好地完成工作，以及改进工作方式。

ISO 9001：2015 标准中，没有要求使用正式的风险管理框架来识别风险和机遇。组织可以选择适合自己的方式来识别风险和机遇。

在识别了对质量管理体系有影响的机遇后，组织应开始策划控制风险和利用机遇的措施。已确认的措施计划需要纳入质量管理体系过程和组织的业务过程，并评价这些措施的效果。

这些措施包括：为质量管理体系过程建立合适的控制，或针对机遇建立新的过程。有很多措施都被组织选用来解决风险。质量管理方面的典型实例是开发各种控制活动，包括过程、产品和服务的检查、监视和测量；校准；产品和过程设计；纠正措施；规定、方法和作业指导书；培训及使用有能力人员等方面。

通过评价市场需求可识别风险和机遇，例如提供新产品和服务，或使用新技术来建立诸如顾客或供应链在线服务的更好系统。对质量管理体系过程进行绩效分析，则可识别出减少浪费或提高结果和绩效的机遇。组织应针对所追求把握的机遇进行措施策划。

(2)质量目标及其实现的策划

①质量目标的策划

质量目标的建立和质量目标实现的策划，可帮助组织实现组织目标的一致性。组织需要在过程或各职能层次中设立合适的质量目标，以确保战略方向和质量方针的实施。需认真考虑以确保目标在过程和各职能层次是可行的。质量目标应：

1)和质量方针保持一致。即质量方针可被用于设定质量目标的标杆。依据质量方针设立为提高顾客满意度及目前地位所必要的绩效和目标。

2)可测量。例如必须实现的某个时间段或某个量值。

3)对完成情况进行监视和评审。例如实现目标的进度报告、顾客反馈和管理评审等。

4)考虑了适用的要求并与产品和服务符合性及提升顾客满意度相关。例如规定产品或性能需求；按时按量按质交付；产品规范或服务水平协议。

5)必要的沟通。

6)进行适当的修订。对于影响实现目标能力的变动，组织需考虑并采取必要的措施。

7)可考虑使用SMART原则来设立，即设立具体的、可度量的、可达到的、相关的、有时限的目标。也可使用平衡计分卡、商用智能表(一种实现企业度量信息数据和关键指标数据可视化的工具)等监控目标的其他方法。

组织应保持与质量目标相关的成文信息。质量目标应进行必要更新。

②质量目标实施的策划

规定组织为实现质量目标所要做的活动。组织可通过策划“4W1H”活动实现预期目标，即What—要做什么；What—所需资源；Who—由谁负责；When—何时完成；How—如何评价结果。对是否实现特定目标的评价结果可作为管理评审的一部分进行评审。

(3)变更的策划

在策划质量管理体系必要变更时，应提前预防变更造成的不良影响，并确保在可控的条件下进行。在组织日常活动中，多数变更会对质量管理体系造成影响。

组织可基于下列考虑策划质量管理体系的变更：

1)组织所处的内外部环境的变化；

2)利益相关方的需求、期望及其他相关方面的任何变化；

3)监视、测量、分析及评价的结果，包括所识别的趋势和反馈；

4)已识别的风险和机遇的评审。

组织可通过多种途径识别变更的需求，例如管理评审的一部分、审核结果、不符合项评审、投诉分析、过程绩效分析、组织环境变化、顾客及利益相关方的需求变更等。

基于风险的思维对识别策划质量管理体系变更时的必要措施是很有帮助的。组织需要对质量管理体系变更进行评估，因为它可能影响组织持续、稳定地提供满足顾客和法律法规要求的产品和服务，以及提高顾客满意度的能力。

3.2.5 支持

ISO 9001：2015 标准的第七章支持主要包括以下五个方面：资源；能力；意识；沟通；形成文件的信息。

(1)资源

①总则

组织应确定并提供为建立、实施、维护和改进质量管理体系并有效运行所需的资源。

在确定所需资源时，组织应考虑目前能力。例如现有材料、人力资源及其能力、机械设备、信息和设施等。组织在评审自己目前所具有的能力时，应识别各种现有约束，即为减小不利影响或实现目标需要什么，以及需要什么措施。

应对需要什么资源和确保资源提供作出决策，包括外部提供的资源。

②人员

组织应确定并提供有效实施质量管理体系及其过程所需的人员。应考虑人员的相关经验、现有工作量和资格，以使其能够履行在质量管理体系中的职能和工作，例如审核、检验、测试和投诉调查等。

为实现某个目标，组织可决定聘用外部人员或将服务外包给备选的供应商。这种情况下，组织可考虑培训，建立服务协议或对服务的供方进行审核，以此确保达到必要的人员能力要求。

③基础设施

组织确定运行过程和实现目标必要的基础设施，并对提供和维护必要的基础设施进行策划。

在确定必要的基础设施时，组织应考虑需要哪些设施、设备、计算机软件、服务和运输，才能提供合格的产品和服务。基础设施的需求可以基于顾客、法律法规要求以及组织知识所需。

基础设施可依据组织提供的产品和服务类型而变化。对于传统的制造和装配过程而言，基础设施包括制造、包装、配送、运输和 IT 系统使用的设施。

对于服务组织而言，基础设施可包括使用 IT 系统、办公室和行业专家。例如提供健康服务或咨询服务；使用互联网系统和核心办公室，如网上采购和中心配送办公室，网上银行和办公室。

在确定基础设施的需求时，组织可通过开展差距分析来检查目前的基础设施、识别新需求及需要采取的措施，例如制定设备维护计划，策划替换现有的基础设施，定期测试信息和通信系统，定期检测设备和基础设施。

④过程运行环境

组织应确定、提供并维护过程运行所需的环境，以提供合格的产品和服务。

运行环境根据组织所提供的产品和服务类型而异。某些情况下，环境可能仅考虑温度、卫生、气流和噪声等物理问题。例如，为了实现产品符合性，在清洁的室内环境中制造计算机芯片。

社会和心理因素对产品和服务质量的影响有时也很重要，尤其服务行业中，社会和心理因素对服务质量影响更大，需要重点关注。

在确定了过程运行环境后，应在必要时适当维护和控制运行环境以确保产品和服务持续满足要求。

⑤监视和测量资源

1)总则。当利用监视或测量活动来验证产品和服务符合要求时，应识别并提供适当的监视和测量资源，以确保结果有效且可靠。

监视和测量所需的资源可能因组织提供的产品和服务的类型及建立的质量管理体系而异。在某些情况下，简单检查和监视就足以确定质量状态，而在其他情况下，测量是必须的，而且还可能要求测量设备经校准或检定、或既要检定也要校准。

为确保监视和测量的结果有效，组织应确定对相应过程和/或产品和服务，需要监视和/或测量哪些内容。然后确定进行上述监视和测量所需的资源，并确保其适于所的监视和测量。

应能保留成文信息以证明所选择的监视和测量资源符合预期的目的。

2)测量溯源。如果测量设备用于验证符合要求并为测量结果的准确性提供信任，组织应考虑如何验证和/或校准、控制、存放、使用测量设备并维护其准确性。

测量系统可能包括软件、设备及其他装置(例如汽油泵，用于控制过程参数的控制信号)的组合。在这种情况下，整个测量系统都应适用于测量目的。

应根据在确定产品和服务符合性时测量的风险和重要性，制定测量设备的校准计划和维修检查。

如发现测量设备不适合预期的用途，应考虑测量结果对产品和服务符合性可能造成的风险，并采取必要的措施。

AS 9100 在“监视和测量资源”中增加了以下要求：组织应建立、实施和保持对需要校准或验证的监视和测量设备的召回过程。组织应保持这些监视和测量设备的清单，并规定其校准/验证的过程，包括设备型号、唯一性标识、位置、检查周期、检查方法以及接收准则。组织应确保进行校准、检验、测量和试验具有适宜的环境条件。

⑥组织的知识

应保护组织认为对过程运行及实现产品和服务符合性必要的知识，并鼓励根据不断变化的需求和趋势获取必要的知识。组织应考虑如何确定和管理实现产品和服务符合性，以满足组织目前和将来对所需的知识的需求。

人员及其经验是组织知识的基础。这些经验和知识的获取及分享可产生整合效应，从而创造出新的或更新的组织知识。

在确定和维护组织知识时，组织宜考虑：

1）从失败、临近失败的情况和成功中汲取经验教训；

2）获取组织内部人员的知识和经验；

3）从顾客、供应商和合作伙伴方面收集知识；

4）获取组织内部存在的知识（隐性的和显性的），例如辅导和计划；

5）与竞争对手的比较；

6）与相关方分享组织知识，以确保组织的可持续性；

7）根据改进的结果更新必要的组织知识。

（2）能力

组织应识别履行对于质量管理体系有效性而言必要的工作和职责所需的必要能力，并基于培训、教育或经验，确保组织控制下开展工作的人员能够胜任。

组织可以采取多种方式确定能力要求，可包括明确说明绩效准则和能力要求等。

能力评价可包括主管或经理定期对执行任务和运行过程人员进行评价、围绕服务绩效要求作标杆对比、评价过程运行情况和定期反馈会议等。

如使用到外部提供，可能需要制定规定所需的能力要求的合同和服务水平协议。组织根据能力对确保符合要求的重要性的不同，采取相应的不同措施。

（3）意识

组织应确保在其控制范围内开展工作的人员知晓质量方针，相关的质量目标，对质量管理体系有效性的贡献，以及不符合质量管理体系要求可能引发的后果。

在组织控制范围内的人员可能包括现有的员工、临时工、外部供方（如承包商和外包服务）人员。

沟通是确保意识养成的重要手段，如定期评审会议、顾客和供应商的会议与反馈等，应确保相关人员知晓这些反馈。

AS 9100 在“意识”中增加了以下要求：相关的质量管理体系文件信息，包括质量管理体系文件信息的变化；对产品或服务符合性的贡献；对产品安全性的贡献。

（4）沟通

沟通是质量管理体系有效运行的一个重要因素。组织不仅需要开展内部沟通，还需要进行外部沟通，以确保质量管理体系的有效运行。

组织内部和外部的沟通需要的方式可能不同。外部沟通可能需要更正式的方式，例如报告、规范、发票、服务水平协议等。相比之下，内部沟通可使用非正式的沟通方式，例如简报、电子邮件、企业内网等，重要的问题可能也需要较正式的方法，例如书面报告或规范。

组织需确定沟通的内容和沟通对象，最佳的沟通方法以及沟通的时机，还需决定由谁提供沟通。

（5）成文信息

①总则

组织应确定对质量管理体系有效性和符合 ISO 9001 要求而言所必要的成文信息。

不同组织根据其运作和过程的规模和复杂程度以及人员的能力，形成文件的程度各异。

②创建和更新

在创建和更新成文信息时，组织应决定形成文件信息所适用的标识、格式和媒介，以及如何评审和批准这些信息。

根据组织所运行的过程和体系的不同组织在创建和更新成文信息时所采用的方式和手段也不尽相同。组织可使用电子手段，包括允许编辑和批准，也可以使用硬拷贝系统，并以书面形式规定发布、评审和控制文件的职责。

③成文信息的控制

确保在需要时成文信息可以适当形式提供，并对成文信息进行充分保护。

根据成文信息的所用方法，组织需要考虑控制的级别，以确保成文信息得到适当的控制。控制包括可提供性(可用性)、分发和保护(例如防止信息丢失，不当使用和非预期的修改)。

组织应确保这些成文信息可为所有相关区域、部门、过程所有者获取。当产品和服务由外部提供时，组织应考虑相关成文信息以适合使用的形式提供给外部相关方。

对成文信息的控制还包括分发、访问、检索和使用、存储和防护、变更控制、保留和处置。这也同样适用于由组织确定的对于质量管理体系的策划和运行而言必要的外部文件。

成文信息可随组织质量管理体系发展而变更和发展。

当组织需要确保仅使当前的成文信息有效时，应考虑控制版本。作废成文信息的存储非常关键，这些信息应通过恰当形式得以维护，以确保得到保护和清晰可辨，例如对生产后多年的投诉调查可能需要历史的生产数据。成文信息的保留时间在某些领域可能有法律要求，其他情况下可由组织根据其产品和服务的寿命确定。

如组织确定来源于外部的文件对于组织质量管理体系的策划和运行是必需的，则需恰当识别这些文件，并像其他成文信息一样得到控制。这包括顾客的成文信息，例如图纸、指定的测量方法、抽样计划、标准、校准等。

如成文信息作为符合性的证据保留，那么这些信息应被保护以免非预期的修改。组织可仅允许对此类成文信息进行受控访问。例如，对某些人员的授权访问、电子访问限制(即只读权限)等。

AS 9100 在“形成文件的信息控制”增加了以下要求：为控制成文信息，适用时，组织应关注活动中增加了防止作废文件的非预期使用，若因任何原因而保留作废文件时，对这些文件进行适当的标识。

3.2.6　运行

ISO 9001：2015 标准的第八章运行主要包括以下七个方面：运行策划和控制；产品和服务的要求；产品和服务的设计和开发；外部提供过程、产品和服务的控制；生产和服务提供；产品和服务的放行；不合格输出的控制。

(1)运行策划和控制

运行策划和控制条款要求组织对所需的过程，包括由外部提供的过程进行策划、实施和控制，并实施标准第六章所要求确定的风险、机遇和目标，包括潜在的变更的应对措施。

策划过程应从确定其产品和服务要求开始。在确定产品和服务要求时，组织不应仅考虑顾客和法律法规要求，还应考虑组织的战略要求，包括利益相关方的相关要求。

组织还应建立过程的运行以及产品和服务的验收准则，组织考虑：

1)风险和机遇；

2)质量目标；

3)产品和服务的要求。

根据产品和服务提供过程的性质和复杂度，组织需要确定所需的资源以及现有资源是否充足，包括支持每一个过程所必需的资源，这就意味着每个过程的输入、输出和资源都应得到确定。

组织确定的准则以及支持这些准则的文件化的信息是策划的输出，应按准则实施过程控制。

在策划和运行准则时，组织宜同时考虑计划中的变更和潜在的非预期变更，及这些变更可能对运行造成的影响。在必要情况下，组织应当采取措施以应对或减小任何不良影响。

组织应建立并保留成文信息，而其成文信息程度应当可以确保组织的所有过程能够按照策划的要求得以实施，并确保组织正在提供的产品和服务可以满足相关确定的要求及接收准则。

AS 9100 在"运行策划和控制"中补充了识别支持产品运行和维护所需的资源要求，补充了采用适用工具和技术的要求，增加了 8. 1. 1"运行风险管理"、8. 1. 2"技术状态管理"、8. 1. 3"产品安全性"、8. 1. 4"假冒产品的预防"条款。

(2)产品和服务的要求

①顾客沟通

顾客要求条款旨在确保在确定产品和服务需求时组织和顾客间进行了沟通。组织应当拥有相应的过程，从而使其能够与顾客就产品和服务、问询、合同或订单处理(包括修改)、顾客意见和感受(包括顾客投诉)、顾客财产的处理和对待(如适用)及应急措施的特定要求等事宜进行沟通。

组织与顾客沟通的目的是为了使组织充分理解顾客的要求与期望，组织应该明确需要与顾客在哪些方面进行沟通、沟通的渠道和方法、沟通过程的有关要求。对这些明确了的沟通过程，组织应有效实施并确保沟通有效且实现顾客要求。

②与产品和服务有关的要求的确定

与产品和服务有关的要求的确定条款要求组织应当拥有一个过程，以确保提供给顾客的产品和服务要求得到确定，其中包括任何适用的法律法规要求和组织认为需要的要求。

组织应确保有能力来满足所声称的打算提供的产品和服务的要求。可考虑如下因素：可用的资源；能力和产能；组织知识等。

AS 9100 在“与产品和服务有关的要求的确定”中补充了应确定产品和服务的特殊要求、识别运行风险的要求。

③与产品和服务有关的要求的评审

与产品和服务有关的要求的评审条款旨在确保组织评审了对顾客作出的承诺，且有能力实现这些承诺。评审能让组织减小有关事宜在运行和交付后的风险。

组织宜评审：

1)顾客规定的要求，包括交付和交付后的活动，例如运输、用户培训、现场安装、质量保证、维修和顾客保障。

2)是否满足隐含的需求，产品或服务应能满足顾客的期望。例如，顾客想要入住某个酒店时，预期酒店房间干净整洁、能提供基本的设施，且酒店员工有礼貌和乐于助人；瓶装水应能安全饮用等。

3)组织为超越顾客期望，提高顾客满意度，符合内部方针而选择满足的其他要求。

4)是否已考虑和满足适用的法律法规要求。

5)是否对合同或订单做出了变更。

如顾客提出要求时没有形成文件，如通过电话或当面预定时，则组织在向顾客提供产品和服务前应经顾客确认其要求。例如在餐馆点餐后可向顾客重复所点的食物，又如在电话洽谈时复述客户要求，并做好记录。

评审时机应是在组织向顾客做出提供产品和服务的承诺之前进行。如之前确定的要求与合同或订单中规定的要求不一致，组织应与顾客进行沟通，解决这些不一致问题。

确保组织保留了评审结果的针对产品和服务新要求的成文信息，以证明组织对与顾客签订的最终协议，包括对其修改或变更进行了评审，并证明组织能够满足产品和服务有关的要求。

④产品和服务要求的更改

当产品和服务要求已经更改，组织应确保任何相关文件都要得到修改，而且还要相关人员知道这一更改要求。

为确保相关人员了解需求变更，组织宜选择合适的沟通方法，并保留适当的成文信息，如沟通的电子邮件、会议纪要或修改后的订单。

(3)产品和服务的设计和开发

①总则

产品和服务的设计和开发由一组运用产品或服务的理念或要求的过程组成。这些理念或要求可来自顾客、最终用户或组织。

产品或服务的设计与开发过程需要对理念或要求进行处理，处理后得到更为详细的要求，从而最终定义产品或服务的特性。

但大多数组织都需要开发由外部相关方提供的产品理念或要求，以便理解将采取什么样的措施来确保提供所需的产品和服务。这包括对采购、生产或交付后活动的要求。

设计和开发要求可用于生产过程的设计和开发。

②设计和开发策划

设计和开发策划条款要求组织策划和控制其产品和服务的设计和开发。设计和开发过程将由几个阶段组成，每一个阶段都要得到控制。

设计和开发策划的输出是针对特定项目的任务和活动计划。这一计划包括对策划的活动绩效可能产生影响的限制和风险、资源需求及对分工和职责的明确规定。

设计和开发策划条款的要求提供了在设计和开发策划期间可供考虑的一组关键要素，包括：

1）设计和开发的是新的还是现有的产品或服务，以及其复杂程度（如规模和细节等物理因素或服务的预定期限和程度）和交付要求等因素；

2）必要的阶段（如概要设计、详细设计、试生产或服务测试、评价及评审）；

3）为确保输出的产品和服务满足输入要求、规定用途或预期用途而需要实施的验证和确认活动；

4）确定的设计和开发工作的具体内容，以及设计和研发过程中涉及的必要的职责和权限；

5）需要的内部和外部资源（例如组织知识、设备、技术、能力要求、顾客或供应商的支持、临时工、提供技术信息的标准或规约）；

6）参与设计和开发过程的人员之间的沟通，应考虑参与的人数和最有效的信息共享方式；

7）顾客和用户在设计和开发活动中可能的参与（例如顾客调研或消费者的监控）；

8）要使相同的产品和服务重复获取订单，需要什么；

9）预期的顾客或其他相关方对过程的控制级别（例如医疗设备或飞机的安全检查），如顾客或最终用户未确定明确的控制措施，组织宜根据产品和服务的性质确定必要的控制措施；

10）确认是否满足了设计和开发要求，以及在评审、验证和确认阶段适当执行了过程的客观证据。如设计和开发活动导致了非预期的输出；详细记录活动的成文信息可有助于识别问题原因。如设计和开发过程顺利，且产出的产品或服务完全和预期一致，保留的成文信息可用于后续活动参考以确保一致性。

AS 9100 在“设计和开发策划”中补充了适当时组织应当将任务分解成活动，并明确每一项活动的任务、资源、职责、设计内容、输入和输出的要求。

③设计和开发输入

确定特定的设计和开发项目的输入是设计和开发过程的重要的活动之一。这些输入应该没有歧义，完整且和定义的产品或服务特性的要求一致，包括：

1）由顾客、市场需要或组织确定的功能或性能要求；

2）之前类似设计和开发活动的信息，这些信息可以帮助组织提高设计和开发的有效性，并使组织通过借鉴以往类似设计的经验，不断完善设计和开发活动，甚至创造出更佳的设计开发的实践样板，也可以帮助组织避免和减少设计和开发中的错误；

3）与产品或服务的提供（例如生产过程中的实践、运输或其他交付机制）直接相关的法律法规要求（例如安全规范、食品卫生法）；

4）组织自愿承诺符合的标准或行业惯例（如行业规约，健康和安全标准）；

5）由产品和服务的性质导致的失效的潜在后果。这些产品和服务失效的后果大到可能致命（例如举办某个大型活动时道路交通安全的策划不周全可导致事故），小到可能导致顾客不满意（例如织物的颜料不稳定导致褪色或掉色）。

组织应开展活动来解决输入的要求存在冲突或困难或无法实现的问题，组织应保留有关设计和开发输入的成文信息。

④设计和开发控制

在确定了输入后，组织应按照计划实施和控制设计和开发活动，以确保设计和开发过程有效。本条款要求组织应当对设计和开发过程进行控制，控制内容包括规定设计与开发活动拟取得的结果、进行评审、验证和确认活动，以及针对评审、验证和确认活动中确定的问题所采取的必要措施。

评审、验证和确认活动对于控制设计和开发过程至关重要。因此，需要有效实施这些活动。组织应确保：

1）所有参与设计和开发活动的人员知道且充分理解了顾客或最终用户要求和期望的最终输出。

2）设计和开发各阶段有正式检查每个阶段的输出，以确认它们满足了输入要求、识别了问题并制定了解决方案。

3）通过验证检查确保满足在设计和开发过程初期识别的所有要求。验证活动可包括：

a. 开展替代计算；

b. 将新设计与类似的经验证的设计作比较；

c. 开展测试和鉴定；

d. 在发布前检查设计阶段文档。

4）通过确认检查确保最终的产品或服务按照预期使用要求满足顾客或最终用户的需求。确认活动可包括：

a. 营销试用；

b. 运行测试；

c. 预期的用户条件下的模拟和测试；

d. 部分模拟或测试（例如测试建筑物经受地震的能力）；

e. 提供反馈的最终用户测试（例如软件项目）。

5）如评审、验证和确认活动发现了问题。应决定这些问题的解决措施，将这些措施的有效性作为下次评审的部分内容。

6）应保留评审、验证和确认等控制活动的成文信息，作为按照计划开展了设计和开发活动的证据。

AS 9100 在“设计和开发控制”中增加了转入下一阶段需要被授权的要求，增加了当验证和确认需要进行试验时，应当策划、控制评审、试验并进行记录的要求。

⑤设计和开发输出

设计和开发的输出因设计和开发过程的性质而异。设计和开发输出将是生产和服务提供过程的关键输入。

设计和开发的输出应为组织提供预期产品和服务所需的所有过程（包括采购生产和交付后活动）信息，以便参与人员理解需采取哪些措施，及采取措施的顺序。

设计和开发输出可包括：

1）图纸、产品规范（包括防护细节）、材料规范、测试要求；

2）过程规范、必要的生产设备的细节；

3）建筑计划和工艺计算（例如强度，抗震）；

4）菜单、食谱、烹调方法、服务手册。

设计和开发输出应：

1）说明将如何满足输入要求；

2）足以确保提供产品和服务所需的所有后续过程可运作实施，并考虑到谁将在什么情况下使用输出；

3）提供关于监视和测量所需的明确信息，包括所有验收准则；由外部提供的过程、产品和服务，以及产品和服务放行等细节；

4）提供为确保以安全和恰当的方式生产产品或提供服务的产品和服务特性的关键信息，以及详细描述将如何使用产品或服务的信息（例如药品使用，食品存储或产品清洁说明书）。

AS 9100 在“设计和开发输出”中补充了关键特性标识和对产品进行标识、制造、检验、使用和维护要求的相关资料的规定。

⑥设计和开发更改

设计和开发更改条款旨在识别、评审和控制在设计和开发过程期间或之后所做的变更。组织应如何与其他过程或相关方互动视作设计和开发过程的一部分，并在识别设计和开发变更时考虑这些内容。

变更可能源自质量管理体系中的任一活动，也可能发生在任一阶段，包括：

1）在设计和开发过程实施期间；

2）在设计和开发输出发布和批准之后；

3）作为监控顾客满意度和外部供应商绩效的结果。

应保留有关设计和开发变更的成文信息，可包括变更对组织组成部分或已交付的产品或服务的影响评价的结果。评审、验证和确认过程通常可产生详细记录设计和开发变更的成文信息。这些信息还可能详细描述针对受影响的后续过程（例如采购、生产、服务或产品提供)采取的措施，以及如何沟通这些措施。

AS 9100 在“设计和开发更改”的控制补充了设计和开发更改控制应当符合技术状态管理要求。

(4)外部提供过程、产品和服务的控制

①总则

总则条款是对外部提供的过程、产品和服务控制的总体要求，其目的是确保外部提供的过程、产品和服务符合要求。外部供方并非组织的一部分，其提供的可以是组织不直接控制的任何过程、产品或服务。

组织应确定哪些内部的过程与外部提供的过程存在相互关系，确定外部提供的过程对组织运行绩效的影响。组织还应识别由外部提供的，组成最终产品或服务的一部分或对产品或服务提供有关键作用的材料、组件或服务。组织应根据每个外部供方对运行和绩效的影响，确定对外部提供方的要求和特定的控制措施。例如组织可要求：

1)原材料经检验或试验符合技术规范；

2)合作公司提供的维护活动由具备使用规定安全设备特定能力的人员来实施。

组织应建立管理外部供方的过程，该过程将供方评价、选择、绩效监控和评审准则等因素纳入考虑。准则应依据为每个供方确定的特定要求。

AS 9100 在外包的过程，产品和服务的控制中增加了若干要求，包括组织应对外包过程、产品和服务负责，组织应该识别和管理与外包过程、产品和服务相关的风险，应当要求外包方对其下一级外包方进行适当的控制，应当了解外包方的状态，定期评审外包方等。

②控制类型和程度

组织对外部提供过程、产品和服务控制的类型和程度取决于外部提供过程、产品和服务对组织产品或服务符合要求可能造成的影响。组织应确定要对外部实施的具体控制要求。这些控制旨在确保产品或服务提供按计划进行并符合要求，确保外部提供的过程、产品和服务不会对组织稳定地向顾客提供合格的产品和服务的能力产生不利影响。

组织应针对不同的外部供方提供过程、服务或产品确定不同的控制类型、程度和要求，包括：验收检验、分析报告、第二方审核、试验、统计数据和绩效指标评价等。

③外部供方的信息

外部供方的信息条款规定了组织与外部供方关于过程、产品和服务进行沟通的相关信息，旨在确保组织明确地向外部供方沟通了组织对其提供的过程、产品和服务的控制要求，确保外部提供的过程、产品和服务不会对组织的运行或顾客造成负面影响。

组织应确保要求完整、清晰，对可能发生的问题有应对措施，且双方就要求的内容实现一致。这些信息可以是成文信息，也可以是口头有关信息。

(5)生产和服务提供

①生产和服务提供的控制

生产和服务提供的控制条款要求组织应设定生产和服务提供的控制条件，以确保生产和服务提供的控制条款中确定的准则得以满足。为了控制生产和服务提供过程，组织应考虑生产和服务的整个周期，包括对交付后活动的要求。

本条款给出了八个方面的受控条件，组织应依据这八个方面的要求，考虑其生产和服务提供中每一个过程对最终产品和服务的影响程度，结合实际情况，有针对性地策划适合自身的受控条件，策划并确定适当的控制措施，以满足顾客和组织规定的各种要求。组织在设定产品和服务提供的控制条件时可考虑以下适用的方面：

1）人员（例如能力、生产力、其他人为因素）；

2）资源（例如需要的原材料、设备、时间）；

3）方法（例如活动、关键控制点、程序）。

组织对于输出无法被后续的监视或测量予以验证的过程进行确认。需要确认的过程例子有：

1）依赖信息系统运作和过程操作人员的银行交易；

2）炉温变化可降低产品的功能或寿命的工厂热处理。

AS 9100 在“生产和服务的提供控制”中增加了设备、工具、软件的控制，特殊过程的确认和控制，生产过程确认等条款要求。

②标识和可追溯性

组织应根据产品或服务的性质使用不同的方法识别过程的输出，过程输出的状态以及控制过程输出和唯一性标识。标识的方法应考虑：

1）输出需要标识的原因；

2）在过程的哪个阶段或哪些阶段识别及如何标识。

标识的方法根据输出的性质而异。例如：

1）可使用编码，命名或两者组合来标识合同或采购订单；

2）在产品实体上的部件编号或永久标记或标签；

3）表明提供服务的有形的物理标识，如酒店内的清洁服务。

如需要追溯输出，组织宜保留并可提供每个被标识的输出的有关的文件化信息。

③顾客或外部供方的财产

许多情况下，顾客或外部供方需要将其财产交给组织，供组织使用或构成组织提供的产品一部分，或将其财产交予组织保管。顾客或外部供方的财产条款的意图是要求组织在这种情况下，要对顾客或外部供方的财产给予妥善保护和爱护。顾客财产可能是有形的，也可能是无形的（例如材料、工具、用户端、知识产权或个人数据）。组织应根据财产的类型采取适当的保护措施。应明确识别财产的所有者，并周知组织内部。

在由组织控制顾客或外部供方的财产时，组织应对这些财产进行正式验证。应确保顾客或外部供方被准确告知财产是否已丢失、损坏或处于其他不适合使用或无法使用的情况，并保留相关成文信息。

④防护

防护是在生产和服务提供期间需要考虑的受控条件之一。组织应实施适当的防护措施，以防止生产和服务提供过程中的任何输出遭到损坏，确保这些输出符合要求。防护措施可以是：

1）结果可能是提供通过物化或电子手段或两者结合防护的银行交易证据信息；

2）在最终产品的仓库中，防护方法可确保存储、搬运或运输等特定阶段或过程的产品完整性、标识或安全性。

⑤交付后的活动

交付后的活动条款旨在确保组织在交付了产品和服务后满足相关要求，并认识到交付并不意味着组织责任的终止。

在确定交付后活动时，组织除考虑已知的要求外，还应考虑产品和服务不按预期运作的可能性及需要的后续措施。如组织未考虑潜在或规定的交付后活动，将增加顾客不满意或失去潜在的机会的风险。交付后活动可以是：

1）与顾客接触，确认他们是否满意产品或服务；

2）现场安装设备和处理顾客的旧设备；

3）合同安排，如保修或技术支持；

4）顾客查询产品或服务交付相关的在线信息（如航班状态、FAQ）。

“交付后活动”的要求可以是组织向顾客承诺提供的售后服务和维护，也可以是顾客向组织提出的要求，这些要求也是合同的一部分。组织如果承诺满足这些要求，则需要对服务哪些项目、由谁去服务、如何服务、必须配备哪些设备等做出安排。

⑥更改控制

更改控制条款针对的是在生产和服务提供期间发生的影响符合要求的变更。组织应通过控制这些变更、评审采取的措施的影响，确保保持生产和服务提供的完整性。变更的原因可以有多种，组织应在策划活动期间就意识到这一点。例如，由外部供方发起的变更请求（例如延迟交付或质量问题）、内部因素（如关键设备失效，反复出现不合格输出）或外部因素（如新的或修改的顾客要求或法规要求）。

对于任一变更，组织应使用系统而广泛的方式。典型的控制变更的活动包括：

1）评审；

2）实施前的验证或确认；

3）批准（包括顾客授权，适当时）；

4）实施措施，包括更新质量管理体系的要素。

在特定情况下，实施变更的结果可能成为设计和开发活动的输入。

组织应根据变更的性质，决定要保留的成文信息和保留的格式。例如：

1）评审活动的纪要；

2）验证和确认结果；

3）变更描述，包括授权实施变更的人员（含顾客，适当时）。

在对变更进行控制时，组织应保留有关变更评审、变更授权人员及任何必要行动结果的文件化信息。

(6)产品和服务的放行

产品和服务的放行条款旨在要求组织在放行和交付产品和服务之前，根据策划好的验收准则，检查产品和服务是否合格。组织应针对其产品和服务的放行进行策划，确定在适当的控制点上进行验证活动。验证的对象是产品和服务，目的是验证产品和服务是否满足要求，确保只有满足要求的产品和服务才能够放行交付给顾客。

授权最终放行产品或服务的人员应可追溯。这可通过保留批准人员的签名的成文信息来实现，或对实现特定准则后自动放行产品的总体授权的详细的成文信息来实现。产品或服务放行授权还可通过保留依据职位说明、权限级别或类似文件规定的适当人员的成文信息来确定。

(7)不合格输出的控制

不合格输出的控制条款旨在防止不合格输出流入下一阶段或顾客。控制不合格输出有多种形式，如：纠正不符合，确保符合；将不符合从过程完全移除。

组织需要采取的控制程度取决于不符合的性质及其潜在影响。如不可能采取以上控制，组织应告知顾客或其他相关方，已识别出不符合及该不符合的潜在影响。

如发现不符合时该不符合已流入下一阶段，或已交付给顾客，组织应采取适当措施避免非预期的使用或不良后果。可采取的措施包括：

1)召回(如由于药物成分不正确等安全问题)；

2)暂停或收回受影响的产品或服务(如由于食品标签上的保质期不对/目录上的定价不对/不能提供描述的服务)；

3)再加工；

4)消除不符合或将不符合降低到商定的可接受的水平。

如不可能采取这些控制措施，可根据不符合的性质与顾客达成协议，允许使用不合格的产品或服务。这种情况下，应由适当的人员授权，或相关时由顾客进行授权。

对不合格品采取适当的处置措施后，组织应对其再次进行验证，以证实其是否符合规定的要求或使用要求。因为采取措施后，不合格的产品不一定就变成合格品或可以使用。某些时候，采取的措施不当，可能结果反而更糟糕。

通过保留不合格输出成文信息，以使组织能跟踪以下方面的内容：

1)所发现的不合格的输出；

2)为了纠正不符合所采取的措施；

3)为避免重复出现不符合而采取的纠正措施；

4)负责批准发布不合格产品或服务的人员。

3.2.7 绩效评价

ISO 9001：2015 标准的第九章绩效评价主要包括以下三个方面：监视、测量、分析和评价；内部审核；管理评审。

（1）监视、测量、分析和评价

①总则

为确定达到预期的结果，组织需要进行监视和测量。监视、测量、分析和评价条款要求组织确定需要监视和测量的内容，以及用于评价质量管理体系绩效和有效性的方法。

在决定要测量哪些内容时，组织应考虑在质量管理体系或其过程、运行策划和控制、顾客满意、分析和评价、内部审核和管理评审等条款中的措施。

组织应决定需要保留哪些成文信息作为结果的证据。

②顾客满意

顾客满意条款关注获取顾客的反馈。这一条款提供了一种系统的方式，用于帮助组织理解顾客关于组织的产品和服务的感受，以及需求和期望是否得以满足。

顾客调查只是获得反馈的形式之一。组织需要根据顾客类型（例如组织对组织、组织对顾客、公共服务、政府、互联网业务）考虑不同的信息获取方法。这些方法可包含但不限于：民意调查；顾客沟通；有关交付的产品或服务质量的顾客数据；市场占有率分析；好评；投诉；保修索赔；经销商报告；社会媒体，如网站、留言板、推特；发票查询；出版的信息，如报纸或杂志。组织应决定如何监视和评审这些数据。

③分析与评价

分析与评价条款要求组织分析和评价来自监视和测量过程的结果和产品及服务的数据，以确定产品和服务是否满足了需求。

组织应能在对结果进行分析和评价后确定顾客满意。组织应根据这些信息采取必要的措施。这些信息作为管理评审的输入，并经管理评审以确定是否有必要采取措施提高顾客满意度。

组织应对正在实现的计划、外部供方运作的绩效、针对风险和机遇所采取措施的有效性等进行分析和评价。

组织可考虑以什么样的频率分析和评价数据将有助于识别需要改进的区域。这可能取决于组织检索电子信息的能力（相对于人工准备数据）。组织须确保分析和评价数据的方法与数据质量（如无偏倚、完整、准确、有能力）可为管理决策提供有用的信息。统计技术对于分析和评价过程而言是有用的工具。

分析和评价的输出通常是趋势分析或报告，而且也是管理评审的输入。分析和评价的结果所提供信息被用于确定质量管理体系的绩效和有效性，以及需要的改进。

（2）内部审核

①总则

内部审核的目的是为了从公正的角度获取有关质量管理体系绩效和有效性的信息，确保实现策划的安排，有效实施和保持了质量管理体系。

组织应关注其质量管理体系要求（如内部程序、图样、规范、标准；顾客要求；法律法规要求；组织的管理体系）。

②内部审核方案

组织应建立、实施和保持审核方案。审核方案确定了在特定时段内策划的一个或多个审核组合的安排，目的是为了确保质量管理体系有效性。

审核方案应确定审核开展的频次，在策划审核时可考虑的输入包括但不限于：

1）过程的重要性；

2）管理优先级；

3）过程绩效；

4）影响组织的变更；

5）以往审核的结果；

6）顾客投诉趋势；

7）法律法规问题。

组织内审方案还应确定审核方法，应通过项目或过程而不是特定条款来实施质量管理体系要求的审核。

需要特定的岗位知识时，内审员可能会审核自身的工作领域。在这种情况下，组织可让内审员与同事一起工作，或让同事、经理评审审核结果，以确保审核结果的公正性。

组织应确定每次内审的准则和范围。内审准则可以是具体的标准或要求，内审范围可以是具体部门、产品线、过程和设施。

在每次内审结束后，应将结果汇报给相关管理层，并根据这些结果提出适当的纠正或采取纠正措施要求。组织可建立准则，规定如何根据不符合的严重程度来确定何时需要纠正措施。

应保留内审结果成文信息，作为审核方案得以实施的证据。审核结果的例子包括审核报告、纠正或采取的纠正措施的证据（如培训、更新的成文信息）。内审的结果是管理评审的输入。

（3）管理评审

①总则

管理评审是最高管理者根据组织的战略方向开展的活动。管理评审的目的在于评审有关质量管理体系绩效的信息，以便确定质量管理体系是否：

1）适宜：是否仍适用于其用途？

2）充分：是否仍然足够？

3）有效：是否仍达成期望的结果？

组织应按照策划的时机开展管理评审，并不要求一次解决所有的输入和问题，但计划应体现如何满足标准中对管理评审的要求。组织可将管理评审作为单独的活动来开展，也可与相关的活动一起开展（如会议、汇报）。

②管理评审输入

管理评审的输入与其他条款直接相关，包括分析与评价条款中的数据分析和评价。管理评审的输入应用于确定趋势，以便做出有关质量管理体系的决策和采取措施。评审的输入包括：

1）以往管理评审所采取措施的实施情况；

2）与质量管理体系相关的内外部因素的变化；

3）有关质量管理体系绩效和有效性的信息，包括下列趋势性信息：

a. 顾客满意和相关方的反馈；

b. 质量目标的实现程度；

c. 过程绩效以及产品和服务的符合性；

d. 不合格以及纠正措施；

e. 监视和测量结果；

f. 审核结果；

g. 外部供方的绩效；

4）资源的充分性；

5）应对风险和机遇所采取措施的有效性；

6）改进的机会。

AS 9100 在“管理评审输入”中补充了在进行管理评审时应当考虑及时交付性。

③管理评审输出

管理评审的输出应包括有关识别改进机遇的决策和措施，确定质量管理体系需要的变更，以及确定是否需要其他资源。在管理评审期间识别的行动的状态需要作为下一次管理评审活动的输入。为确保及时采取措施，组织可持续监视和评审这些措施。

组织应保留成文信息，以作为管理评审结果的证据信息，可包括演示文稿、会议纪要或报告。

AS 9100 在“管理评审输出”中增加了风险识别的要求。

3.2.8　改进

ISO 9001：2015 标准的第十章改进主要包括以下三个方面：总则；不合格与纠正措施；持续改进。

（1）总则

总则条款是对改进的总体要求。改进的目的在于让组织策划和实施措施以实现预期结果和提高顾客满意度。

组织应识别和选择存在的改进机会，改进产品和服务，纠正、避免和减小非预期情况给组织带来的不利影响，改进质量管理体系的绩效和有效性，以满足顾客要求和增强顾客满意度。

改进的方法可以有多种，例如：

1）引导创新、修改和改进现有过程或实施新过程的突破性项目；

2）在现有过程中开展渐进、持续的改进活动；

3）纠正所存在不符合的原因。

可以针对产品、服务，也可以针对质量管理体系开展改进措施。

(2)不合格与纠正措施

当出现不合格，包括投诉时，组织应采取措施调查何处发生错误，并尽可能纠正错误，避免将来再发生类似问题。处理不合格、采取纠正、纠正措施是改进的重要活动和手段，其目的是控制、纠正不合格，消除不合格的危害和影响，纠正产生不合格的原因，防止不合格的再次发生。

潜在的不合格来源包括但不限于：

1)内部和外部审核发现；

2)监视和测量结果(如检测、产品或服务缺陷)；

3)不合格产品；

4)顾客投诉；

5)不合格法律法规要求；

6)外部供方的问题(如按时交付、进货检验)；

7)员工发现的问题(如意见箱)；

8)保修索赔。

组织应采取措施控制或纠正所有不合格。组织应评审和分析不合格，以确定所发生的不合格的原因以及该不合格是否还存在于其他区域/部门，或该不合格是否可能再次出现或可能在其他区域/部门出现。根据不合格对组织的潜在影响，组织应确定需要采取的措施的程度。

组织应通过确认已实施措施或已采取纠正的证据，来验证纠正措施的有效性，可通过观察过程绩效或评审成文信息来完成验证。在某个区域采取纠正措施时，应考虑是否会对其他区域产生负面影响。应在评审纠正措施后考虑是否存在以往策划期间未确定的风险或机遇。有必要时，应更新计划。

组织应保留体现采取了哪些纠正或纠正措施的成文信息、包括不合格的性质的信息(如不合格描述、不合格评级)。

AS 9100 在“不合格和纠正措施”中，确定不合格原因时，补充了要考虑人的因素；当确定不合格由外包者负责时，要对外包者提出纠正措施的要求；当纠正措施不能及时有效地实施时，应采取特殊的措施。

(3)持续改进

持续改进条款明确了组织应通过实施持续改进，改进质量管理体系的适宜性、充分性和有效性。

持续改进可包括加强过程输出与产品和服务的一致性，以提升合格输出的水平，减少过程变差。

组织应考虑分析和评价过程和管理评审的结果，以确定是否需要实施持续改进的措施。

组织可考虑许多方法和工具来开展持续改进活动。包括但不限于六西格玛、精益或改善。

作为持续改进活动的结果，组织应看到产品、服务、过程的改进和质量管理体系绩效和有效性的改进。

3.3　质量管理体系建立与运行

实现质量管理的方针目标、有效地开展质量管理活动，必须建立质量管理体系。建立质量管理体系是组织的一项战略决策，能够帮助其提高整体绩效，为推动可持续发展奠定良好基础。质量管理体系能够帮助组织增强顾客满意度。质量管理体系方法鼓励组织分析顾客要求，规定相关的过程，并使其持续受控，以实现顾客能接受的产品。质量管理体系能提供持续改进的框架，以增加组织提升顾客和其他相关方满意度的几率。质量管理体系还能够针对提供持续满足要求的产品和服务向组织及其顾客提供信任。

3.3.1　建立和实施质量管理体系的方法和步骤

(1)建立质量管理体系的方法

质量管理体系方法是帮助组织建立质量管理体系，质量管理体系方法包括：

1)确定顾客和其他相关方的需求和期望；

2)建立组织的质量方针和质量目标；

3)确定实现质量目标必需的过程和职责；

4)确定和提供实现质量目标必需的资源；

5)规定测量每个过程的有效性和效率的方法；

6)应用这些测量方法确定每个过程的有效性和效率；

7)确定防止不合格并消除其产生原因的措施；

8)建立和应用持续改进质量管理体系的过程。

上述方法也适用于保持和改进现有的质量管理体系。采用上述方法的组织能对其过程能力、产品和服务质量树立信心，为持续改进提供基础，从而增强顾客和其他相关方满意度，并使组织成功。

(2)建立和实施质量管理体系的步骤

在建立和实施质量管理体系时，组织可根据本组织的产品和服务的性质和管理的具体情况，采取不同的工作步骤。一般来说，建立和实施质量管理体系的工作步骤为：

1)质量管理体系的策划与准备。质量管理体系策划准备的主要工作包括顾客和相关方需求和期望的分析，质量管理体系、业务流程诊断，推行工作准备。质量管理体系策划的主要工作包括质量方针和质量目标的策划，业务流程、过程的设计策划，职能分配、职责、组织结构的策划，体系文件的策划。

2)质量管理体系的建立。质量管理体系建立包括培训和文件编制，其中培训又包括对标准、体系文件编制和内部审核员的培训。

3)质量管理体系运行。

4)质量管理体系评价和完善。主要工作包括内部审核、管理评审以及质量管理体系的完善和改进。

3.3.2 质量管理体系的策划和准备

质量管理体系策划是建立质量管理体系之前的一个过程，组织应建立推进质量管理体系建立的组织，对全体员工进行质量管理体系建立的动员，以及以中层以上干部进行标准的培训，制定质量管理体系建立和实施方案。

(1)组织保障

为建立和实施质量管理体系，组织应成立相应的组织机构，如领导小组、跨部门的工作小组、专职或兼职的推进部门等。领导小组和工作小组组长一般由组织的最高管理者担任。跨部门的工作小组应由组织各部门的领导组成。

(2)动员培训

组织应在全组织范围内进行质量管理体系建立的动员，使全体员工认识建立质量管理体系重要性和意义。对中层以上干部和工作小组成员培训 ISO 9000 和 ISO 9001 标准。对工作小组成员培训质量管理体系文件的编制。

(3)现状分析

在建立质量管理体系之前，组织的工作小组组长组织工作小组对照 ISO 9001 标准对组织现有的质量管理体系进行现状分析。确定与其目标和战略方向相关并影响其实现质量管理体系结果的各种外部和内部因素以及与质量管理体系有关的相关方和这些相关方的要求，并确定需要应对的风险和机遇。确定质量管理体系所需的过程。对现行管理的实际情况和管理的文件分析，列出现有管理文件清单。对现有管理文件进行评审，识别出现行管理文件需要改进的方面，列出需要编制的文件清单。对现有资源进行评审，识别需要改进的方面，特别是管理的信息化方面的资源。

(4)制定方案

根据现状分析，组织应制定建立和实施质量管理体系的工作方案，明确建立质量管理体系的指导思想、工作目标、工作原则、质量管理体系覆盖的范围、工作阶段和进度安排，以及具体的工作要求等。工作方案由组织的中层以上干部和工作小组成员讨论并修改后，由组织最高管理者批准发布。

3.3.3 质量管理体系文件的编制

(1)文件编制的原则

①系统性

质量管理体系文件应反映一个组织质量管理体系的系统特征，应对产品实现过程影响产品质量的人、机、料、法、环因素作出规定。质量管理体系文件一般分为三个层次：质量手册、程序文件和作业指导书。文件层次应做到层次清楚、接口明确、结构合理、协调有序。

②继承性

一个已经建立并完成其职责的组织，即使没有贯彻实施 ISO 9001 标准，客观上也存在一个质量管理体系，只是可能不系统、不科学、不规范，不能确保其体系有效地实施而已。但是，任何组织在其产品的生产和服务提供实践中也完全可能有适合其运行的各种管理经验。因此，在编制质量管理体系文件时，一定要注意继承性，要将组织的一些行之有效的管理规章制度加以选择和吸收，而不是全部重起炉灶。

(2)质量方针和质量目标的制定

方针是由最高管理者正式发布的宗旨和方向。质量方针是关于质量的方针。目标是要实现的结果，质量目标是与质量有关的目标。建立质量方针和质量目标为组织提供了关注的焦点，为质量活动确定了预期的结果。

①质量方针的制定

通常，质量方针与组织的总方针相一致，可以与组织的愿景和使命相一致，并为制定质量目标提供框架。ISO 9001：2015 标准中提出的质量管理原则可以作为制定质量方针的基础。质量方针应：

1)适应组织的宗旨和环境并支持其战略方向；

2)为制定质量目标提供框架；

3) 包括满足适用要求的承诺；

4) 包括持续改进质量管理体系的承诺。

②质量目标的制定

质量目标是与质量有关的目标。组织制定的质量管理体系的质量目标，应与质量方针保持一致，以实现特定的结果。通常，在组织内的相关职能、层级和过程分别设定质量目标。

(3)文件编制的方法

①质量手册的编制

1)质量手册的编制方法。质量手册是规定组织质量管理体系的文件。为了适应组织的规模和复杂程度，质量手册在其详略程度和编排格式方面可以不同。质量手册的编制可以根据 ISO 9001 标准进行编制，也可按组织的流程进行编制，应将质量管理体系要求融入组织的业务过程。一般可先编程序文件，然后在程序文件的基础上编制质量手册。这样编制效率高，手册和程序的协调性好。

2)质量手册的内容。质量手册的内容一般包括：组织的简介；标题和范围；目录；质量方针和质量目标；组织、职责和权限；质量管理体系的描述；引用文件和附录。

②程序文件的编制

1)程序文件的编制方法。程序是为进行某项活动或过程所规定的途径。制定程序文件要考虑有效性、适宜性和可操作性。有效性是指程序文件规定实施的结果，能确保达到过程控制的目的；适宜性是指既能满足标准的要求，又能适合组织自身的具体情况；可操作性是便于实施，便于检查，不是“原则规定”。

2)程序文件的内容。程序文件的内容通常包括：标题；目的；范围；职责和权限；活动的描述；相关文件和相关记录。

③作业指导书的编制

1）作业指导书的编制方法。作业指导书是有关任务如何实施和记录的详细描述。涉及共用的作业指导书，指定一个使用该作业指导书的部门编制；某一个部门使用的作业指导书由该部门编制。

2)作业指导书的内容。作业指导书可以是详细的书面描述、流程图、图表、模型、图样中的技术注释、规范、设备操作手册、图片、录像、检查清单或这些方式的组合。作业指导书应当对使用的任何材料、设备和文件进行描述。必要时，作业指导书还可包括接收准则。

3.3.4 质量管理体系的运行

质量管理体系运行是执行质量管理体系文件，实现质量方针和质量目标，达到质量管理体系持续改进和初步完善的过程。体系运行是否有效，需要依靠组织内全员参与，各职能层次的组织协调，利用监督和考核，开展信息反馈，并通过体系内部审核和管理评审来实现。

(1)质量管理体系运行

质量管理体系文件编制后，质量管理体系进入运行阶段。其目的是通过运行检验质量管理体系文件的适用性和有效性，并对暴露的问题采取改进措施以达到进一步完善质量管理体系。

(2)质量管理体系的改进

①内部审核员培训

为了保持质量管理体系的正常运行，组织应组织工作小组成员进行培训。培训的内容是 ISO 19011，使培训人员掌握内审的方法和技巧。

②实施内部审核

质量管理体系运行阶段的内部审核，是质量管理体系的自我改进、自我完善的手段，是重要的一环。

内部审核对任何组织或部门都是必要的，内部审核可以自我诊断和评审本单位的绩效、需求、优势和劣势，以确定质量管理体系是否符合策划的安排，是否符合标准的要求以及是否得到了有效实施和保持，是进一步改进、完善体系的强有力手段。

③进行管理评审

管理评审一般由最高管理主持，各部门的负责人和有关人员参加。主要是对质量管理体系进行系统的评价，提出并确定各种改进的机会和变更的需求，进而确保质量管理体系持续的适宜性、充分性和有效性。

3.3.5　航天质量管理体系建设

航天行业和航天产品的研制生产特点决定了航天产品质量管理的难度，航天质量管理体系要求应充分反映航天产品的高可靠、高风险、多接口的特点，单位的质量管理体系的规范和有效运行是保障最终航天产品质量的一项重要基础工作。

在 1987 年前，虽然航天各单位已开展了相关质量管理工作，但是“质量管理体系”的概念并没有建立。1987 年《军工产品质量管理条例》(简称《条例》)发布实施后，航天各单位开始依据《条例》开展质量保证体系建设(当时称为《质量保证体系》)，并接受上级机关开展质量保证体系考核。在质量管理体系标准(ISO 9001)发布实施后，航天各单位开始依据质量管理体系标准进行质量管理体系建设。航天系统几十年来在实施质量管理和质量保证方面积累了丰富的经验，为了巩固航天质量管理改革的成果，固化航天型号质量保证的经验，进一步落实航天质量工作的总体思路和实现航天质量振兴的“四个三”的目标，1998 年，原航天工业总公司制定了 QJ 9000《航天质量管理和质量保证标准》。QJ 9000《航天质量管理和质量保证标准》是在 GB/Z 19001 的基础上，增加航天行业的特殊要求编制的。2003 年，QJ 9000 标准进行了修订。

目前，中国航天科技集团公司所属院本级及院属厂(所)都按照 GJB 9001B 标准建立并运行质量管理体系，通过开展内审和管理评审不断完善质量管理体系，三个层次的质量管理体系文件逐步得到细化和落实，质量管理体系在规范单位的质量管理活动方面发挥重要作用。在质量管理体系的实践中，航天产品承制单位开展了诸如厂际质量保证体系建设、院级质量管理体系建设、强化质量管理体系的策划和监督审核以及将单位质量管理体系和型号管理体系紧密结合等工作，有效地落实了航天产品承制单位的质量管理体系要求，在质量管理体系的运行中发挥了重要作用，使质量管理体系建设向深度和广度发展，推动了单位质量管理体系的规范和有效运行。

(1)加强质量管理体系策划

航天产品研制过程是复杂的系统工程，涉及多个部门和过程，包含不同层次和级别的组成部分，作为保障研制过程工作质量和产品质量的基础工作，质量管理体系的总体策划就尤为重要。

质量管理体系的策划要考虑系统性、预防性、经济性、适用性和长远性。策划工作包括了组织机构的确定，资源配置，型号开发过程及工作程序策划，职责的分解，明确各级人员的质量职责，尤其是最高管理者和各级管理人员的质量职责，同时，要确定质量方针和质量目标，将目标在各个层面展开落实，质量目标应该是可测量、可评价的。另外，总体策划中还要规范单位的质量手册，明确要编制的程序文件以及程序文件下一层次的作业指导书，程序文件的编制要确保针对性、实用性和可操作性。最后，在总体策划中还要明确质量管理体系监督审核的时机、方式和内容，要逐步建立起质量管理体系自我完善、持续改进的长效机制。

(2)实施质量管理体系审核

质量管理体系审核包括了内审和外审。内审主要是单位的质量管理部门组织的依据有关标准定期地对单位质量管理体系进行的符合性审核，它既为外审做了准备，同时，也是单位质量管理体系自我评价、持续改进的一种方式。外审是第三方认证机构依据有关标准要求对单位质量管理体系进行的审核，主要是通过检查质量管理体系标准的要求是否形成文件、文件的规定是否落实、执行过程记录是否完整来完成审核工作，审核结果为单位的第二方用户提供一种产品质量的保证和信任。

通过质量管理体系审核活动能够发现体系建立和运行过程中的薄弱环节和存在的主要问题，针对这些问题实施质量改进后，能够提高质量管理体系运行的有效性。

在开展质量保证体系考核阶段，航天产品承制单位主要是依据《军工产品质量管理条例》进行质量管理体系的审核，并建立了三级审核制度，总公司、院、厂(所、站)各级单位都设有审核室，总公司负责对各院的监督审核，各院负责对所属厂(所、站)的监督审核，各厂(所、站)要开展质量保证体系的内部审核，三级审核制度的实施有效地推进了单位质量保证体系的建设。GB/T 19001 和 GJB/Z 9000 系列标准发布后，航天产品承制单位开始依据更为规范和成熟的标准开展质量管理体系的内审，一些单位还邀请有经验的外审人员参与到单位质量管理体系的内审工作中，提高工作的有效性。集团公司针对单位质量管理体系运行中发现的问题和薄弱环节，对质量管理体系开展了专项监督审核。随着具有航天工业特点的 QJ 9000 标准的发布，单位内审的标准进一步地具体、细化，针对性和可操作性更强，这对及时发现质量管理体系中的问题，持续改进，逐步建立起单位质量管理体系的自我完善机制，提高质量管理体系的规范性和有效性起到了重要的推动作用。

(3)加强单位质量管理体系与型号研制管理系统的紧密结合

型号研制是跨单位的，它是通过实施项目管理或产品保证的组织管理模式，依靠指挥师系统和设计师系统的工作来保证型号研制的质量，一个单位可能承担的是一个或多个型号中的一个子系统、整机或部(组)的研制，每个型号都有自己的管理体系。单位质量管理体系作为保障型号研制质量的一个重要部分，必须同型号研制管理系统有机结合，才能充分发挥单位质量管理体系在保障型号研制质量方面的重要作用，提高质量工作的有效性。

为了确保单位质量管理体系与型号的质量工作紧密结合起来，首先在体系总体策划的时候，就应该充分考虑到型号质量管理的需求，其次在体系程序文件的编制过程中也要考虑到型号研制管理的程序和特点，综合权衡不同型号对质量管理工作的要求，纳入单位质量管理体系的程序文件和作业指导书中。最后，型号在研制过程中出现的质量问题多从单位质量管理体系上查找原因，发现问题，动态管理单位的质量管理体系。

(4)开展厂际质量保证体系建设

厂际质量保证体系是以整机产品为对象，以保证和提高产品质量、满足使用需要为目的，按照科研、生产协作的客观要求，运用系统工程的观点，由整机总装单位和有关协作配套单位组织起来的横向质量保证的有机整体。开展厂际质量保证体系建设的目的就是保障在产品研制过程中能够系统地策划、实施和控制各项质量工作，提高过程能力。在《条例》中明确提出了，复杂武器装备要建立厂际质量保证体系。基于航天产品的研制是一项跨单位、多协作配套的复杂系统工程，一个单位的质量管理体系不能覆盖产品所有的研制生产过程，发挥的效力是有限的，开展厂际质量保证体系建设是十分必要的。通过厂际质量保证体系，将与一个产品研制生产相关的所有单位，包括协作配套单位，由总体单位牵头，形成一个有机整体，加强信息的沟通。GJB/Z 2—1988《厂际质量保证体系工作指南》中规定了厂际质量保证体系的组成、工作原则、机构与职责、质量保证与考核等的一般要求。2005 年，标准进行了修订。修订后的标准明确了总体单位负责建立厂际质量保证体系；要求按照产品级别和需要分级建立厂际质量保证体系；补充增加了“产品研制阶段，由研制总体单位负责建立厂际质量保证体系，产品由研制转入生产阶段后，生产总体单位负责厂际质量保证体系”；强调了体系单位成员应当严格执行国家和军工质量法规及相关标准，按照有关标准建立本单位的质量管理体系；强调严格履行合同中的质量保证条款，实施过程控制，确保产品质量满足合同的要求。

厂际质量保证体系工作的推行，实践了系统工程的理论，对于明确航天产品各级承制单位的质量职责，提高相关单位之间质量信息传递的有效性和效率，系统地开展质量工作，促进质量管理体系建设，提升单位的质量管理水平起到了推动作用。

(5)质量管理体系在纵向的扩展，院级质量管理体系的建设

航天工业质量管理的实践表明，对于航天产品这样的大型复杂工程，质量管理工作的系统策划和系统实施是非常必要的。一个航天产品的研制从系统、分系统到单机、部(组)件，所有的参加研制的单位构成了一个金字塔型的结构，最顶层的是产品的抓总单位，然后按照产品组成向下分解，每个组成单位的质量管理体系实际上只是保障最终产品的质量的一个部分，它不是独立存在的，它需要和其他相关单位的质量管理体系在信息和工作任务上进行沟通和协调，实现良好的接口管理才能更有效地使整个金字塔的结构更加稳固，运行有效，输出的产品质量持续满足用户需求。在这其中，越是靠近金字塔顶层的单位的质量管理体系运行是否规范有效，对保障最终产品的质量越显得重要，因为它在质量管理体系方面的策划和实施能力制约着底层相关单位质量管理体系的有效运行，顶层单位质量管理体系运行得越规范和有效，在保障最终产品实物质量方面发挥的作用越大，整个金字塔系统运行得越有效率。

航天产品的研制一般是以研究院为单位进行的，一个研究院中就包含了产品的设计、生产和试验单位，一般设计单位是产品研制的抓总单位。一个研究院同时承担着多种不同类型产品的研制和生产，管理方式会有一定差异。近几年，一些院级的单位开始摸索院级的质量管理体系建设，体系一般覆盖院管理部门、院主导产品研制生产单位，尝试从系统整体来策划、实施和控制质量管理体系，规范管理，使航天产品顶层的质量管理工作文件化、规范化，进而提高基层单位质量管理体系的有效性和效率。

现在，多数院级单位已经通过了质量管理体系认证，覆盖了主导产品的研制生产过程。实践证明，这些工作对于提高院管理部门工作的规范和有效性，适应不同产品的研制

特点和需求，加强对基层单位的管理，同用户建立良好的合作关系，提高院整体的质量管理水平，促进基层单位质量管理体系的持续改进和有效运行是十分必要的。

(6)质量管理体系在横向的延伸，加强对供方和用户的管理

航天产品承制单位的质量管理体系不但在纵向扩展，还要在横向延伸，这就是说，单位质量管理体系建设不局限在本单位产品的研制过程，要将体系向上延伸到供方，加强对采购过程的控制，加强对外购外协和配套单位的质量控制，注重与供方质量管理体系的接口管理和质量信息管理，与供方建立良好的合作关系。

航天产品承制单位在采购的控制方面已经开展了一系列系统的工作，如采购过程控制要求：组织应编制合格供方的名单，作为选择、采购的依据，并应根据对供方实际质量保证能力的重新评价，及时修订合格供方名单；合同要求时，合格供方的确认应通知顾客或其代表，或征得顾客或其代表的同意；组织应制定采购产品优选目录，选择名单和目录外的供方和产品，应对供方质量保证能力和产品质量进行评定，并履行批准手续；航天产品配套产品的采购，应由被授权的职能部门或组织进行，组织应明确与被授权单位的接口关系；组织应执行武器装备生产许可证制度；对进口原材料、元器件等基础配套的产品，组织应对其质量、性能、采购渠道进行充分论证，选择合格供方，并经审批，使用前应按规定进行检验测试。此外，采购信息、采购产品的验证以及采购新设计和开发产品的控制等方面也有规范的文件化要求，同时，还实施了第二方评定制度，加强对供方的监督和控制，此外，一些院级单位还成立了物流中心，院下属厂(所、站)在产品研制生产中所需原材料等物资的采购由院的物流中心统一管理。

单位的质量管理体系还需要向下延伸到用户，用户满意是单位所追求的目标，同时，用户的需求也是单位质量管理体系的一个重要输入。单位要将对用户的管理纳入质量管理体系中，加强对用户需求的分析，加强与用户的信息沟通，关注用户使用产品的反馈意见，加强产品交付后的技术服务制度的建设。在航天工业内，单机研制单位是部件研制单位的用户，分系统研制单位是单机研制单位的用户，系统研制单位是分系统研制单位的用户，从最终航天产品来说，用户是包括部队在内的产品使用单位。

通过单位质量管理体系在横向的延伸，产品研制质量工作更加系统，研制过程的供应链体系能有效地建立并运行，在一定程度上也为单位质量工作提供了更多的有用信息，确保了质量工作的有效性和效率。

(7)建立起比较完善的质量法规、标准和规章文件支撑体系

质量法规、标准和规章文件体系的建设是确保单位质量管理体系的可操作性和有效运行的必要条件，因为质量法规、标准和规章是具有行业特点的质量管理工作成功经验和好的做法的总结和提炼，缺少了这些法规、标准和规章文件支撑质量管理体系的运行，单位质量管理体系也就成为了空中楼阁，无法发挥效能，保障产品实物质量。航天工业在几十年的发展过程中，十分重视标准和规章制度的建设，及时总结经验、固化成果，实践证明，这些规章和标准是可操作、可检查和有效的，它对促进质量工作从“人治”转变为“法治”，从经验管理转变为科学管理，建立有效运转的质量管理体系起到重要的推动作用。

在质量管理方面，航天已经发布了上百项的标准和规章文件，并开始通过制订集团公司标准进一步推进标准、规章体系建设，这些工作的有效开展有力地支撑了单位的质量管理体系的工作。

3.4 质量管理体系持续改进

3.4.1 质量管理体系审核

(1)概述

①质量管理体系审核的分类

通常质量管理体系审核可以分为内部审核和外部审核两大类。按审核提出者的不同也可以分为三类：第一方审核；第二方审核和第三方审核。

②质量管理体系审核的目的

1)第一方审核目的：

a. 保持质量管理体系正常实施和改进的需求；

b. 外部审核前的准备；

c. 作为一种管理手段。

2)第二方审核目的：

a. 组织签订采购合同或确定为合格供应商前对供方进行的评价；

b. 建立合作关系后的监督；

c. 促进供方改进质量管理体系。

3)第三方审核目的：

a. 确认组织的质量管理体系是否符合质量管理体系要求，获得质量管理体系认证证书；

b. 有利于减少重复的第二方审核。

③质量管理体系审核的准则

1)ISO 9001 标准；

2)组织的质量管理体系文件；

3)适用的法律法规；

4)顾客的要求。

(2)审核活动

①审核阶段

审核一般分为如下阶段：

1)审核启动；

2)文件评审；

3)审核准备；

4）审核实施；

5）审核报告；

6）审核跟踪验证。

②审核启动

审核启动阶段主要包括以下活动：

1）指定审核组长；

2）确定审核的目的、范围和准则；

3）组成审核组；

4）与受审核部门沟通。

③文件评审

审核的文件评审工作贯穿于审核的全过程。体系文件完成后，对体系文件进行评审。现场审核时对程序文件和作业指导书进行评审，查证体系文件的可操作性与适宜性。

④审核准备

1）编制审核计划；

2）向审核人员分配审核任务；

3）准备审核文件，编制检查表。

⑤审核实施

审核实施阶段主要包括以下活动：

1）召开首次会议；

2）进行审核中的沟通；

3）现场收集并验证信息；

4）形成审核发现并确定不符合项；

5）讨论确定审核结论；

6）召开末次会议。

⑥审核报告

主要完成审核报告的编制、批准和分发。

⑦审核跟踪验证

审核跟踪验证阶段主要是对纠正措施（针对审核提出的不符合项）的有效性进行跟踪验证，是一次审核活动的后续工作。

3.4.2 航天质量管理体系评估

（1）背景

航天质量管理伴随着航天工程的实践在不断发展和完善，已经形成了一系列具有中国航天特色的质量管理方法。2009 年，集团公司结合新的形势和任务需求，总结和提炼多年航天质量管理成功经验，尤其是 1996 年以来质量管理方面的有效做法，发布实施了“航天型号精细化质量管理要求”（2009 版）（简称“新 28 条”2009 版）。该文件在内容上也反映了集团公司近一个时期质量工作的重点和要求，首次明确提出了“精细化质量管理”的概念。

为推进“新 28 条”要求的有效落实，在集团公司有关领导的关注和大力支持下，集团公司研究和实施了质量管理体系评估工作。从 2009 年，集团公司每年组织专家开展质量管理体系评估，制定了质量管理体系评估年度工作计划，在各院自评的基础上，集团公司组织开展了对所属各院的质量管理体系评估。建立了集团公司对院、院对厂(所)的质量管理体系评估机制。

(2)总体思路

质量管理体系评估是针对建立航天质量管理体系自我完善和持续改进机制，提高质量管理体系运行有效性的需求，借鉴包括卓越绩效模式评价、麦肯锡质量管理成熟度评价、日本科技联盟质量管理体系评价等国内外质量评价的模式和方法，结合航天科研生产组织管理以及质量管理体系建设的特点，研究提出的创新性的航天质量管理体系评估的模式、方法和工作机制，建立了反映航天质量管理特点、规律和要求的、覆盖质量管理体系运行过程和结果的评估模型和评估准则，采用成熟度等级的定量化评价方法对评估要素和质量管理体系的成熟度等级进行判定，建立了集团公司、研究院、厂(所)分级实施的系统完整的质量管理体系评估机制，形成了完善的评估组织管理体系、系统的管理和技术文件体系以及健全的评估队伍体系。

质量管理体系评估总体框架如图 3－1 所示。

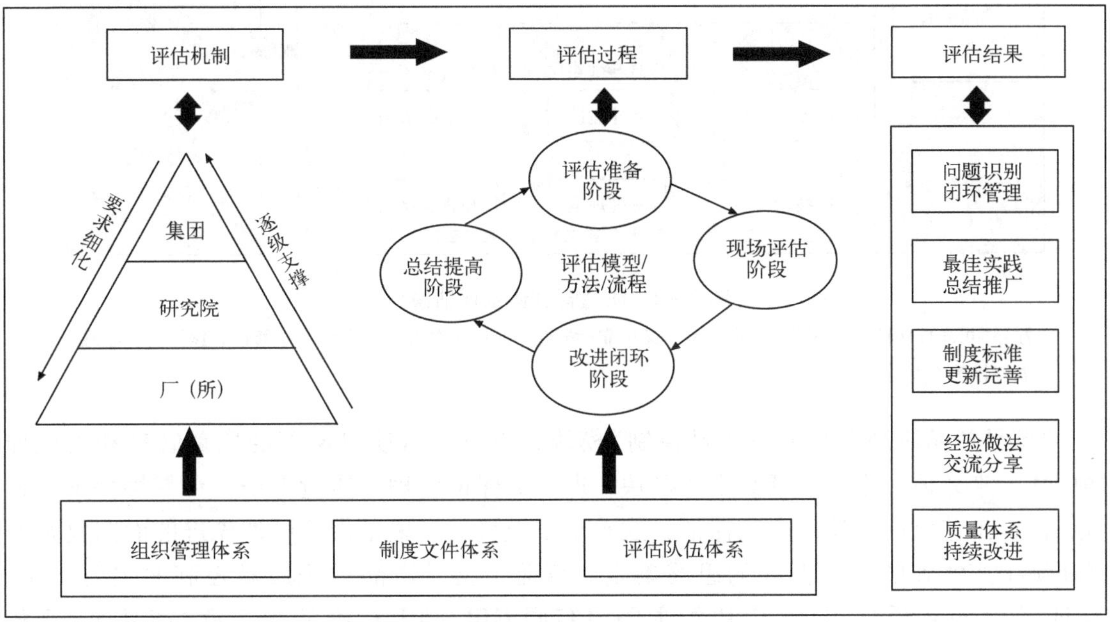

图 3－1　质量管理体系评估总体框架

(3)评估模型

质量管理体系评估模型如图 3 – 2 所示。

评估模型主要包括了过程和结果两个方面，其中，过程包括了“质量改进机制”、“型号产品过程质量控制”、“质量基础建设”三个模块，这样的设置体现了航天质量管理的三方面重点工作，即质量改进、型号过程质量控制以及质量基础能力建设，结果包括“质量管理体系运行结果”一个模块。

“质量改进机制”模块，重点是从组织层面的质量管理和质量改进的角度来评估，包括“质量管理体系改进”和“产品质量改进”两个子模块：“质量管理体系改进”模块是对单位而言(相对于型号系统)，是质量管理体系及改进机制建设方面内容；“产品质量改进”模块是提升产品成熟度的产品改进方面的模式和方法。“质量改进机制”模块的主要内容同 GJB 9001 标准的第 5 章“管理职责”和第 8 章“测量、分析和改进”相对应。

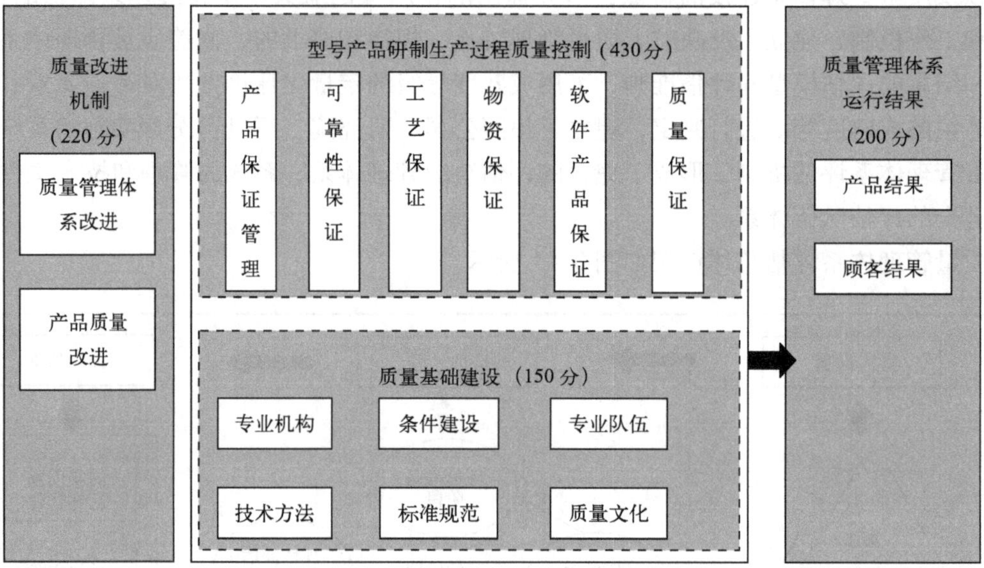

图 3 – 2　质量管理体系评估模型

注：“可靠性保证”中“可靠性”指的是广义可靠性概念，包括可靠性、安全性、维修性、保障性、电磁兼容性等方面的内容。

“型号产品研制生产过程质量控制”模块，重点是从项目层面的质量管理和过程控制的角度来评估，主要包括 6 个子模块，即产品保证管理、质量保证、可靠性保证、物资保证、工艺保证和软件产品保证，这 6 个子模块的设置是借鉴国外先进的面向复杂产品研制生产实施的产品保证的思路确定，覆盖了型号产品过程质量控制的主要工作。“型号产品过程质量控制”模块的主要内容同 GJB 9001 标准的第 7 章“产品实现”相对应。

“质量基础建设”模块，重点是从航天所关注的质量基础建设的一些要素的角度进行评估，包括 6 个子模块，即专业机构、条件建设、专业队伍、技术方法、标准规范、质量文化，这 6 个子模块对“型号产品过程质量控制”起基础支持作用、专业保障作用。“质量基础建设”模块的主要内容同 GJB 9001 标准的第 6 章“资源管理”相对应。

“质量管理体系运行结果”模块，与上述三个模块是因果关系，包括了两个子模块，即产品结果和顾客结果。“产品结果”子模块是指型号产品实物质量，包括型号任务成败和质量问题情况；“顾客满意情况”子模块反映了顾客的态度，不仅受产品质量影响，还受售后服务情况的影响，该模块的内容是对 GJB 9001 标准的补充。

(4)评估要素

评估要素确定的主要依据是 GJB 9001B、《航天型号精细化质量管理要求》以及航天质量制度、标准规范要求和集团公司质量工作关注的重点内容，其中一部分评估要素是常规重点质量工作；一部分评估要素是当前质量管理的薄弱环节；一部分评估要素是在挖掘最佳实践基础上要推广的方法。

评估要素的确定一方面考虑了传统的质量管理体系的相关要素，如内审和管理评审、质量责任制、体系文件控制、产品检验、产品标识和可追溯性等，这些要素在通用质量管理要求的基础上，补充增加了航天质量管理的特殊要求；另一方面是更多突出了航天质量管理的范畴和规律，反映了面向复杂航天产品质量管理和过程质量控制的重点，体现了航天质量管理的经验和成果，如共性问题的研究和解决、产品保证策划、产品数据包管理、质量问题归零管理、可靠性设计分析和验证、技术状态控制、产品验收管理、标准规范体系建设、专业技术支撑机构建设等。

评估要素会根据质量管理体系评估工作开展情况以及年度质量工作要点进行动态调整，以确保评估要素的适宜性。航天质量管理体系评估的评估要素为 38 个(包括过程类评估要素 35 个和结果类评估要素 3 个)，评估要素及其分值分配情况如表 3-1 所示。

表 3-1　评估模块、子模块和评估要素及其分值

评估模块	评估子模块	编号	评估要素
质量改进机制(220 分)	质量管理体系改进(150 分)	1-1	质量责任制(40 分)
		1-2	质量管理体系评估机制(30 分)
		1-3	内审和管理评审(10 分)
		1-4	体系文件的控制(10 分)
		1-5	质量信息管理(50 分)
		1-6	质量监督检查(10 分)
	产品质量改进(70 分)	1-7	面向产品的质量分析(40 分)
		1-8	共性问题的研究和解决(20 分)
		1-9	通用产品定型管理(10 分)

续表

评估模块	评估子模块	编号	评估要素
型号产品研制生产过程质量控制（430 分）	产品保证管理(90 分)	2-1	产品保证策划(20 分)
		2-2	技术评审(30 分)
		2-3	产品数据包管理(40 分)
	可靠性保证(50 分)	2-4	可靠性设计、分析和验证(50 分)
	工艺保证(40 分)	2-5	综合工艺管理(15 分)
		2-6	型号工艺管理(25 分)
	物资保证(40 分)	2-7	物资的选用和质量控制(40 分)
	软件产品保证(30 分)	2-8	软件工程化(30 分)
	质量保证(180 分)	2-9	三级审签、会签(10 分)
		2-10	复核复算(10 分)
		2-11	技术状态控制(30 分)
		2-12	表格化管理(10 分)
		2-13	关键环节控制(30 分)
		2-14	质量问题归零管理(30 分)
		2-15	外包外购产品质量管理(15 分)
		2-16	产品标识和可追溯性(5 分)
		2-17	产品检验(10 分)
		2-18	产品验收管理(10 分)
		2-19	试验控制(10 分)
		2-20	检测、测试数据的分析和管理(10 分)
质量基础建设（150 分）	标准规范(30 分)	3-1	标准规范体系建设(30 分)
	专业机构(20 分)	3-2	专业技术支撑机构建设(20 分)
	条件建设(20 分)	3-3	设备设施(20 分)
	技术方法(20 分)	3-4	技术方法的研究和应用(20 分)
	专业队伍(30 分)	3-5	质量与可靠性专业队伍建设(30 分)
	质量文化(30 分)	3-6	质量教育培训和群众性质量管理活动(30 分)
质量管理体系运行结果（200 分）	产品结果(180 分)	4-1	任务成功率情况(100 分)
		4-2	质量问题情况(80 分)
	顾客结果(20 分)	4-3	顾客满意程度(20 分)

(5)评估方法

①过程类评估要素评估方法

对照评估要素的评估准则进行评估。对照评估准则的每个条款的要求，依据查阅的资料及相关证实性材料，如实记录评估中发现的问题以及好的经验和做法，其中，对于发现问题的记录应明确具体，便于被评估方理解和整改；对于记录的好的经验和做法应体现该评估要素超出评估准则的创新做法，具有推广价值的最佳实践。在集团公司对院的评估过程中，对于很多过程类的评估要素，既要查阅院本级的相关资料，了解院在这方面的制度要求是否明确，同时，也要查阅院属厂(所)的相关支撑性材料，以了解院有关要求在厂(所)层面的具体贯彻落实情况，特别是对于“型号产品研制生产过程质量控制”模块的相关评估要素，一般以选择的“型号产品”为主线进行评估，以便系统了解和掌握相关评估要素的实施过程和效果。

判定各评估要素的成熟度等级。依据每个评估要素的评估准则，采用“要求—落实—改进”的评定方式来确定每个要素的成熟度等级，以量化评定其符合性和有效性程度。其中“要求”主要是指对照评估要素的评估内容，查看单位的有关制度文件中是否明确了相关内容要求，“要求”是否落实了集团公司的有关规定并体现了单位自身的特点和需求，“要求”是否可落实、可检查；“落实”主要是指上述的制度文件中规定的“要求”是否得到规范和有效的贯彻落实，主要体现在“要求”的逐级传递、细化，相关人员对“要求”的准确理解和执行，相关实施记录详细完整，同时对“要求”落实情况有监督检查；“改进”主要是指“要求”贯彻落实过程中，对于出现的问题，能够及时采取纠正措施，并举一反三，进一步完善了相关制度文件，建立了促进“要求”贯彻落实的持续改进机制。

每个评估要素分为四个成熟度等级，即优秀、良好、达标和不达标。其中，不达标表示该项工作不能满足航天产品质量管理的基本要求；达标表示该项工作仅满足了航天产品质量管理的相关标准和文件的最基本要求；良好表示该项工作超出达标水平，能更加有效地满足航天产品质量管理相关标准和文件的要求；优秀表示该项工作在集团公司现有管理达到相当完美的程度，其科学有效的做法和先进经验可以作为最佳实践在集团内推广。

每个成熟度等级对应着相应的成熟度系数，成熟度系数分值越高，该评估要素开展的工作越好。具体的判定指南见表3-2。

表3-2　过程评估要素成熟度等级和系数确定指南

成熟度等级	成熟度系数	成熟度评定要点
不达标	0，0.4	• 针对该要素没有明确的要求； • 要求没有在相应的过程和部门得到落实； • 没有对问题的分析方法，只有就事论事的而且不彻底的处理
达标	0.5，0.6	• 针对该要素的主要方面，有明确的要求和基本有效的方法； • 要求在主要过程和部门得到基本落实； • 有基本的分析和改进活动
良好	0.7，0.8	• 针对该要素的全部方面，有具体的要求和有效的方法； • 要求在所有相应过程和部门都得到落实； • 有系统的分析和评价的方法，对关键过程实施有效的分析和改进

续表

成熟度等级	成熟度系数	成熟度评定要点
优秀	0.9，1	• 针对该要素的全部方面，有系统、规范、详细的要求和先进、系统、高效的方法； • 要求在所有相应的过程和部门得到全面、彻底、有效的落实； • 基于详细信息的、全面系统的分析、评价和深入、彻底的改进，形成持续改进的机制

在对过程类评估要素进行成熟度等级评定时，对于“优秀”、“良好”、“达标”三个等级的判定方法是：如果前两个评定要点，即要求和落实中有一个不能满足，成熟度等级则降到下一个等级；如果前两个评定要点，即要求和落实都满足，但第三个评定要点即改进没有满足，成熟度系数则可达到该成熟度等级的下限值，即0.5、0.7或0.9；如果三个评定要点，即要求、落实、改进都满足，则成熟度系数可达到该成熟度等级的上限值，即0.6、0.8或1。对于“不达标”等级的判定方法是：如果符合评定要点前两项中的其中一项规定，成熟度等级系数就判定为0，其他情况的成熟度等级系数判定为0.4。

每个过程类评估要素的实际得分为该评估要素的满分分值乘以其成熟度等级系数。

②结果类评估要素评估方法

对照评估要素的评估准则进行评估。查看结果类评估要素的相关证实材料，一般结果类评估要素都有比较明确的量化数据支撑，重点是要系统、综合地分析这些数据的来源和覆盖面，确保数据的真实、准确和可靠。

判定评估要素的等级及系数。每个结果类评估要素的评估内容都分为A、B、C、D四个等级，对于“产品结果”的评估要素来说，总体院和专业院的评估内容有所区别。A、B、C、D四个等级的系数分别为：A级系数为1，B级系数为0.8，C级系数为0.6，D级系数为0.4。根据对相关证实材料的综合分析结果判定结果类评估要素的等级，在此基础上确定系数的大小。

每个结果类评估要素的实际得分为评估要素的满分分值乘以相应等级系数。

③评估结果的确定

过程类和结果类各评估要素得分之和为质量管理体系评估的最终得分。按照分值分布将评估结果分为A、B、C、D四个等级，其中，质量管理体系评估最终得分为800(含)~1000分是A级，质量管理体系评估最终得分为600(含)~800分是B级，质量管理体系评估最终得分为400(含)~600分是C级，质量管理体系评估最终得分为400分以下是D级。

(6)评估流程

集团公司对研究院质量管理体系评估的主要流程如图3-3所示。

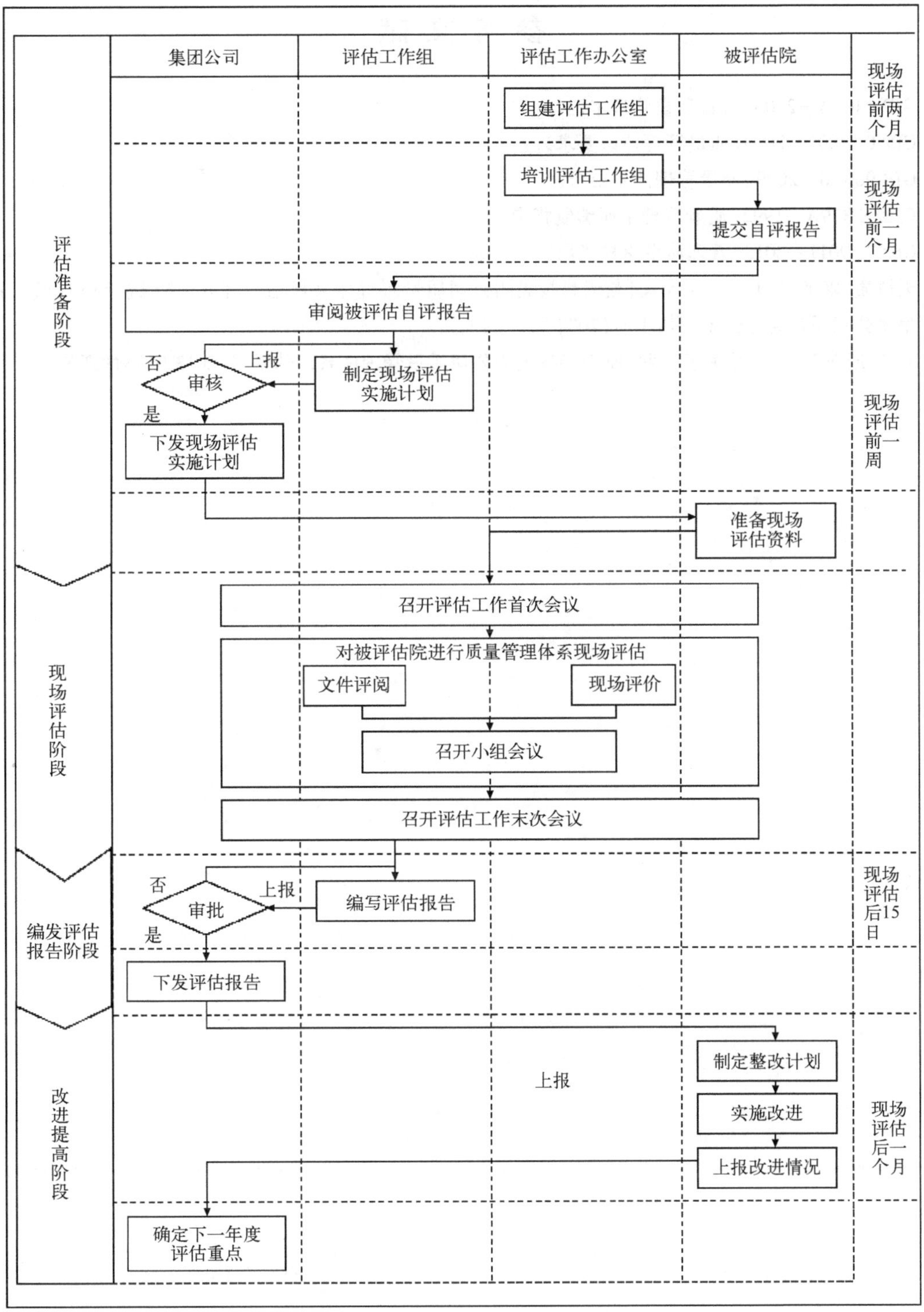

图3-3　质量管理体系评估流程图

参考文献

[1] GJB 1405A—2006《装备质量管理术语》.

[2] GB/T 19001—2008《质量管理体系要求》.

[3] GJB 9001B—2009《质量管理体系要求》.

[4] GJB/Z 379A—1992《质量管理手册编制指南》.

[5] GB/T 19011—2013《管理体系审核指南》.

[6] 天科质[2009]881 号关于印发《航天科技集团公司质量管理体系评估管理办法》(试行)和《航天科技集团公司质量管理体系评估手册(2009 版)》的通知.

[7] 天科质[2013]470 号关于印发《航天科技集团公司质量管理体系评估手册(2013 版)》的通知.

第 4 章　型号质量管理

4.1　型号研制程序

4.1.1　运载火箭研制程序

（1）运载火箭研制阶段划分

运载火箭的研制工作一般划分为五个阶段：论证阶段、方案阶段、初样研制阶段、试样研制阶段和应用发射阶段。

（2）各阶段主要任务及完成标志

①论证阶段

根据研制依据需求，对提出的初步使用要求和主要技术指标，开展可行性论证，提出可达到的技术指标；在多方案比较基础上提出总体、分系统初步技术方案、主要技术途径和关键技术、初步飞行试验方案，重要研制保障条件，周期计划，经济成本等，形成可行性论证报告。

完成标志为：

1）完成运载火箭可行性论证报告、项目建议书或研制实施大纲编制，上报立项；

2）获得上级主管部门立项批复，研制总要求已明确。

②方案阶段

根据研制总要求定义总体和各系统的功能和性能指标；开展关键技术攻关；完成方案设计、样机试制及原理性试验，确定总体和分系统方案。

完成标志为：

1）完成总体和分系统方案设计，初样技术状态已明确；

2）完成关键技术、工艺攻关或解决途径已明确；

3）完成总体向分系统、分系统向单机的初样设计任务书编制；

4）完成初样产品投产配套表和研制计划的编制；

5）完成全箭风洞试验、发动机摇摆试车电气系统原理性匹配试验等大型试验；

6）完成方案研制总结报告，通过方案转初样评审。

③初样研制阶段

完成总体、分系统和单机的初样设计，产品生产，研制试验和大型试验，验证设计和工艺的正确性、可靠性和各系统的协调匹配性，完善设计、生产制造工艺。

完成标志为：

1)完成总体、分系统和单机的初样研制，试样状态已明确；

2)方案阶段遗留问题已得到有效解决；

3)完成关键技术攻关，明确产品制造工艺方案；

4)完成总体向分系统、分系统向单机的试样设计任务书编制；

5)完成试样产品投产配套表和研制计划的编制；

6)完成静力试验、分离试验、电气系统综合匹配试验、子级热试车试验、模态试验等大型试验项目；

7)确定飞行试验方案，并获上级主管部门批准；

8)完成初样研制总结报告，通过初样转试样评审。

④试样研制阶段

完成总体和分系统试样设计、试样产品生产和验收、试样试验；利用合练对全箭产品进行考核，完善设计；完成飞行试验并通过考核，通过研制总要求验收评审，并初步固化技术状态。

完成标志为：

1)完成总体、分系统和单机技术状态初步固化；

2)初样遗留问题，试样出现问题已得到有效解决；

3)产品制造工艺稳定，单机具备定型条件；

4)完成发射场合练和全部大型试验；

5)完成飞行试验，飞行试验结果符合研制总要求，飞行试验总结通过评审；

6)完成试样研制总结，通过研制总要求验收评审。

⑤应用发射阶段

进行产品组批生产，促进产品成熟度提升，严格控制全箭技术状态；针对不同航天器的发射需求进行适应性研制，完成发射飞行任务；通过可靠性增长和发射飞行任务验证发射飞行可靠性达到设计指标，提高运载火箭性能、可靠性和任务适应性。

完成标志为：

某型运载火箭的应用发射阶段伴随着其服役使用全过程，其结束标志为该型运载火箭退役不再使用。

4.1.2　卫星研制程序

(1)卫星研制阶段划分

卫星研制一般划分为七个阶段：综合论证阶段、可行性论证阶段、方案设计阶段、初样研制阶段、正样研制阶段、发射和在轨测试阶段、在轨运行和离轨处置阶段。

(2)各阶段主要任务及完成标志

①综合论证阶段

确定使命概念和目标，论证卫星项目的概念、主要技术实现途径等，拟定卫星初步使用要求和技术要求。

完成标志为：

1)用户初步需求；

2)项目建议书(或立项综合论证报告)。

②可行性论证阶段

在使命概念、目标和技术途径确认的基础上，进行卫星项目的经济、技术可行性论证，开展关键技术攻关。

完成标志为：

1)基本完成关键技术攻关；

2)卫星技术经济可行性论证报告；

3)配合用户编制了研制总要求。

③方案设计阶段

按卫星使用要求和技术指标，确定卫星组成、功能和性能，进行卫星项目的总体方案设计。建立功能基线；进行卫星各分系统设计，建立分配基线。

完成标志为：

1)完成了全部关键技术攻关；

2)完成了《卫星总体方案设计报告》，建立了卫星功能基线和分配基线；

3)完善了卫星研制总要求，签订卫星研制合同或协议。

④初样研制阶段

开展卫星相关单机、分系统和整星工程试验模型的初样详细设计、试验和验证等工作，进行与工程大系统间的接口对接等试验工作。

完成标志为：

卫星初样研制和质量总结。

⑤正样研制阶段

开展整星、分系统和单机的正样详细设计，建立产品基线，进行正样产品的生产、试验等工作，确认卫星研制流程工作全部完成，并具备赴发射场执行发射任务的条件。

完成标志为：

建立了卫星产品基线，卫星通过了出厂评审。

⑥发射和在轨测试阶段

卫星研制方协助发射组织方进行卫星发射场试验，配合测控组织方进行卫星在轨工程测试，配合用户进行在轨业务测试。

完成标志为：

运载火箭正常点火起飞，星箭可靠分离，卫星进入目标轨道。

⑦在轨运行和离轨处置阶段

对卫星正常运行进行维护；对卫星长期在轨运行中的故障情况进行分析和处理；在用户提出卫星寿命终止要求后，执行卫星离轨处置。

完成标志：

1)卫星按照预定设计方式偏离轨道，并达到目标位置；

2)完成卫星最终处置。

4.1.3 导弹武器装备研制程序

(1)导弹武器研制阶段划分

导弹武器系统全研制周期的工作一般划分为五个阶段：论证阶段、方案阶段、初样研制阶段、试样研制阶段和定型阶段。

(2)各阶段主要任务及完成标志

①论证阶段

完成对导弹武器系统主要战术技术指标和作战使用要求合理性、可行性、实现途径和方案及作战使用要求的论证，提出导弹武器系统可行性论证方案，配合编写研制总要求等文件。

完成标志为：

1)完成必要的样机研制、仿真及演示验证试验工作；

2)完成武器系统可行性论证报告，配合用户完成立项综合论证报告，并上报。

②方案阶段

完成武器系统方案设计与验证、产品原理样机研制，确定总体和分系统方案，并对导弹研制做出全面规划和部署，开展关键技术攻关和工艺攻关等。

完成标志为：

1)完成总体及各系统方案设计；

2)完成方案标志性原理性试验；

3)关键技术已基本突破或相关技术途径已明确；

4)有效辨识初样研制风险，并提出有效规避、降低和管控风险的措施；

5)初步确定导弹武器系统总体和各系统主要性能参数，提出初样设计任务书；

6)完成武器系统方案设计评审。

③初样研制阶段

完成总体、分系统和单机的初样设计以及初样产品的生产，完成总体、分系统和单机初样研制试验，完成初样总体大型地面试验，为试样研制提供依据。

完成标志为：

1)完成初样设计、生产和试验工作，确定试样技术状态，有效辨识试样研制风险，并提出有效解决途径；

2)方案阶段遗留问题已得到有效解决；

3)完成初样阶段标志性地面试验项目；

4)完成武器系统初样设计评审；

5)提出各分系统试样设计任务书。

④试样研制阶段

在初样设计的基础上，完善总体和分系统试样设计、试样产品生产，完成试样试验，完成导弹武器系统方案考核飞行试验，检验武器系统方案正确性、系统间匹配性和武器系统性能。

完成标志为：

1）总体及各系统完成全部试样设计工作、武器系统技术状态固化；

2）初样遗留问题已得到有效解决；

3）完成试样阶段标志性地面试验项目；

4）武器系统方案和性能通过飞行试验考核。

⑤定型阶段

完成总体和分系统设计定型和工艺定型，完成定型鉴定试验及战术技术指标评定。

完成标志为：

1）完成所有定型鉴定试验，全武器系统（包括各系统、配套设备、部组件等）经过试验鉴定，各项指标符合设计要求；

2）完成所有图样、文件资料定型并归档；

3）配套元器件、原材料完成定型或鉴定，货源有保障；

4）完成设计定型和工艺定型；

5）完成导弹武器系统定型报告；

6）通过一级定委验收。

4.2　型号质量策划

型号质量策划是在型号产品研制全过程中以质量控制为手段，以产品保证为目标的各项保障要求，型号质量策划包括产品研制的质量方针和质量目标，产品质量保证的组织结构，产品质量管理人员的职责和工作内容等，以文件形式加以制定和规定。

型号质量保证文件是以产品保证大纲（质量保证大纲）为保证产品质量的总纲，内容包括产品保证管理、质量保证、可靠性保证、维修性保证、安全性保证、元器件保证、材料和机械零件及工艺保证和软件产品保证等要求。为了确保产品在各研制阶段的设计、生产、试验、验收和交付等过程质量控制，应确立和编制产品保证大纲的支撑性文件。产品保证大纲的支撑性文件由《产品质量保证大纲》、《标准化大纲》、《可靠性、维修性、安全性保证大纲》、《元器件保证大纲》、《工艺保证大纲》、《软件保证大纲》等组成。

产品保证大纲和各支撑性大纲，应由型号指挥进行确定和组织编制，也可以用总体名义进行下达。一般情况《产品保证大纲》由型号项目管理责任人组织编制；《产品质量保证大纲》由质量管理责任人员组织编制；《标准化保证大纲》由标准化人员进行编制；《可靠性、维修性、安全性保证大纲》由总体可靠性专职人员编写；《元器件保证大纲》由元器件管理人员和标准化人员编写；《工艺保证大纲》由型号项目工艺责任人组织编写；《软件保证大纲》由软件专业人员和质量人员编写。

产品保证大纲及其支撑性文件是系统、分系统、单机(部件)研制，监督检查和评价的依据。如果型号产品跨单位研制，则必须按照《产品保证大纲》和相关标准的要求，结合所研制产品的特点，规定单位内部的产品保证活动内容，制订单位内部的产品保证实施细则和支撑性大纲的实施细则，对各项保证活动的管理和控制作出规定，并纳入产品研制技术流程和计划流程。

产品研制过程中应根据产品保证大纲和支撑性大纲要求，以研制质量节点实施内部监督、检查和执行情况评价，并以报告制度形式向上级部门报告。同时还应开展监督检查活动，监督检查方式可以采取质量监督代表制度、型号产品研制质量审核制度、各阶段专项节点质量检查和复核复算制度以及各种评审制度等方法。

(1)产品保证大纲

产品保证大纲一般由产品管理保证、质量保证、可靠性保证、维修性保证、安全性保证、元器件保证、材料和机械零件及工艺保证、软件产品保证等章节组成，其中可靠性保证、维修性保证、安全性保证、元器件保证、材料和机械零件及工艺保证、软件产品保证可以根据产品的特点和相关标准要求进行规定，而管理保证和质量保证是大纲的重要章节，必须强调下列要求：

1)产品保证工作目标。产品保证工作目标主要根据研制阶段要求，完成节点任务，按时交付，满足用户使用要求。同时应将型号产品纳入质量管理体系的认证范围并进行管理，依靠程序和文件的支持，有计划地、系统地开展各项活动，在产品设计、生产、总装、总测、试验、检验与交付各个过程中，保证各项工作、各个产品都能达到规定的要求和总体技术指标。

2)型号产品保证工作系统。型号产品保证工作系统一般情况为型号指挥系统和设计师系统。型号指挥系统由总指挥负责，下设型号研制负责机构。如果跨单位研制任务，则总体单位和各承制单位相应设立单位型号指挥系统和单位型号研制项目办，并具体设立型号研制计划调度、质量、标准化、工艺和计量工作管理人员，确保型号工作顺畅、无误。设计师系统由型号总设计师负责，在系统总体的规划下，设立各分系统。各分系统应设立正、副主任设计师、可靠性设计师和主管设计师，建立一支设计师系统队伍，确保产品研制质量。

3)型号产品保证工作职责。型号产品保证是整个产品研制过程每个工作成员的共同职责，所以在《产品保证大纲》中必须明确各类人员的职责。一般情况在确立型号产品保证工作系统的前提下要明确：型号总指挥职责、型号总设计师职责、型号研制负责机构职责、系统主任设计师职责、主任质量师职责、型号计划调度负责人职责以及标准化职责等。产品在研制过程中各类人员能各负其责，达到产品保证目的。

(2)产品质量保证大纲

产品质量保证大纲一般由质量保证要求、设计过程控制、采购过程控制、外包过程控制、生产过程控制、检验过程控制、产品交付过程控制、大型试验过程控制、软件质量保证、技术评审、质量问题归零、质量信息管理等章节组成。质量保证大纲关键在于各过程的控制，这些控制要求在相关的质量要求和标准中都有明确的规定，而质量保证要求需要型号指挥系统组织人员进行确定。

1）型号研制的质量方针和质量目标。为了保证型号研制质量，在产品研制初期应根据产品保证工作目标、质量管理体系以及型号管理文件要求作为型号研制质量方针的基础，确定本型号的质量方针，并要求型号全体研制人员遵循。同时应根据型号技术、质量、计划管理要求，以持续改进为标杆，制定型号研制质量目标。

2）型号质量保证组织结构。在型号内设立型号质量管理系统，一般情况应设立型号总质量师，总体、总装、分系统应设立正副主任质量师和主管质量师。型号总质量师在型号总指挥的领导下，对型号质量管理进行总策划、管理和控制，型号质量管理人员对承担的产品研制质量工作进行策划、管理和控制；主任质量师在型号总指挥和型号总质量师的领导下，对分系统级的产品质量管理进行策划、管理和控制；型号质量管理人员在型号总质量师和主任质量师的指导下，对产品实现过程进行统一、协调和管理型号质量工作。

3）型号质量保证职责。在型号质量保证大纲中还应明确质量保证组织结构成员的职责。明确型号指挥对产品质量负全责要求；明确总质量师对型号产品质量保证大纲及相关质量管理要求提出和执行情况负责；明确主任质量师对分系统产品质量控制要求的提出和执行情况负责；明确型号质量管理人员对各过程控制工作内容和控制情况负责。

（3）标准化保证大纲

标准化保证大纲是对产品设计和开发过程中的标准化工作的总部署，是指导产品设计和开发过程中开展标准化工作的纲领性文件，也是产品设计和开发过程中需要贯彻实施的指令性文件。

产品研制分方案、初样、正（试）样和定型阶段，产品标准化大纲也应按各个阶段任务的不同和控制方法的差异进行调整和修订。

方案阶段主要以选择适用的标准、标准件、原材料、元器件选用目录，用“三化”（通用化、系列化、组合化）为目标，初步固化标准化工作规定。

初样阶段主要修订完善标准、标准件、原材料、元器件选用目录，落实“三化”和标准规范的实施，处理超范围选用标准和标准件、原材料、元器件的问题。

正（试）样阶段主要修订、完善产品标准化大纲和选用目录，检查规范、标准以及“三化”工作的落实情况，设计文件的标准化检查。

定型阶段主要固化标准、标准件、原材料、元器件选用目录，处理和检查标准化问题和执行情况，进行标准化实施情况统计、分析和评估，并进行设计定型标准化审查。

产品标准化大纲可以分为各个阶段的产品标准化大纲，也可以合并成一份。产品标准化大纲编写的主要内容为：

1）标准化目标和工作范围。主要根据任务目标和现有条件制定达到期望的目标，如：“三化”程度、产品标准化系数、标准实施的水平等，并制定其工作范围。

2）实施标准的要求。主要确定执行标准的原则和规则；重要标准实施要求；标准选用的范围；标准件、原材料和元器件选用目录等。

3）产品“三化”要求和接口、互换性要求。主要提出产品“三化”的基本准则；产品的机械、电气、软件接口的标准化原则；产品设计中采用的计量、尺寸、公差、配合以及机械连接结构等互换性标准要求。

4）图样技术文件的标准化要求。主要提出图样技术文件管理；采用的标准、内容、格式、编号以及产品名称、代号、术语、符号、计量单位统一要求。

5）各阶段应完成的主要工作。结合具体产品研制情况，提出该产品设计开发各阶段应完成的标准化工作具体项目，提出需要标准化工作协调要求。

4.3 设计质量管理

设计决定了产品的固有质量。设计质量不仅影响到能否有效地组织生产，所生产的产品能否满足使用要求，也影响到经济性。有缺陷的设计是造成产品固有质量问题的主要原因，因此产品质量必须从加强设计质量控制这个源头抓起。设计是一个过程，因此设计质量控制就是要从设计策划开始到设计确认的全过程实施控制和验证。

4.3.1 设计策划

设计策划是对整个设计过程的工作要求、进度和资源等进行规划，目的是通过策划对具体产品的设计活动作出有序安排。

设计策划的主要工作包括：

1）根据方便管理和控制的原则，将设计工作过程明确划分为几个阶段，并规定每个阶段的工作任务、完成时间、达到的标准等，形成产品设计程序；

2）具体规定设计工作进展到哪个阶段进行评审、验证或确认，根据产品分解结构明确各产品层次各设计阶段的各项活动、要求及顺序等，包括责任人、参加人，形成研制技术流程；

3）根据技术流程中产品研制活动（设计、分析、制造、试验、产品验收等）的进度，协调优化执行程序和进度要求，明确它们之间的衔接、沟通方式，与外单位协作更要明确规定，形成产品研制计划流程。

对于设计策划所形成的产品研制程序、研制技术流程、研制计划流程等，必须经过评审及审批后才能加以实施。

此外，在策划设计活动时，应确保：

1）运用可靠性、维修性、保障性、测试性、安全性和环境适应性等专业工程技术进行产品设计。

研制生产单位应当按照立项批复、研制总要求和合同，根据所研制装备的特点、产品的层次、重要程度、经费、进度等约束条件，进行“六性”专项策划，对相关“六性”国家军用标准的工作项目进行剪裁，形成特定产品的“六性”保证大纲（或工作计划），规定具体的工作项目要求，制定并贯彻型号“六性”设计准则，提供培训和设计分析工具，有效开展“六性”专项设计、分析，实现“六性”与战术技术性能同步策划、同步设计、同步验证。在型号设计时，应进行“六性”参数指标与战术技术指标之间的权衡，将顶层的“六性”要求进一步分解、细化，通过“六性”设计影响型号设计方案，最终得到最合理的设计方案，确保型号系统效能最优。

2) 设计中优先采用成熟技术和通用化、系列化、组合化的产品。

“成熟技术”是指一项技术及其产品载体的技术原理、技术应用方法被完全掌握，所应用的真实产品已在使用环境下完全通过测试和试验验证，在实际运行环境中得到应用验证的技术。“通用化”是对某些零件或部件的种类、规格，按照一定的标准加以精简统一，使之能在类似产品中通用互换的技术措施。“系列化”是在基本型号的基础上，通过更换或升级的办法，衍生出同系列的不同产品，满足不同用户需要。“组合化”是按照标准化的原则，设计并制造出一系列通用性较强的单元，根据需要拼合成不同型号产品的一种标准化形式。“三化”产品技术相对成熟、生产工艺完善、供应和质量稳定。

采用成熟技术和“三化”产品，充分继承和利用现有科技成果和成功经验，更全面地把握技术规律和产品特性，减少设计和试验工作量，降低研制风险，减少产品品种与规格，是保证型号研制质量、降低研制成本和缩短研制周期的重要手段之一。在型号设计中，应贯彻国家有关“三化”的方针政策，按要求开展“三化”设计、采用“三化”产品，对设计方案进行“三化”评审，必要时对关键技术开展技术成熟度评价，在满足型号研制要求和合同要求的前提下，最大限度采用成熟技术和“三化”产品，大力提升型号产品的“三化”程度。

3) 对设计方案采用的新技术、新材料、新工艺进行充分的论证、试验和鉴定。

“新技术、新材料、新工艺”（以下简称“三新”）对型号产品技术进步和性能的提升具有重要的推动作用。同时，“三新”的使用也为型号设计带来较大的风险，过多地应用新技术，难以对风险实施有效的识别和控制，因此必须控制“三新”的使用。对必须采用的新技术、新材料、新工艺，应按照实际需要在使用前进行充分的论证、试验和鉴定，以保证其使用确实是必要的、适用的、可行的，由此所产生的风险是可接受的和可控的。在型号设计策划时，应制定和实施采用“三新”的措施计划和质量控制要求。新技术、新材料、新工艺使用前，应经过检测、试验、验证，符合规定要求。在型号设计方案评审时，应评审采用新技术、新材料、新工艺的必要性、适用性，必要时进行专门风险分析评价。严格履行审批手续，控制不当选用，降低风险。

4.3.2　设计输入

设计输入是确立产品质量目标和要求，是开展产品设计开发活动的依据，也是验证设计输出和评价设计质量的基础。设计输入的主要内容是与产品有关的要求信息。设计输入内容的准确性、全面性、适宜性和协调一致性，对设计的输出结果的正确性起着决定性的作用。设计输入的内容决定着后续设计过程的组织实施、资源配备及设计输出的结果，是确保产品质量满足要求的关键环节。如果输入不充分，可能会导致设计和开发的产品不满足要求。

因此，在设计开发之前首先应确定输入要求，并在设计过程中对其实施有效控制。设计输入的主要内容包括：

(1)产品的功能和性能要求

一般是指产品合同或研制任务书中规定的产品的特性和质量要求，是设计输入的主要内容，其中包括可靠性、维修性、安全性等要求，机、电、热接口要求以及环境要求。在非合同环境下，应在市场调查的基础上，自行编制市场调研及项目可行性分析报告，确定产品的主要功能和性能指标，产品的结构组成和物理特性，产品的使用寿命和环境条件以及可靠性、维修性等方面的要求。一般在预研项目和产品立项论证阶段会经常出现类似情况。

(2)适用的法律法规要求及相关的标准

任何产品的设计开发都必须遵循相关的法律、法规和相关标准以及社会要求，同时应符合设计规范和准则的规定。产品研制人员在接受任务后就应该收集汇总适用于产品的法律、法规和相关标准以及应遵守的社会要求，并贯彻到产品设计之中。

(3)以前类似设计中证明是有效的信息

任何产品设计都是继承与创新相结合的产物，一项好的产品设计应具有先进性的同时也应是可靠和经济的，以前类似设计中证明是有效的经验和信息应充分地加以利用，提高新研制产品的可靠性和经济性。

(4)设计开发所必需的其他要求

在设计开发过程中，也必须注重与产品有关的各种其他要求，例如：配套材料、零件要求，需开发的材料、工艺要求，以及使用条件、限制要求、环境保护、产品安全、人身安全、消防要求、行业规定、保密要求以及通常隐含的要求等。

(5)设计开发输入形式

产品设计开发的输入是产品设计开发的重要依据，也是验证设计输出和评价设计质量的基础。因此，必须以正式的书面文件形式予以表述。一般情况由设计师系统编写一份《×型号××产品设计输入》文件，将收集到的产品的功能和性能要求，适用的法律法规要求及相关的标准，以前类似设计中证明是有效的信息，设计开发所必需的其他要求汇总并纳入文件之中，便于设计人员在设计中加以贯彻。《××型号××产品设计输入》文件，必须经过评审及审批后才能加以实施。

4.3.3　设计输出

设计输出是设计过程的结果，是将设计的输入要求转化为可实现的产品的特性或规范。产品不同、设计开发的阶段不同等，输出的结果也不尽相同。设计和开发的每一阶段都有其相应的输出，如论证阶段的论证报告、方案阶段的设计方案、工程研制阶段的图样和技术文件以及原理样机/试验样机等。上一阶段的设计输出是下一阶段设计的输入，设计输出的结果又是后续产品研制过程的输入，更是决定产品固有质量特性的一个重要过程，因此，必须实施严格的控制和管理。

(1)设计输出的基本要求

1)设计输出应满足设计输入的要求。设计开发活动中形成的文件为设计输出，设计输出以能够对照设计输入要求进行验证和确认的形式来表达，并应证实满足了设计输入的要求。阶段性的输出应满足阶段性的输入要求，能够实现阶段性的预期目的。

2)设计师系统应明确产品在设计确认、制造、检验、使用、维修、保障时所需的文件、资料，一般包括：图样、规范、技术条件、元器件和零组件明细表以及其他目录清单等；工艺、检验、验收、试验和装配方法的文件和信息；为评审、验证及确认产品设计的各项报告，如设计与试验分析报告、可靠性、维修性、安全性分析报告、FME(C)A报告、风险评估报告等。

3)设计输出文件的签署、格式及完整性应符合相关标准化要求。

4)协调纪要、会议纪要、总体传真等经协调部门或单位代表会签后，设计师及时转化或补充到相关技术文件中，纪要、传真不能直接作为生产、检验和试验的依据。

5)设计输出的图纸、文件等须齐全，并确保文文一致。

6)设计输出应在放行前按规定得到授权人员的批准。批准前应按规定对设计输出文件进行工艺和质量会签、标准化检查。

(2)设计输出的内容要求

1)给出采购、生产和服务提供所需的信息，如采购或外包明细表，原材料和元器件及标准件清单，装配和调试操作说明书，新技术和新材料及新工艺的试验和鉴定报告以及工艺和检验指导书等。还包括用于产品采购、生产、安装、检验和服务方面的要求，以及产品防护方面的要求，如对电子元器件、火工品防静电的具体要求和措施等。阶段性的设计输出还应为后续的设计和开发活动提供必要的信息，如样机的图纸、调试说明等。

2)应明确产品的接收准则，给出产品是否符合要求的判定依据，如产品制造验收技术条件、测量或试验验收规范、产品检验验收细(准)则等。每项产品的特性要求必须以可以验证的方式进行规定。

3)依据特性分析的结果和相关标准，在使用维护说明书中规定产品安全和正常使用所必须的产品特性，如操作规则、物理参数和环境要求等。

4)依据特性分析的结果，确定产品的关键件(特性)和重要件(特性)，编制关键件(特性)、重要件(特性)项目明细表，并在产品设计文件和图样上作相应标识。

5)规定产品正常使用所必须的保障方案和保障资源要求，如备附件以及有关操作、储存、搬运、维修、保障、处置等方面的要求或说明文件。

6)软件的设计和开发输出包括：软件概要设计说明、软件详细设计说明、软件测试计划(单元和组装)、源代码、软件使用说明等。

4.3.4　设计评审

设计评审是为保证产品质量，由同行专家、有关职能部门及用户代表，根据研制合同、设计任务书和有关标准、规范及法令要求，对设计进行正式的、综合的、系统的分析、审查和评审，找出薄弱环节，提出解决问题的意见，做出评审结论。

(1)设计评审的目的及一般要求

1)设计评审的目的是：

a. 对照阶段目标确立设计的正确性；

b. 确定出现偏离时需采取的措施；

c. 为能否转阶段的决策提供依据。

2)设计评审的一般要求：

a. 设计评审是研制程序中的一个组成部分。主管部门应结合型号研制程序、计划流程策划设计评审，评审工作应作为考核项目纳入研制计划，在时间、经费和人力上给予保证。

b. 设计评审的时机，原则上选择在上一研制阶段结束，下一研制阶段开始前。设计重大修改、关键项目设计完成时，一般亦须进行设计评审。

c. 设计评审必须按研制阶段进行，只有通过本阶段的评审后，才能转入下一研制阶段。在同一研制阶段内，一般应按系统的隶属关系自下而上逐级评审，原则上下一级没有通过评审，上一级不得组织评审。

d. 设计评审按照 QJ 1302. 2《航天产品技术评审　第二部分：设计评审》、各院和本单位的设计评审管理办法执行。

(2)设计评审的分类

1)按型号研制阶段分为：

a. 方案设计评审；

b. 初样设计评审；

c. 试样(正样)设计评审；

d. 定型(或鉴定)设计评审。

2)按产品级别分为：

a. 系统级设计评审；

b. 分系统级设计评审；

c. 设备(整机、单机、组件)级设计评审。

3)按主办单位的级别分为：

a. 院级或集团公司级；

b. 所、厂级；

c. 研究室级。

4)按专项设计评审分为：

a. 产品重大改进设计评审；

b. 关键项目或重要项目设计评审；

c. 可靠性、维修性、安全性设计评审；

d. 计算机软件评审；

f. 电子元器件、原材料、关键外协件、工艺技术的选用评审；

5)按设计关键点评审分为：

a. 总体方案评审；

b. 分系统评审；

c. 设备或整机评审。

6)按评审组织形式分为：

a. 评审组评审；

b. 专家函审；

c. 设计师系统审签。

(3)设计评审的组织管理

1)设计评审应根据评审的不同级别，由相应的主管部门组织。

2)设计评审工作由评审组完成。评审组设组长1人，成员若干人。组长由上一级设计师或相应的技术负责人担任。评审组成员要经过认真的审查，评审组成员对被评项目的熟悉程度对评审质量影响很大，评审组成员应以同行专家为主，还应包括：任务书提出单位代表，可靠性与质量管理人员，使用单位代表以及设计、工艺、计划、物资和标准化等有关技术和职能部门的代表。也可视被评审项目的需要，邀请有关方面代表参加。被评项目的主要参加者不参加评审组。

3)对设计评审的遗留问题，应由设计师系统组织落实，主管职能部门进行跟踪管理。

4)评审通过的图样、技术文件、评审报告和评审结论报告，应进行归档管理。

(4)设计评审程序

1)被评审项目的设计师编写设计评审报告，经过三级审签，并通过评审主管领导和主管部门的审查。在评审会之前，准备好提交评审的全部资料。

2)组成评审组。评审主管部门应在评审会一周前将评审报告及有关资料分发给评审组成员进行预审，做好会前准备工作。准备工作是否充分，对保证评审质量至关重要。

3)召开评审组预备会，审议评审日程安排及评审重点。

4)召开正式评审会议，议程如下：

a. 宣布评审组组长及成员名单；

b. 评审组长宣布评审重点及日程安排，并主持评审会议；

c. 设计师作评审报告；

d. 评审组讨论、评议；

e. 评审组讨论评审结论；

f. 评审组长宣布评审结论。

5）评审会后，应视情况修改评审报告，并填写评审结论报告，评审中提出的待办事项及需要改进的问题一定要记录清楚，然后逐项组织落实。设计评审的主管部门要对评审遗留问题进行跟踪管理。

4.3.5　设计验证

验证是指通过检查和提供客观证据，表明规定要求已经满足的认可。设计验证是通过检查和提供客观证据的手段，以确保设计输出满足设计输入要求。

（1）设计验证的时机与内容

所有新设计、改进设计的项目以及尚未经过飞行试验考核并直接影响飞行成败和安全的关键参数、指标均应组织同行专家或委托有资格的机构在适当阶段进行独立的设计验证，即对设计的结果进行检查和提供客观证据，表明已满足设计输入的要求。

①设计验证的时机

设计验证应在适当的时机进行，一般宜在转阶段之前进行。对关键项目、重要项目，在完成设计后至生产前的适当时机可增加一次验证。

②设计验证的内容

具体项目的验证内容应在委托验证任务书中作出明确规定，或由复核组依据任务书（设计技术要求）和/或合同等设计输入文件加以确定，一般包括功能、性能、可靠性、维修性、保障性、安全性、测试性和软件项目等的验证活动。

（2）设计验证的方法

常用的验证方法可能是下列一种或几种组合，视产品而定。

1）变换方法进行计算，检查原来的计算结果、设计原理参数是否正确。由同行业专家或设计师采用原计算方法或采用另外的计算方法对产品设计的重要参数进行复核复算，验证计算的正确性，确保设计参数的准确性。

2）建模和仿真能够虚拟地复制产品和过程，并能在易于获得和易于操作的真实环境中模仿这些产品或过程。在任何系统的研制中，只要恰当地建模与仿真就能带来节省费用、加快进度，提高产品质量，减小风险的好处，在某些情况下，建模和仿真是进行验证或确认的唯一途径。

3）利用新设计的产品与经过证实的类似产品设计进行设计比较，确认产品设计的正确性，多用于改进、改型产品或系列产品的设计验证。

4）进行试验或演示。实物试验验证是产品工作技术性能验证、使用性能验证和专业工程特性验证必不可少的验证方式，是产品设计验证的最根本的方式。在不同的设计阶段，实物试验的目的、方法和要求可不同，它是阶段设计评审和转阶段的依据。

5）设计文件发布前进行评审，这种评审是指正规、系统的评审，而且往往是在大量试验基础上进行的文件发布前的正式评审，不能认为是一般图样审签。

4.3.6　设计确认

设计确认是一种证实最终产品满足预期使用目的的必要手段，它通过检查和提供客观证据，来确定产品是否符合用户的需要。

设计确认是在成功地进行设计验证后，在规定的使用条件下，对最终产品进行的确认。必要时可增加研制过程中的阶段性确认。如果有不同的预期用途，也可以进行多次设计确认。

设计确认的方式可视产品不同采用以下一种或几种方式：

1)对设计开发的产品或样机，在实际应用条件下请用户试用后，由顾客出具使用意见，可视为确认的一种形式。

2)对某些特殊产品，请专业机构进行鉴定，如计量仪表，交付顾客或投放市场前，由具有资格的计量检定机构出具检定证明。

3)在规定条件下使用各种技术手段模拟使用条件进行确认(如软件交付)。

4)军工产品按《军工产品定型工作规定》(国发[2005]32 号)和《军用软件产品定型管理办法》([2005]军定字第 62 号)规定，完成相应定型试验或软件评测组织定型或鉴定。

5)有些产品不进行定型，而是采用产品鉴定的方式，进行鉴定确认。

6)有时某些复杂产品需在最终确认前进行阶段确认，一般采用会议评审的方式进行阶段确认。

4.4　采购质量管理

采购产品是最终产品的组成部分，其质量直接影响最终产品的质量。《武器装备质量管理条例》的第三十三条提出“武器装备研制、生产单位应当对其外购、外协产品的质量负责，对采购过程实施严格控制，对供应单位的质量保证能力进行评定和跟踪，并编制合格供应单位名录。未经检验合格的外购、外协产品，不得投入使用”。《关于加强“高新工程”质量工作的若干规定》中提出要“加强对配套产品含原材料、元器件、标准件、通用件的质量管理与监督”。这些文件要求：

1)控制采购过程，确保采购产品符合规定要求，“谁采购，谁负责”。

2)采购单位对本单位的最终产品质量负责，对用户负责；供方对配套产品质量负责，对采购单位负责。

4.4.1　采购控制

采购控制的对象包括对采购产品(硬件、软件、过程等)及对供货单位(包括内部、外部配套协作单位)的控制。采购控制包括以下要求：

1)评价和选择供方；

2)对采购文件的控制；

3）对采购产品的验证；

4）入厂验收与保管、使用；

5）建立厂际质量保证体系。

由于用于型号的采购产品种类繁多，为使采购活动在有序和受控的状态下进行，避免因多头和分散采购造成因管理失控而影响采购产品的质量，因此应由授权的职能部门进行采购。

4.4.2 对供方的评价

采购方对采购的质量控制活动要延伸到供方。因此，采购方应对供方满足合同要求的能力，包括质量保证能力进行评价，选择合格的供方，以确保采购产品能满足要求，减小采购风险。对供方的评价，采购方可根据采购产品的重要程度，采用不同的评价方法，如：

1）对供方的生产能力、人员或质量管理体系状况进行现场评价；

2）对产品样品进行评价；

3）对比类似产品的历史情况；

4）对比类似产品的试验结果；

5）对比其他使用者的使用经验；

6）利用第三方试验机构的评价结果。

采购方在选择供方时，应执行采购定点（如元器件、印制板等）和科研许可证制度，在取得产品科研生产许可证的单位中选择供方。

系统以外单位的定点，要在有关行业主管部门确定的有条件的单位中组织招标，择优定点，并逐步推行科研生产许可证制度。研制、生产单位一旦确定，不得随意变动。如确需变动时，报主管部门批准。

对供方进行评价时，应注意供方按期交货的业绩及其财务状况。尤其涉及价格高、交货期长的合同，如果供方不能按期交付或合同半途而废，将会给采购方带来很大风险。

对供方评价后，应编制合格供方名单，建立供方档案，作为今后选用和采购的依据。对合格供方名单应实施动态管理，根据供方的实际业绩和质量保证能力变化，及时修正。合格供方名单应纳入成套技术资料管理。对合格供方的确认应通知用户或其代表，征得他们的同意。对用户指定的供方也应进行评价。

采购方应根据采购产品的重要性、复杂性、可检查性、标准化程度，以及供方的质量保证能力及提供产品的质量业绩等因素，通过合同确定对供方的控制类型和程度，如：

1）派出常驻或流动的质量代表；

2）定期或不定期对供方进行监督检查或审核；

3）设监督点对关键工序或特殊过程进行监督检查；

4）可以由采购方与用户一起到供方实施联合最终验收；

5）要求供方提供进行产品质量审核、过程控制的记录或产品质量履历书及质量保证大纲；

6)要求供方及时报告设计变更及生产条件的重大变更情况。

采购方应保存合格供方质量记录，作为供方档案的一部分。这些记录是追溯采购产品质量和评定供方质量保证能力的重要证明材料。

4.4.3　采购文件

采购文件是明确采购技术要求的文件，是采购产品的依据。在采购文件中应明确、完整地全面说明订购产品的有关信息。采购文件一般包括采购清单、采购计划以及采购合同等。采购文件发放前应经审批。

采购文件的内容可根据采购产品特点、重要程度，包括如下部分要求或全部要求：

1)产品类别、形式、等级或其他标识方法。

2)规范、图样和检验规程等的名称和适用版本，说明是采用国家标准、行业标准，还是企业标准作为交货依据和验收条件，还应包括一些特殊质量要求及专门的技术要求等。

如采购方把有关键特性和重要特性的过程或关键工序分包给供方，则应将采购方相应的控制要求传递给供方，以确保这些过程能得到有效的质量控制，同时也确保在验收时已无法验证的特性，已由供方进行了充分的质量控制。

3)质量保证要求，即质量管理体系要求，以及其他质量保证要求等。

采购方在签订合同或订单时，还要考虑对采购产品的特殊检验和试验要求，如对半导体器件进行的破坏性物理分析、颗粒噪声检验，对火工品进行的射线检查，对标准紧固件的验证等，应按相应的产品技术与管理标准、法规的规定，在合同或订单中明确这些质量控制要求。

采购方需采购进口材料、元器件等基础配套产品时，应按照相应标准的要求，对采购产品的质量要求、性能指标和采购渠道进行充分的论证。对国外供方或中间商的质量保证能力和资信进行评价，并要经过批准。使用前必须经过严格的检验测试，全面掌握其功能、使用条件和接口关系，按规定进行控制。

4.4.4　采购产品的验证

采购产品的验证是控制采购质量的又一重要环节。对采购产品的验证可依据产品的性质，以及供方的质量保证能力，采用不同的验证方法。

当采购方需要到供方货源处验证时，应在采购合同中予以规定，明确在何时、以何种方式进行验证，以及产品放行必备的条件。

对于关键的采购产品，即对最终产品质量影响重大的，或涉及到产品安全性的采购产品，采购方应严加控制。除提出质量管理体系要求外，还可以派出常驻或流动的质量验收代表，对采购产品生产过程进行监督和控制。

4.4.5 入厂检验与保管使用

(1)入厂检验：

1)一般情况下，采购品未经检验不得入库；

2)应按相关的程序实施入厂检验；

3)对检验不合格的采购品，应按不合格品处理程序处理；

4)保持进货质量记录。

(2)采购品的保管和使用

建立严格的采购品保管制度，对入库、保管、发放的每个环节进行有效控制。

1)对保管人员进行培训、考核，做到应知应会；

2)未经验收和不合格的采购品不得入库；

3)存放场地的环境条件应满足安全、可靠、不变质和其他特殊要求；

4)分类保管，分清批次；

5)账、物、卡相符；

6)需油封或需采取其他防护措施的，应按规定执行，并定期检查；

7)对有保存期的采购品，应“先进先出”，保证在其有效期内使用；

8)出库时应有合格标记或证明文件。

在使用过程中应特别注意：

1)凡投入使用的采购品必须具有合格标志或质量证明文件，未经复验证明合格的器材不能投入使用；

2)有特殊需要的采购品，在使用前按规定进行检验，合格后方可投入使用；

3)代料时，必须按规定办理审批手续；

4)采购品在使用中出现的质量问题，应进行分析、研究，进行技术鉴定；

5)与供方就采购品在使用过程中出现的质量问题建立有效的信息反馈制度；

6)建立质量记录，定期统计分析，为采购品的质量追溯和改进提供依据。

4.5 生产质量管理

4.5.1 试制质量控制

(1)生产策划

根据产品不同特点，生产方应对生产保证进行策划，一般按人、机、料、法、环、测六个方面进行设想和论证，对产品生产保障能力进行评估，对可能产生的风险进行分析并提出解决措施。

生产方应制定生产计划流程，策划工艺总方案、工艺说明书、关重件和关键工序、特种(殊)工艺、新工艺和新技术、新材料和新设备、大型和复杂工装及非标设备、批量生产的工序能力等质量控制节点和初步的要求。具体策划可参照如下。

①工艺总方案策划

工艺总方案的策划，主要有对产品特点、结构和特性要求的工艺进行工艺分析；进行满足产品设计要求和保证制造质量的分析；对产品制造分工路线进行分析；对工艺薄弱环节的技术措施分析并制定计划；对工艺装备、试验和检测设备，以及产品数控加工和检测软件的选择、鉴定原则和方案进行分析；对工艺(文件、要素、装备、术语和符号等)标准化程度进行分析；确定材料消耗定额及控制原则；确定工艺总方案的判别准则和动态管理要求；明确制造过程中产品技术状态的控制要求。

②工艺说明书策划

工艺说明书的策划，主要有对产品制造的工艺流程可行性，工艺参数和工艺控制要求的正确性、合理性、可行性论证；对资源、环境条件目前尚不能适应要求所采取的相应措施进行可行性、有效性分析；对从事操作、检验人员的资格提出控制要求；提出产品相关文件和其他管理文件的完整、正确、统一、协调性要求；提出文件及其更改履行审批程序和状态更改控制要求。

③关键件、重要件、关键工序工艺文件策划

关键件、重要件、关键工序工艺文件的策划，主要有对关键工序确定的正确性及关键工序目录的完整性提出要求；提出关重件、关键工序的工艺文件标记要求，以及质量控制点和强制检验点设置要求；提出关重件、关键工序的工艺流程和方法以及质量控制要求；对关键工序技术难点攻关措施进行可行性、有效性分析；提出关重件、关键工序工艺文件的更改的验证和审批程序要求。

④特种(殊)工艺文件策划

特种(殊)工艺一般是指一些生产和服务提供过程所形成的产品或服务特性，不能由过程结束时的监视或测量、检验来验证是否达到输出要求，其问题可能在后续的生产和服务过程，乃至在产品使用或服务已交付之后才能显现出来。

特种(殊)工艺一般指化学、冶金、生物、光学、声学、电子和放射性等工艺。在一般机械行业，特种(殊)工艺包括锻造、铸造、表面处理(包括涂漆)、热处理、焊接、胶接、复合材料制造、装药、橡胶件(非金属)等专业领域中的某些工序或工艺。

特种(殊)工艺文件的策划主要有对特种(殊)工艺的必要性和可行性进行分析；对特种(殊)工艺流程、工艺参数和工艺控制提出要求；提出特种(殊)工艺试验和检测的项目、要求及方法；对工艺文件与质量管理体系程序的协调一致性提出要求；对特种(殊)工艺的技术攻关措施的可行性、有效性进行分析；对特种(殊)工艺参数的更改提出控制和审批程序的要求。

⑤对采用新工艺、新技术、新材料、新设备策划

对采用新工艺、新技术、新材料、新设备的策划，主要有对新工艺、新技术的必要性和可行性进行分析，对应用和选用新材料、新设备的适用性进行分析；对新工艺、新技

术、新设备提出鉴定要求；对检测、试验、验证，符合规定证明和原始记录提出要求；对采用新工艺、新技术、新材料、新设备提出必要的质量控制要求和实施措施；对操作、检验人员提出要求。

⑥大型、复杂工装及非标设备的工艺性策划

大型、复杂工装及非标设备的工艺性的策划，主要有对设计方案满足工装(非标设备)技术要求的程度进行分析；对设计方案的技术先进性、可行性和经济合理性进行分析；对设计的通用化、系列化和组合化程度进行分析；对设计的技术协调性、继承性、安全性、维修性进行分析，并提出建议；对设备的功能、生产工艺性及可靠性提出要求；对所选用的原材料、元器件、成品件进行技术标准的符合性评价，并从工艺角度提出建议；对设计文件应符合有关工装管理制度提出要求。

⑦批量生产的工序能力策划

批量生产的工序能力的策划，主要有对批量生产的工序能力保障进行分析；对影响产品质量稳定性的工序因素(人、机、料、法、环、测)的控制提出要求；对工序控制点精度保证及质量稳定要求的能力进行分析和要求；对关键工序及薄弱环节工序能力的测算及验证提出要求；对工序统计质量控制方法的有效性和可行性提出要求。

(2)生产工艺文件建立

产品在完成工艺性审查和设计评审后应及时建立工艺准备文件。在按型号产品研制需要下，提出工艺技术改造方案和工艺攻关计划；确定为实现设计要求提出先进的和经济的工艺可行性方案并进行工艺总方案评审；进行工艺文件的编制、发放和保存，并按要求进行工艺文件的完整性审查工作。

(3)生产状态控制

1)设计文件进行工艺会签设计后，可以进行备料与工艺文件的编制，但工艺文件须等正式生效的设计文件下发后方可发出用于指导生产；

2)所有设计技术状态的更改，必须严格按照设计文件(更改单、技术通知单等)内容，纳入相应的工艺文件中。更改单、技术通知单等文件中应对在制品和已制品作出相应的处理意见，对在制品和已制品的处理应编制相应的工艺文件指导生产。

3)生产单位应组织对技术通知单和更改单的落实情况进行跟踪、检查，确保技术通知单和更改单的内容均得到落实。

4)生产过程中出现的需状态协调、实物处理的情形，采用“信息反馈单”的形式进行处理；图纸、工艺文件不明确等问题采用“质疑单”处理。“信息反馈单”、“质疑单”不能作为最终产品的检验依据，只能在受理内容转化为相应的技术文件后，检验人员才能开出零件、部件和整机的合格证。

(4)关键工序控制

根据“关键件、重要件汇总表”、“特性分类分析报告”、图纸和产品生产需要确定关键工序，编制“产品关键工序明细表”，对规定的关键工序制定并实施专门的程序和控制措施。

根据产品生产需要提出关键项目，制定质量控制要求，编制相应的技术文件和质量控制表，对关键项目实施专门的质量控制，并规定关键工序详细记录内容和记录保存要求。

(5)特殊过程控制

特殊过程一般指表面处理(包括涂漆)、热处理、焊接、胶接、复合材料制造、装药、橡胶件等专业领域的工序或工艺。特殊过程所需的设备、工艺介质和工作环境必须鉴定合格。人员应经过专门的岗位培训，并持证上岗。对特殊过程的控制，应制定并实施专门的程序和控制措施。特殊过程控制应包括：

1)操作人员应持证上岗，并定期复训；

2)特殊过程操作者生产前必须对所用的工艺设备、仪器、仪表进行检查，确认其合格后方能进行操作；

3)特殊过程操作者生产前必须对所有材料进行检查，并将检查结果填入过程记录表，在确认其质量无问题时方能使用；

4)特殊过程操作者生产前必须对特殊过程操作环境进行检查，并将检查结果填入过程记录表，在确认满足工艺要求后，方可进行操作；

5)对工艺文件中规定的一些生产的工艺样件，必须按要求制作、检验，形成的检验报告随本批过程记录一同保存备查；

6)特殊过程形成的各项参数不符合工艺或技术条件要求的，检验人员应要求操作者写出书面情况说明报告，由工艺人员写出对产品质量影响的分析报告和处理意见，由主管设计师签署意见，并报经该型号本单位技术负责人审批；

7)特殊过程必须执行“批次管理”，做到每批产品标记清楚、记录完整。所有记录和有关报告均应按文件归档要求执行。

(6)生产装配和设备控制(仪器仪表)

1)装配所需技术文件必须在装配开始前齐套、有效，包括：设计文件、工艺文件和技术要求等。

2)待装产品已完成交付验收并齐套，合格证明文件齐全，对不符合技术要求的产品已按规定进行了评审和处理，质量问题已归零。配套软件经过鉴定确认符合使用要求。所需工具、设备、测试仪器已按规定配备齐全，有规定的合格证明，处于检定周期内。

3)对装配准备情况应进行检查或审查，装配的环境应符合规定的要求，对温度、湿度、洁净度和防污染及安全等均应进行检查或鉴定。

4)装配人员应持证上岗并严格执行岗位责任制，并由设计、工艺人员对操作、检验人员进行培训和技术交底，应确保有关人员能够掌握相关的图样、工艺、技术文件及操作规程。

5)装配时仔细检查产品外观质量，认真核对产品证明文件，确保实物状态清楚，检验人员应进行现场巡检，强制性检验点应保持相关记录。

6)装配好的产品或总装更换产品，必须有签署完整的更改单或技术通知单方可执行。

执行完成后必须形成记录，相关人员签章确认。

（7）生产制造控制

1）生产前须经生产准备评审，对影响工序质量的人员、设备、器材、方法和环境实施有效的控制。

2）应确保生产场地清洁整齐，符合有关文明生产要求。管理部门应负责对生产场地文明生产制度执行情况进行检查和监督。

3）生产中使用的各类计量器具、通用仪表和专用测试设备，必须定期进行检定和校准，保证处于良好工作状态。

4）产品在加工工序间的周转与运输，必须备有安全可靠的储运器具，防止因储运不当而损伤产品，对易腐、易锈和有防静电要求的产品，应制定相应的防腐、防锈和防静电措施并严格执行。

5）在生产过程中，涉及到易燃、易爆、有毒和有害的产品、工序、设备，在工艺文件、操作细则中必须要落实有效的防范措施。

6）生产中使用的图纸、文件应为有效版本。设计人员要密切配合生产，及时处理生产中的有关技术问题，杜绝批次性报废。

7）批生产的配套物资和产品的管理要做到五清六分批，即批次清、原始情况清、质量记录清、炉批号清、数量清，分批投入、分批加工、分批转制、分批入库、分批装配、分批出产。

（8）生产环境控制

1）生产环境控制对产品生产起到重要作用。在产品设计文件中应明确生产环境要求，包括温度、湿度和洁净度，同时对于生产环境的污染源也应提出要求，包括多余物、气污染、电磁波和电子干扰等。

2）根据图样、规范、程序和作业指导书等文件要求，确保生产现场达到和满足要求，同时对污染敏感的产品的制造、装配制定专门的控制方法和预防措施，并应在具有相应洁净度要求的环境中进行检验和试验。

3）加强生产现场管理，开展以整理、整顿、清洁、规范、素养、安全（简称“6S”）为主要内容的生产管理活动。

4.5.2 检验质量控制

（1）检验文件控制

产品承制单位应制定并执行检验活动过程控制的文件，以验证产品是否满足规定的要求。同时在质量保证大纲或实施细则中进行检验策划，在生产文件中确定检验点，明确强制性检验点。

产品承制单位应编制检验文件和检验规程。在检验文件中应明确规定各项检验活动的要求、内容、职责和程序，以及对产品质量特性的补充要求和保证检验质量所需采取的措施等；检验规程一般应包括检验项目和特性、检验基准、测量精度和方法、检验设备和环境、判定方法和原则、检验记录和报告的内容与格式要求等。

(2)检验过程控制

在产品加工、制造和装配期间，应按检验策划所形成的文件进行工序检验。实行首件鉴定和三检制即自检、互检和专检，防止错检、漏检。执行工序交接质量控制，不合格品处理，工序间拒付拒收等制度。未经检验或检验不合格的产品不得转入下道工序。下道工序生产者对上道工序负有监督责任。

未经过检验工序开具合格证明的产品，不得将产品放行。除非有可靠追回程序时才可放行，同时必须办理由升一级批准的放行手续。

(3)检验印章管理

产品承制单位应制定并执行检验印章控制程序文件，以保证检验印章的正确使用。检验印章应由质量检验部门统一设计、编号、注册、建档和发放，并定期检查。

(4)强制性检验

1)强制性检验主要是强制检验点(MIP)的设置，所谓强制检验点是在产品制造、装配和总装过程中，由用户或上级技术抓总单位提出，根据产品特点对特定环节所设立的检验和试验，称为强制检验点。

2)强制检验点的设置要求应由用户或上级技术抓总单位以任务书、产品技术要求、产品保证大纲(质量保证大纲)等书面文件的形式提出并下发到相关研制生产单位并执行。

3)对强制检验点进行检验前必须事先通报用户或上一级技术抓总单位并邀请他们参加，或者有书面协议说明检验可以在他们不参加的情况下进行。

4)一般在以下情况下应考虑设置强制检验点：

a. 当产品的状态最能表现出其质量特性时；

b. 实施关键工序时；

c. 制造顺序的下一步工序处于不可逆的，或下一步工序项目检验时很难分解且代价昂贵的，或下一步工序接近不了检测部位的；

d. 当产品一旦装配到更高一级的组件上，可能由于其失效而损坏高一级组件时；

e. 产品先前失效的经历表明需要进行检验时；

f. 由于制造步骤的关键性或复杂性，可能对最终产品的特性和完整性构成潜在危害时；

g. 当供方无法完成试验或关键的检验时(如供方设施的环境或试验设备不能满足要求)；

h. 当验证试验是破坏性的，并且产品质量不完全由在供方工厂进行的检验或试验得到验证时；

i. 当策划复杂设备或分系统(如有效载荷)的制造、装配、总装和验证时；

j. 较低级别的供方过去的工作成绩或质量历史不十分令人满意；

k. 当项目要进行最终检验时。

5)产品设计中强制性检验点的设置应进行评审，并得到任务书提出方的认可。同时被确认的强制性检验点项目必须作好详细记录和保存，以备提交和检查。

6)产品承制单位应制定有关检验记录程序文件，规定对检验记录进行收集、整理、归档和保存。检验记录应按规定要求准确、完整地填写和签署，并能保证对产品质量具有可追溯性。

4.5.3 不合格品管理控制

不合格品管理控制是产品质量保证的重要工作，在产品研制过程中应严格执行相关的标准和规章制度。

(1)不合格品管理

产品研制单位应根据质量管理体系标准，制定不合格品管理程序和相关不合格品审理系统和审理的规章制度。建立不合格品审理系统，确定不合格品判定准则和不合格品分类，明确不合格品审理与处置控制原则，规定不合格品贮存及返工和返修控制要求，建立不合格品隔离和监督检查控制机制。

(2)建立不合格品审理系统

产品研制单位应建立不合格品审理系统，不合格品审理系统一般由不合格品审理委员会(一级机构)、不合格品审理常设机构(二级机构)和不合格品审理人员(三级机构)组成。

不合格品审理人员应由设计、工艺、质量、生产、采购等有关部门相对固定的人员组成。不合格品审理人员须经人事部门资格确认，应征得派驻单位军事代表或用户代表会签同意，并经最高管理者授权。

(3)不合格品分类

不合格品一般分成两类，一类为严重不合格品，另一类为轻度不合格品。严重不合格品是指下列质量特性之一不能满足规定要求并可能造成严重后果的不合格品：

1)功能特性、使用特性和可操作性；

2)功能接口或物理接口；

3)互换性；

4)形状、重量和重心；

5)关键和重要特性；

6)可靠性、安全性、保障性、维修性；影响人员健康与安全要求等。

严重不合格品以外的不合格品均为轻度不合格品。

(4)不合格品审理与处置控制

产生不合格品后，质量部门或质量人员应组织相关设计、工艺、质量、生产和采购等人员进行初步的原因分析，确定处理级别(一、二或三级)，并组织相应级别的审理机构处理。

①一级不合格品审理

1)一级不合格品审理范围：影响产品主要特性，主要是涉及人身健康、性能指标、产品互换性、可靠性、安全性、保障性、维修性、有效的使用性和可操作性、重量和重要尺寸、关键和重要特性的不合格品，由不合格品审理委员会负责审理。

2)不合格品审理委员会由单位第一责任人授权，一般由产品行政负责人或技术负责人任主任，委员由质量、设计、工艺和生产等有关部门的代表组成。

②二级不合格品审理

1)二级不合格品审理范围：影响产品性能的一般功能特性和物理特性的不合格品，由不合格品审理委员会常设机构组织审理。常设机构一般设在质量管理部门，由质量管理部门领导任组长，组员由质量管理人员组成。

2)质量师组织设计、工艺等人员进行审理，提出处置意见，设计、工艺、质量和主任(或副主任)设计师签署。

③三级不合格品审理

1)三级不合格品审理范围：轻微缺陷(如外观)的不合格品。

2)三级不合格品审理由授权基层质量员或工艺师负责。

④不合格品处置

1)不合格品处置就是处理现有的不合格实体而采取的措施。一般情况对不合格品审理的处置可采取下列方式的一种或几种：

a. 返工：采取措施消除已发现的不合格特性；

b. 返修：对产品进行返修，使其满足预期用途；

c. 让步接收：经有关授权人员批准，必要时经顾客批准，超差直接回用；

d. 拒收或报废：直接采取拒绝验收或产品报废，防止影响整机产品原预期的使用或应用。

2)在不合格品的处置中，要注意“返修”和“返工”的差别。“返修”是指不合格品经再次加工后，不合格的程度有所减轻，能够利用，但仍未达到规定的要求，属于不合格品。“返工”是指不合格品经再次加工后，又达到了规定要求，变成了合格品。

3)在不合格品的处置中，不管是返工、返修、让步接收还是拒收或报废产品，质检部门必须办理不合格品手续和处置过程的跟踪。一般有以下几种方式：

a. 属于返工、返修处理的不合格品，应先办理不合格品处理手续，再由工艺部门编制返修(返工)工艺，返工、返修后检验部门应重新进行检验。检验结果仍不合格时，仍执行不合格品审理和处置手续。属于超差直接利用的不合格品，质检部门必须办理不合格品手续和让步接收手续。一、二级不合格品的让步接收由主任设计师审批，三级不合格品超差回用由主任(主管)质量师审批。

b. 对产品质量特性有重大影响的不合格品(包括关键、重要尺寸或特性)，一般不能办理让步接收手续。如果确实需要办理让步接收手续，则必须将不合格品级别提高一级重新审理。如果要改变原审理结论时，应由单位第一责任人签署书面决定后重新审理。

c. 属于降级使用的不合格品，由责任部门办理产品降级手续后，检验部门开具降级使用的产品合格证。在军工产品研制中一般情况降级的不合格品不能使用在正式产品之中，只能作为模拟件、样机或者试验件。

d. 属于报废的不合格品，应先办理不合格品处理手续，再由检验部门开具“废品单”。废品在进入废品库之前，如需作它用，应经主管质量所领导和使用部门主管所领导批准，方能领用。

e. 对于拒收的采购产品，由物资供应部门退回生产厂家。

f. 当在交付或开始使用后发现产品不合格时，责任单位应负责采取与不合格的影响或潜在影响的程度相适应的纠正或预防措施。

(5)不合格品判定

1)检验人员按照产品图样、设计文件和技术标准的规定检验产品，对产品质量的符合性做出合格或不合格判定；

2)检验人员发现不合格品后，及时对不合格品做出记录、标识和隔离，并填写相关《不合格品处理单》，由质量部门或质量人员组织不合格品审理；

3)未经授权(不合格品审理)的检验员不负责处理不合格品；

4)不合格品的审理结论，仅对当时被审理的不合格品有效，不能作为以后审理不合格品的依据，也不影响顾客对产品的判定。

(6)不合格品标识与隔离控制

1)待处理的不合格品，由检验员在不合格品上挂“不合格品”标签；

2)超差可利用的不合格品，由检验部门挂“让步接收证”；

3)降级使用不合格品，由检验部门挂降级的合格证；

4)废品以符号“×”在产品上标识，“×”字可用红色油漆或钢印；

5)不宜标识的实物，应在其包装上进行标识，并注明数量；

6)不合格品由检验部门负责与合格品分开放置。小件不合格品放在他人无法获取的专用柜或箱内并加锁；大件不合格品(尺寸大、笨重)应在其上做出明显的不易去掉的标记，并在规定的区域存放。所有废品均应及时送往废品库处理。

(7)不合格品记录控制

1)检验员在发现不合格品后，应在不合格品手续单中注明不合格品特征的详细记录，一般要写明产品要求内容、产品实际测量内容以及不合格特征结果。责任部门应对产生不合格原因进行分析，提出纠正措施，并在手续单中记录供审理机构审理。

2)不合格品审理机构对不合格品进行审理，对提出的纠正措施进行评判，对提出的建议进行确认。审理机构有权否决责任部门的建议，对不合格品给出处理结论，并在不合格品手续单中注明并签署。

3)检验员根据不合格品处理意见，分别办理让步接收、返工、返修和报废手续，并按规定的手续单进行记录。同时做好不合格品返工、返修和重新检验情况的记录；所有的不合格品记录，包括不合格品处理、让步接收以及返工、返修的重新检验记录等应整理分类保存，纳入产品质量档案备查。

4.5.4　产品交付控制

产品应在检验、试验并经评审确认其符合设计技术指标和合同规定内容要求后方可提交用户验收。交付时应提供相应的产品合格证明文件，必要时提供产品检验、试验结果及质量问题故障归零情况文件资料。用户有要求时还应提供有关最终产品技术状态更改执行和用户要求项目内容的落实情况。

产品交接应填写交付产品交接记录。

产品交付后，应按有关规定对用户进行必要的技术培训，进行用户走访，开展售后服务工作。

4.6　试验质量管理

航天产品质量的优劣，设计是关键，生产是保证，试验是检验，三者缺一不可。试验是检查和验证原理设计、工程设计、工艺制造能否满足研制任务书和合同要求的一个重要手段，也是改进、完善设计和制造质量的客观依据。试验工作质量的优劣，试验结论的正确与否，将对整个研制质量产生直接影响，特别是对一些技术要求高、接口部位多、参试设备多、参试单位多、耗资巨大的大型地面试验和飞行试验，更要加强试验质量管理。否则，试验失败有可能延误几年的研制周期，也有可能终止合同、导致型号下马，不仅造成巨大的经济损失，而且会在政治上、国际上带来无法挽回的影响，在这方面有过不少沉痛的教训。所以说，必须要加强试验质量管理，确保试验全过程的每一阶段、每一环节质量都受控，这是试验成功的基本保证。

4.6.1　试验质量管理概述

(1) 航天产品试验分类

根据航天产品试验工作的特点，可以分为地面试验和飞行试验两大类。

①地面试验

在地面试验中，又有不同的分类方法。

1) 按产品级别可分为：

a. 元器件、原材料、零组件级试验；

b. 仪器设备及组合件级试验；

c. 分系统级试验；

d. 全系统级试验。

2) 按试验目的可分为：

a. 验证性试验；

b. 鉴定性试验。

3)按试验规模可分为：

a. 一般试验；

b. 大型试验。

②飞行试验

根据飞行试验的目的可分为：

1)验证性飞行试验；

2)鉴定性飞行试验；

3)批抽检飞行试验。

航天产品的试验种类很多，根据不同情况还有其他的分类方法。

(2)试验质量管理的一般原则

1)试验质量管理必须立足于“一次成功”，坚持“质量第一”、“安全第一”、“严肃认真、周到细致、稳妥可靠、万无一失”的指导思想。按 GJB 1452《大型试验质量管理要求》、QJ 2937《卫星大型试验质量管理要求》执行。

2)试验质量管理一般分为三个阶段进行：试验准备阶段、试验实施阶段和试验总结阶段。前一试验阶段的质量要求未达到，不得转入下一试验阶段。试验全过程的所有环节，质量都必须受控。

3)预防为主，周密计划，做好试验准备，及早消除隐患，对可能发生的意外情况，制定应急对策。

4)实施系统管理。大型试验要从组织、工作、职责、制度上建立严密的质量保证体系，健全质量信息网络和故障报告、分析和纠正措施系统。

5)实施规范化管理，制定并严格执行试验大纲、试验计划、试验程序、试验规范和试验操作细则，杜绝人为随意性。

4.6.2　试验准备阶段的质量管理

(1)试验使用文件的质量控制

1)质量控制要求：试验使用文件必须配套齐全，统一协调，签署完整，与产品的技术状态一致。

2)试验使用文件一般包括：试验任务书、试验大纲、试验技术条件或技术要求、试验操作细则、配套表、技术说明书、使用说明书、试验使用图纸、试验质量保证大纲或措施、试验安全保证措施等。对于飞行试验，应按《航天型号产品通用放行准则》由分系统及总体分别编制出厂放行准则和靶场工作阶段放行准则。由于试验的目的、类型、级别、复杂程度不同，所需要的试验使用文件也不相同，应视具体试验项目确定。

(2)参试产品的质量控制

1)根据试验任务书、试验大纲和产品配套表的要求，参试产品及其专用工具、测试设备必须配套齐全。

2)参试产品的技术状态应该与试验大纲的规定相一致。

3)参试产品必须具有填写完整、符合规定要求的产品证明书和产品质量履历书。

4)参加飞行试验的产品，其同批产品的例行(典型)试验或抽检试验必须合格，并且通过了出厂前的产品质量评审。不允许产品带有未归零的质量问题和隐患参加飞行试验。

5)参试产品应按产品配套清单、质量证明文件和规定的项目，进行产品检查和验收，并办理交接手续。发现问题，应做好记录。

(3)参试仪器设备、计量器具的质量控制

1)试验用仪器设备必须经检定(校准)合格，并有醒目的合格标志及检定(校准)证书；

2)计量器具、测试仪器必须在检定(校准)合格的有效期内；

3)发生故障经维修后的仪器设备，需重新检定(校准)，合格后方可使用；

4)测试仪器的精度，必须满足测试参数的要求；

5)一次性使用的测试仪器设备，试验前实行强制检定。

(4)参试人员的质量控制

1)在试验前必须做好组织落实工作，组建试验队伍，建立严格的岗位责任制，明确所有参试人员的岗位职责和接口关系，做到分工明确，各负其责。

2)对负责试验计划调度、质量和安全等机关职能部门的管理人员，必须明确其职责，做好试验各阶段的组织管理和监督工作，使试验质量保证大纲、安全保证措施及计划流程得以落实。试验人员应具备必要的技术素质，对大型试验和关键岗位的参试人员一定要进行技术培训和资格考核，考核合格后方可上岗。

3)对参试人员要进行质量教育，提高质量意识，增强事业心和责任感，以优良的工作质量保证试验的圆满完成。

(5)开展质量问题“双想”活动

在试验开始前，组织参试人员开展“双想”(回想、预想)活动：回想以前试验中出现过的质量问题是否已经彻底解决，是否留有疑点和隐患；预想本次试验中可能发生的问题，特别是影响试验成败及损失巨大的质量问题，要制定预防措施，做到有备无患。

(6)组织质量复查

参加大型试验的产品在出厂交付前要进行质量复查。在试验进行过程中，特别是转试验阶段时，要适时组织质量复查。

进行飞行试验任务的型号还应进行测试覆盖性复查，原则上地面测试要覆盖飞行状态，出厂前的各项试验、测试要覆盖靶场测试项目。凡出厂前能采取措施进行测试的，应创造条件进行直接验证，对出厂后不能进行测试的项目应增加旁证测试项目。对上述二项均无法进行的，应在出厂前进行充分的理论分析，确保产品出厂后不出问题。

(7)组织试验前准备状态检查(评审)

试验准备工作结束后，由试验实施单位会同参试单位组织试验前准备状态检查(评审）。检查（评审）的主要内容：

1）试验使用文件的配套情况；

2）参试产品的状态；

3）试验设备的状态；

4）测试系统的状态；

5）操作、指令系统的状态；

6）技术保障及安全措施；

7）试验环境条件；

8）故障处置与应急预案；

9）参试人员的资格审查；

10）后勤保障措施。

检查的各项内容都符合规定要求，则检查（评审）通过，经试验主管领导批准后，可进入试验实施阶段。若有的项目检查不合格，则应限期纠正，待重新检查合格后方可试验。

检查（评审）要有记录，检查（评审）组成员要在记录上签名。检查一定要认真仔细，切不可马虎走过场，否则会带来意想不到的严重后果。

4.6.3 试验实施阶段的质量管理

（1）坚持岗位责任制，明确质量职责

1）试验现场的各项操作，都必须定岗位、定人员、定职责、定协同关系、定仪器设备。试验的关键岗位设“双岗”或“三岗”。

2）操作人员要做到“五不准”：任务不明、设备有故障、准备工作未完、协调不明、口令不清不准操作。

3）操作人员在完成关键操作项目时，要进行自检、校检和复检。

4）在非正常工序（排故、查故）的操作之前，应编写技术文件，明确操作步骤、方法和技术要求，分工要清楚，并经主管领导批准后才能进行。

（2）严格技术状态控制

1）试验应严格执行试验程序，按照操作规程或操作细则进行。在试验过程中，不得随意修改试验使用文件，如确需改动，必须履行规定的更改手续。由主管设计人员提出更改文件，经必要的试验证明修改无误时，经有关单位会签，并按规定程序审批后，方可执行修改后的文件。

2）在试验测试过程中，如需要更换设备或更改技术状态，应由主管单位提出报告，经试验主管技术领导批准。换上的设备必须与被更换的设备技术状态相同，且经单元测试合格。技术状态更改后，需经过必要的试验，证明其技术性能满足设计要求、接口协调。

3）因故障必须在试验现场开封检修的产品，必须经过试验主管领导批准。开封检修应由原生产单位负责，检修后经重新检验合格，并经必要的试验证明无误后，方可继续使用。

4)参试产品的个别技术指标超出技术要求需申请超差使用时，必须按规定办理技术通知单，经有关单位会签，由设计师系统主管领导审批。重要的技术指标超差，需经总(副总)设计师批准后方可使用。

(3)故障报告、分析与纠正措施

试验过程中若出现故障或异常现象，应做到：

1)一般情况应暂停工作，保持状态。若保持状态有可能使故障继续扩大，并造成严重后果时，应采取紧急措施。

2)及时向主管领导报告。

3)分析查找故障原因。

4)采取纠正措施，故障排除后方可继续试验。

5)填写质量问题登记表，编写质量问题归零报告。

(4)试验记录

1)试验测试过程中，应将测试结果、异常现象及排除故障的措施等详细记录在专用试验记录簿上。不得将试验原始数据记在个人的笔记本上或随意找来的其他纸上。

2)试验记录簿的填写应字迹清楚、数据准确、结论明确并经主管人员签字。

3)原始记录不得随意涂改。

4.6.4　试验总结阶段的质量管理

(1)参试产品回收、分解及分析

参加大型地面试验的产品，经过试验后产品状态如何，要按照试验大纲的要求做详细的检查(测试)，有的产品还要分解检查内部变化情况。对检查、分解工作，要做好详细记录，发现的问题，要组织有关人员进行分析，找出确切的原因，加以改进。

(2)试验设备的撤收、维护和保管

试验结束后，应将参加试验的各项试验设备按有关文件进行撤收、维护和保养，并在规定环境条件下保管，使设备处于良好状态，准备再次使用。

对于出现故障的试验设备，应及时返修。返修后应重新检验合格，才允许投入使用。

(3)试验结果分析与试验总结报告

1)试验结束后，应及时汇集、整理试验记录，保证试验数据的完整性和准确性。

2)对试验结果进行认真、全面的分析，按照试验大纲规定的判别标准，做出试验结论。

3)组织编写试验总结报告，报告的主要内容如下：

a. 试验目的；

b. 参试产品技术状态；

c. 试验实施方案；

d. 试验测试概况及出现问题的原因分析和处理结果；

e. 试验结果分析；

f. 对试验结果的评价；

g. 试验结论。

(4)质量信息反馈及质量问题归零

1)对试验过程中出现的质量问题，试验质量管理人员应进行登记、整理、统计和分析，并向责任单位进行反馈。

2)责任单位应按中国航天科技集团公司提出的质量问题归零标准，做好质量问题归零工作，并编写质量问题归零报告。

(5)试验质量审查或评审

试验结束后，应对试验工作组织审查或评审。审查试验是否达到了试验任务书和试验大纲规定的要求，这是对试验全过程的质量、技术和管理的总评价。

对审查或评审中的遗留问题，应责成责任单位在规定的期限内完成归零工作，主管机关应做好跟踪管理。

(6)试验资料归档

1)对试验过程中的原始记录要进行归纳和整理，并形成文字资料归档。

2)对试验过程中使用的技术通知单和其他临时性文件，应及时整理和归档，并按规定要求将其内容反映到相应的图纸和技术文件中去，以保持文文一致，文实相符。

3)试验结束后应及时对各种试验资料进行归档。

参 考 文 献

[1] 天科宇[2008]00898 关于印发《中国航天科技集团公司卫星研制程序》的通知.

[2] 天科宇[2008]00896 关于印发《中国航天科技集团公司运载火箭研制程序》的通知.

[3] Q/QJA 128—2013《多管火箭武器系统研制程序》.

[4] Q/QJA 140—2013《无人机系统研制程序》.

[5] Q/QJA 147—2013《宇航通用单机产品研制程序》.

[6] Q/QJA 208—2014《固体火箭发动机喉衬用碳/碳复合材料研制程序》.

[7] Q/QJA 242—2014《地地战术导弹固体火箭发动机研制程序》.

[8]李世维，等．航天班组长质量培训教材[M]．北京：中国宇航出版社，2004.

[9] 国防科技工业质量与可靠性研究中心．国防科技工业型号两总质量与可靠性培训教材．

第 5 章　质量监督

5.1　质量监督概述

国家军用标准 GJB 1405A—2006《装备质量管理术语》对“质量监督”的定义为：“为了确保满足规定的要求，对组织、过程和产品的状况进行监视、验证、分析和督促的活动。”该定义明确了质量监督的目的是为了满足规定的要求。质量监督的对象包括组织、过程和产品，质量监督的方式方法包括监视、验证、分析和督促。

5.1.1　质量监督分类

一般而言，质量监督主要包括以下三种分类方式：

(1)按照监督主体的不同分类

按照监督主体的不同，质量监督可以分为：第一方监督，第二方监督和第三方监督。

1)第一方监督，也称内部监督，是承制单位为确保所生产的产品质量所采取的自我监督。由于这种类型的监督由承制单位或系统内部自己完成，所以称为第一方监督。承制单位是军工产品质量责任的主体，其质量监督能从源头上直接预防和控制不合格品的产生。

2)第二方监督，也称用户监督，是用户为确保产品满足使用要求所实施的质量监督。由于这种类型的监督由用户组织实施，所以称为第二方监督。

3)第三方监督，由独立于承制单位和用户的外部实施的对企业及其产品与研制过程的监督，包括政府监督、社会监督和舆论监督等。其中，政府监督是政府部门按照法律法规实施的一种行政监督，具有强制性、公正性和权威性，在第三方监督中居于主导地位。

(2)按照监督对象的不同分类

按照监督对象的不同，质量监督可以分为：对产品的监督，对过程的监督，对组织的监督。

1)对产品的监督，即是对产品实物的质量特性是否满足要求和产品质量水平的现状情况与趋势进行的监督，如产品质量认证、产品抽样检验等。

2)对过程的监督，即是对产品研制生产过程各个阶段的质量控制情况进行的监督，如阶段质量评审、科研生产管理评估、风险分析与评价等。

3)对组织的监督，即是对组织的质量管理工作及质量管理体系的运行情况进行的监督，如质量管理体系评估、实验室认可等。

(3)按照监督时机选择的不同分类

按照监督时机选择的不同，质量监督可以分为：跟踪监督、节点监督和随机监督。

1）跟踪监督，即是对组织、过程和产品的长期或一段时期的质量情况进行持续地监督。一般情况下，跟踪监督要根据监督目的、要求和监督对象的情况，按照不同的频率开展执行，在保证监督效果的基础上实现最高效率。

2）节点监督，即是在军工产品研制生产全寿命过程中，在固定的时期与节点，按一定的规律开展的质量监督。节点监督可以在产品研制生产的重要阶段对前期质量工作、质量问题进行集中审核检查，确保重要节点后不再有遗留问题。节点监督的节点选择非常重要。

3）随机监督，即是指监督主体根据不同的目的和需要，不定期地开展的质量监督。随机监督的主要特点即是随机性，它不是持续、长期的监督，也不是在规定的节点按一定规律开展的监督，多数是在发生重大质量问题或有重大变化时开展的临时性措施。

5.1.2　质量监督的要素

质量监督一般由监督主体、目标、依据、对象、方式和资源等要素构成。

（1）质量监督的主体

质量监督主体分为第一方、第二方和第三方。第一方是指提供产品的组织或个人，即承制单位；第二方是指接受产品的组织，即军队用户等；第三方是既独立于供方、又独立于用户的组织或个人，主要是指国防科技工业主管部门及其授权设立的监督机构等。

（2）质量监督的目标

质量监督的目的是：确保武器装备质量，提升质量保证核心能力，提高武器装备整体科研生产质量效益。不仅是为确保某一型号的质量，更主要的是通过跨型号、跨行业的监督，提升整体质量保证能力，促进武器装备建设的科学发展。

（3）质量监督的依据

质量监督的主要依据是《武器装备质量管理条例》等法规和部门规章，以及国家军用标准等。

（4）质量监督的对象

质量监督的对象包括：武器装备各层次产品，研制生产过程，质量管理体系、质量专业人员、实验室等质量保证能力等。

（5）质量监督的资源

质量监督所需的主要资源有：质量技术监督机构、质量与可靠性检测技术、质量监督专业队伍、检测试验与分析手段、质量与可靠性数据信息等。

5.1.3　质量监督的主要任务

质量监督的主要任务是分别开展对过程、产品和组织（体系）的质量监督工作。

对过程的质量监督是指对军工产品论证、设计、生产、试验、交付、定型和售后服务等全过程的质量监督，包括对质量问题归零、重大质量事故等具体过程的监督以及评估、评审和检查等具体的监督方式方法。

对产品的质量监督是指对武器装备、重大科技专项、军贸产品和配套产品的质量监督。包括系统、分系统、设备、单机、通用零部件、元器件和原材料产品等全系统产品的质量监督，以及产品认证与检测等具体的监督方式方法。

对组织(体系)的质量监督是指对军工集团公司、军工产品承制单位、配套单位(含民口配套单位)的组织管理、人员队伍、设备资源、手段方法的全方位质量监督。包括体系认证、实验室认可、人员认证、合格供应商管理、质量奖励与责任追究等监督的方式方法。

5.1.4 质量监督方式

质量监督的方式主要有监视、验证、分析和督促等，结合实际采取适当的方法，如按验收的实际可采用跟踪监督、节点监督和随机监督等，利用验证方式的监督可采用现场、试验、提供客观的证据，按照监督对象不同实施监督，其主要的程序和做法如下：

(1)制定监督检查方案

由主管部门或单位制定监督检查方案，明确监督检查目的、对象、要点和时间，并下发监督检查通知。

(2)成立监督检查专家队伍

根据监督检查的对象，选取行业内质量管理相关专家，成立专家队伍，明确监督检查工作纪律要求，并针对质量监督检查要求进行相关培训。

(3)开展监督检查

主要有书面检查和现场检查两种方式，书面检查是指对承制单位上报的自查报告或情况说明进行审查；现场检查是指现场对承制单位质量管理体系、产品质量进行检查。

(4)综合汇总分析和报告

对检查结果进行汇总，对存在的问题分析原因，列出质量好的和差的典型事例，进行综合分析，提出改进质量的建议和监督检查最终结论。

(5)检查问题的处理

处理主要包括两方面内容，一是对监督检查中违反法律、法规的，依法进行处罚，包括：通报、曝光、整改复查、行政处罚等；二是进行督导、帮助，促进承制单位改进产品质量。

5.2 质量监督代表制度

集团公司建立了质量监督代表制度，在各院设立质量监督代表室，按权限派驻质量监督代表，代表集团公司负责实施对被派驻单位型号研制生产质量的监督工作。派驻质量监督代表制度是独立于型号研制生产系统的外部监督，是集团公司质量管理体系的重要组成部分。

5.2.1　质量监督代表职务设置与任免

质量监督代表室由质量监督总代表 1 人、副总代表 1 ~ 3 人和代表若干人组成。质量监督代表实行聘任制，质量监督总代表由集团公司选聘；副总代表由各院提名，经集团公司审核批准并予以聘任；代表由各院聘任，并报集团公司质量主管部门备案。质量监督代表应具有良好的政治素质，坚持原则、秉公办事、团结协作，身体健康；熟悉型号产品研制程序，掌握质量管理专业知识，能够按照集团公司有关规章、制度独立履行质量监督职责；质量监督代表年龄原则上不超过 65 岁，因工作特殊需要可适当放宽。质量监督代表的聘期为 2 年，聘任期满，职务自行解除。质量监督代表任职期间，因考核不合格或因身体状况等其他原因不能正常履行岗位职责的，按聘任权限及程序办理解聘。

5.2.2　质量监督代表职责

质量监督代表履行以下职责：

1) 质量监督代表室对集团公司和被派驻单位负责。根据集团公司和派驻单位有关型号研制管理规范、标准、质量文件和技术文件等，监督、评价被监督型号产品质量和被派驻单位质量工作情况；帮助和督促被派驻单位质量工作的持续改进。

2) 负责监督被派驻单位以及重点所(厂)和重点型号两总系统执行有关质量法规、管理规章的情况。

3) 负责对被监督型号产品的设计、生产和试验过程的质量进行跟踪监督，对以下内容进行检查或抽查：

a. 质量问题归零情况。

b. 技术状态受控情况。

c. 技术评审遗留问题落实情况。

d. 产品出厂验收、评审遗留问题及待办事项落实情况。

e. 型号出厂放行准则落实情况。

f. 关键件、重要件，关键工序、特种工艺质量控制情况。

g. 软件工程化落实情况。

h. 元器件、关键原材料质量控制情况。

i. 集团公司的质量法规文件、航天行业标准的贯彻执行情况。

j. 集团公司以及院交办的其他事项落实情况。

4) 参与被派驻单位重大质量问题的调查和审查。

5) 质量监督总代表对质量监督代表室的工作负责，依照本办法组织领导质量监督代表完成质量监督任务，协调与被派驻单位的工作关系，参与对质量监督代表的考核，对质量监督代表提出任免意见。

6) 质量监督代表室负责向集团公司和被派驻单位质量主管部门上报质量监督信息。质量监督信息和质量监督综合报告须由质量监督总代表签发。

5.2.3　工作方式

质量监督代表室根据集团公司和被派驻单位型号工作重点，制定工作计划，报集团公司及被派驻单位。对型号产品的质量监督应明确监督的内容、工作方式和工作程序，分解计划，落实到人。可采取抽查的方式进行监督。对发现的问题，应通知问题责任单位及时处理；对重大问题，须以“质量监督问题通知单”的形式，通知问题责任单位，并上报集团公司和被派驻单位；责任单位将处理结果以“质量监督问题处理情况反馈单”的形式向质量监督代表室反馈。对发现的严重质量问题，24 小时内上报集团公司和被派驻单位；如发现质量严重失控，且不立即纠正将严重影响产品质量时，应立即报集团公司和被派驻单位。质量监督代表不干预正常的型号产品研制生产活动，不负责处理质量监督中发现的问题，不替代型号指挥系统和设计师系统决策，不改变型号指挥系统和设计师系统的质量责任。

5.2.4　被派驻单位的职责

被派驻单位履行以下职责：

1)负责提出质量监督代表任免建议，负责质量监督代表队伍的建设。

2)向质量监督代表提供本单位制定的质量文件及相应实施细则，年度质量工作计划，被监督型号产品保证大纲、设计准则、放行准则、研制生产计划等文件资料。

3)负责协助质量监督代表查阅质量监督工作所需被监督型号产品设计、生产、试验的设计、工艺图样和文件、有关规范及标准。

4)负责提供本单位以及被监督型号产品内部质量信息报告、质量问题汇总表、质量问题归零报告、质量复查及复核复算报告。

5)负责通知质量监督代表参加与质量工作有关的会议，包括被监督型号产品质量复查、大型地面试验，质量问题和试验结果分析会、汇报会，转阶段评审、产品出厂评审和验收等有关的活动和会议，并提供相关会议资料。

6)对质量监督代表提出的问题，应及时研究，并将处理结果向质量监督代表反馈；对质量监督代表书面提出的问题，须书面反馈。

7)负责解决在职质量监督代表的工资、各种补贴和住房，并同等对待他们的职务晋升、职称评聘、工资调整及其他待遇。

8)负责指定本单位归口主管部门，并履行上述职责。

5.2.5　考核与奖励

集团公司负责对质量监督总代表进行年度专项考核；被派驻单位主管部门与质量监督总代表负责对其他质量监督代表进行年度专项考核工作。年度专项考核是对质量监督代表年度考核的重要组成部分。集团公司和被派驻单位对工作业绩突出、做出较大贡献的质量监督代表给予奖励。

5.2.6　培训与交流

集团公司和被派驻单位共同负责对质量监督代表进行质量监督相关业务知识的培训，并负责定期组织质量监督代表工作的经验交流，进行质量监督工作总结。

5.3　军贸产品质量监督和验收

集团公司对军贸产品实行派驻质量监督验收代表制度，在有军贸产品任务的院设立的总代表室，通过派驻质量监督验收代表对军贸产品研制生产过程进行监督，对产品交付进行验收。

5.3.1　相关组织机构及其质量职责

(1)集团公司总部

质量技术部依据国家和行业有关质量管理的方针、政策，负责制定集团公司军贸产品质量管理和监督验收要求，归口管理军贸产品质量监督验收工作。武器部负责组织落实集团公司军贸产品质量管理要求，组织开展研制生产全过程的质量管理和控制工作。人力资源部负责任免集团公司派驻院质量监督验收总代表、副总代表。财务金融部负责收取和拨付军贸产品质量验收费，并对其经费使用情况进行监督管理。

(2)总代表室

总代表室是质量监督验收代表的组织机构，设总代表1人，副总代表1～2人，代表若干名；总代表根据任务情况，向有关厂(所)派出监督验收代表，组成厂(所)代表室，主要质量职责：

1)负责对军贸产品研制生产和售后服务全过程质量实施独立的监督。

2)负责对承制单位检验合格的产品实物质量实施监督验收并对验收质量负责。

3)负责军贸产品监督验收信息的收集和报告。

(3)军贸公司

军贸公司(航天长征国际贸易有限责任公司)仅负责代理军贸产品的出口，其主要质量职责：

1)对与外方签订的出口合同质量条款进行协调、确认。

2)对与承制单位签订的内部合同质量条款进行监督。

(4)承制单位

承制单位对军贸产品的质量及产品售后服务负责，总承包单位向集团公司上缴军贸产品管理费和质量验收费，其主要质量职责：

1)负责组织贯彻落实国家和集团公司军贸产品质量管理有关要求，开展研制生产和售后服务全过程的质量管理，对承制的军贸产品质量负责。

2)根据承担军贸产品的特点，结合国内型号质量管理成功经验，制定具有针对性的军贸产品质量管理办法。

3)军贸产品总承制研究院负责设置质量监督验收代表室，组建监督验收队伍，明确监督验收工作程序和要求。

5.3.2 军贸产品质量管理

军贸产品承制单位建立并不断完善质量管理体系，将军贸产品研制生产全过程质量管理工作纳入到质量管理体系进行管理和控制。

军贸产品论证责任单位应确保论证项目符合国家政策、集团公司发展规划和相关要求，统筹考虑产品性能、质量、研制进度和费用等因素，并按规定完成论证要求和审批程序。

军贸公司对与外方签订的外部合同及其实施过程的更改进行有效控制。在合同签订前，应充分征求承制单位的意见，确认各种需求和约束条件，明确质量保证要求、质量验收标准、验收方式及合同双方的质量责任条款，并与承制单位确认合同中提出的各项规定都能得到满足。军贸公司与承制单位签订的内部合同应明确交付产品的质量要求、产品保证要求、依据的标准规范、验收准则、质量监督验收方式和费用，以及合同双方的质量责任。

军贸产品承制单位应根据军贸产品的特点、合同要求及研制生产程序，系统开展产品保证策划，制定有针对性产品保证大纲(计划)，充分开展技术风险识别与分析并采取有效的控制措施。根据产品特点实施阶段控制，按照研制计划做好阶段性审查和出厂评审工作。军贸产品应按照《航天科技集团公司军贸出口产品设计鉴定管理办法》，做好产品设计鉴定工作。

军贸产品研制生产全过程应实施技术状态管理。对于定型或已完成设计鉴定的军贸产品技术状态的更改应按《航天产品技术状态更改控制要求》(Q/QJA 32—2006)严格审批，落实更改五项原则，确保技术状态满足要求。对于研制生产中发生的质量问题，应按照《航天产品质量问题归零实施要求》(Q/QJA 10—2002)开展归零工作。按照《航天科技集团公司武器型号批生产质量管理办法》(天科技[2006]180 号)，实施生产过程管理和控制。军贸产品承制单位应进一步加强外协(外包)产品过程控制，坚持“谁签合同，谁负责”的原则，落实责任制。对超出合格供方名录的厂家按规定进行审批。必要时，对关键、重要外协或外购产品应实施下厂监制验收。严格执行检验制度和不合格品管理规定，检验合格的产品方可提交验收。

军贸公司和军贸产品总承制研究院应根据军贸产品的特点、国际惯例和顾客需求，建立售后服务体系，明确职责和工作程序，做好售后服务工作。军贸产品研制过程中相关质量信息，应按照集团公司质量信息管理规定，严格执行信息快报和月报制度。军贸公司和承制单位应将用户反馈的售后质量信息，及时上报集团公司主管部门并抄送质量监督验收代表室。

5.3.3　军贸产品质量监督验收

军贸产品总承制研究院应根据研制生产的实际需要，明确军贸产品质量监督验收主管部门，设置质量监督验收代表室，其中设总代表 1 人，必要时可设副总代表 1～2 人，并根据需要聘任质量监督验收代表若干名。总代表、副总代表由总承制研究院推荐，集团公司审批并予以聘任，行政关系隶属原单位，业务上接受集团公司相关业务部门的指导。

质量监督验收代表室应依据集团公司和院有关规定、合同及其产品相关技术和管理文件的要求，对军贸产品型号(项目)质量监督验收工作进行策划，分别确定质量监督和验收的项目、内容、方式及方法，制定监督验收工作计划。承制单位应将监督验收工作纳入产品研制生产流程和计划，并向监督验收代表提供实施监督验收所需的文件资料。质量监督验收代表室应根据计划组织开展质量监督工作，对承制单位检验合格的产品实施监督验收。

质量监督验收代表通过检查生产和试验现场，查阅文件资料和记录，了解相关质量工作情况，按照确定的质量监督计划，有重点地开展质量监督检查工作。依据验收文件，按照验收程序和实施计划，对提交验收的产品及其产品包装、装箱和提交顾客的文件资料进行监督验收。监督验收工作可采用独立验收、联合验收等方式进行。在监督验收前，承制单位应提出验收申请；在监督验收通过后，质量监督验收代表应编制验收报告。对监督验收合格的产品，质量监督验收代表应在相关证明文件上签字、盖专用代号印章。对监督验收合格的系统级产品，应由质量监督验收总代表签字并加盖代表室印章。监督验收合格的产品应按规定要求采用适宜的方式对实物产品进行标识封存。对于监督验收不合格的产品应向承制单位明确提出存在的问题并监督其整改，待整改完成后，重新进行监督验收。未经质量监督验收代表(室)签字、盖章的产品一律不得交付。

质量监督验收代表室印章由各院制备，报集团公司备案。印章规格为 42 毫米直径，中央刊五角星，五角星外刊单位名称，单位名称自左而右环行。印章名称为“中国航天科技集团公司派驻×院军贸产品质量监督验收代表室”。各院应制定相关的印章管理办法并加强管理。质量监督验收代表的专用代号印章应由监督验收代表室统一式样、制备、发放、登记备案，用于出口产品证明文件签章，只限代表本人持用，调动时及时收回。对于出口产品证明文件国内存档的资料应使用真实姓名签署。

5.4　重大质量事故调查和审查

5.4.1　航天型号重大质量事故范围

航天型号重大质量事故主要指型号飞行试验出现失利，或造成其他严重人员伤害、由于故障导致重大经济损失等情况。重大质量事故包括：运载火箭发射失败；卫星、飞船等航天器发射、在轨运行、返回过程中发生重大故障；战略导弹武器系统飞行试验失败；战术导弹批飞行试验(含批抽检)未通过；造成国内外不良影响、严重损害航天信誉的产品质量事故；集团公司确定需调查和审查的重大质量事故。

重大质量事故的处理，通常分为三个阶段，即事故调查、事故审查和归零。事故调查的主要职责是解决事故的定位，查明事故的原因，明确事故的责任及责任性质；其次是对纠正措施确认，总结经验教训。事故审查是对事故调查的过程与结论进行审查、确认，并给出结论的过程。在事故调查和审查的基础上，由型号和责任单位分别完成归零和管理归零。出现重大质量事故，集团公司发文成立调查委员会和审查委员会，正式启动调查和审查工作。调查委员会开展事故调查，审查委员会对故障调查进行审查。

5.4.2 调查、审查委员会组成与职责

(1)调查委员会

调查委员会成员应有半数以上的与事故无直接责任的专家，并应包括院的质量监督总代表。由发生重大质量事故的主管研究院负责组织成立调查委员会，设主任、副主任，并设立调查委员会办公室。

调查委员会主任、副主任人选由主管院提名，报集团公司批准任命。调查委员会主任一般由院主管质量的领导担任，副主任一般由型号(或项目)负责人担任。调查委员会委员由主任、副主任提名，通过协商后上报批准任命。

调查委员会办公室设在主管院的质量部门，其主任由质量部门负责人担任，办公室负责制定调查委员会工作计划，并组织实施，同时，应及时向审查委员会通报情况。若调查分析工作时间较长，应分阶段向审查委员会报告工作进展。

调查委员会的职责：

1)组织对事故进行全面的调查分析；

2)根据需要，组织并完成必要的试验验证工作；

3)向审查委员会提交经院行政领导签署意见的调查分析报告。

(2)审查委员会

审查委员会由集团公司组织成立，对集团公司负责。审查委员会成员应包括上级部门、使用方代表、集团公司有关部门领导及专家。审查委员会设主任 1 名，副主任 1 ~ 2 名，并设立审查委员会办公室。必要时，可聘请技术顾问或组织专题工作组。

审查委员会主任、副主任由集团公司确定，委员由主任和副主任提名，集团公司聘任。专题工作组成员由审查委员会选定。

审查委员会办公室一般设在集团公司质量部。主任由质量部领导担任，其成员由有关部门人员组成。主要承办工作简报、安排审查委员会参加调查分析活动、组织审查委员会会议、组织起草审查意见和审查结论报告等。

审查委员会的职责：

1)参加调查委员会的有关调查分析活动，审查事故的有关资料、文件，对调查分析和试验验证项目和内容提出建议；

2)必要时，对事故进行独立的调查分析和试验验证；

3)审查调查委员会上报的调查分析报告；

4)向集团公司提交审查结论报告。

调查委员会和审查委员会自成立之日起开始工作。集团公司同意审查委员会的审查结论，并完成审查结论报告及其他相关资料归档后，两委员会即行解散。

5.4.3　重大质量事故的调查

(1)调查工作程序与要求

发生重大质量事故时，有关单位应立即将事故情况上报集团公司，并采取有效措施防止事故扩展，保护现场，及时收集、录取事故现场的有关数据和证据，供分析事故原因使用。

调查委员会主持事故的调查分析工作。型号指挥、设计师系统(以下简称两总系统)和事故涉及的相关单位应配合调查委员会的工作，并根据调查委员会的要求，提供相关文件资料，安排必要的试验。

调查分析工作应结合事故的技术、管理归零工作，并充分利用已有的数据和证据(如遥测数据、测试数据、现场人员观察到的情况等)，特别要对残留物证进行清理、分析和确认，必要时，可邀请有关专家或到国内有关专业机构进行分析。

事故的调查分析应使用故障树分析(FTA)、故障模式及影响分析(FMEA)以及故障报告、分析和纠正措施系统(FRACAS)等科学分析方法。

(2)调查报告

事故的调查分析结束后，调查委员会向审查委员会提交调查分析报告。内容包括：

1)事故现象的描述；

2)调查分析工作的概述；

3)事故原因的分析、论证及验证；

4)技术归零及事故性质、责任的明确意见；

5)经验教训和改进工作的意见。

调查分析报告由调查委员会主任和副主任签署，并经院行政正职签署意见后，提交审查委员会。调查委员会内部存在不同看法时，应将各自的意见、相关分析验证依据及调查委员会对其表决结果，一并上报。

两总系统(或项目负责人)对调查分析报告有不同意见，可向主管院及集团公司提出，并抄报审查委员会和调查委员会。

5.4.4　重大质量事故的审查

(1)审查工作程序与要求

审查委员会成员及专题工作组根据调查委员会工作计划，参加有关的调查分析活动，了解调查工作情况，提出意见和建议，促进但不代替调查委员会的调查分析工作。如有需要，审查委员会根据调查分析工作的进展情况，进行阶段审查，并提出下阶段调查工作的建议。

(2)审查报告

专题工作组在审查委员会的领导下完成有关调查分析任务，并向审查委员会提交专题分析报告。

审查委员会向集团公司提交审查结论报告。内容包括：

1)调查、审查工作概况；

2)对技术归零提出明确意见；

3)事故原因、性质和责任的结论意见；

4)改进工作的建议。

审查委员会在审议调查分析报告、形成审查结论报告前，应充分听取两总系统及有关研制单位的意见。

审查结论报告应按多数委员同意的结论意见撰写，并经全体委员签名。若审查委员会内部有不同意见，应将不同意见及其表决情况作为附件上报集团公司。持不同意见的委员也可以提出书面意见，作为附件或直接报集团公司。

5.5　质量责任追究

5.5.1　质量责任追究背景

质量责任追究是指依据相关法律和法规，对应承担质量责任的单位和人员，进行质量责任调查认定和实施追究等活动的统称。

2015 年 11 月，原总装备部和国防科工局制定出台了《武器装备质量责任追究暂行办法》。为进一步细化中国航天科技集团公司范围内质量事故和质量问题的启动条件、责任认定、追究措施等要求，明确对责任单位和责任人的追究标准，建立健全中国航天科技集团质量责任追究制度体系，2015 年年底集团公司发布实施了《中国航天科技集团公司装备质量责任追究实施办法》，对应承担装备质量责任的单位和人员，进行质量责任调查认定和实施追究。

5.5.2　装备质量责任追究实施办法内容

装备质量责任追究实施办法分总则、装备质量责任的调查与认定、装备质量责任追究的实施、配套措施要求和附则，共五章 29 条。

第一章，总则共七条，主要包括术语解释、原则、实施阶段、组织管理与分工、上级组织机关的分工、分解落实等内容。

第二章，装备质量责任的调查与认定共八条，主要包括质量责任调查认定范围、制定质量责任调查认定实施方案、组织成立重大事故审查委员会，界定主要责任单位和次要责任单位，以及直接责任人员、重要管理责任人员、主要管理责任人员，质量责任认定结论。

第三章，装备质量责任追究的实施共五条，主要包括不同情形下责任单位的处罚、责任人员的处罚。

第四章，配套措施要求共六条，主要包括合同中要规定双方的责任，建立军地协商工作机制，定期组织监督检查，对责任追究的奖励。

第五章，附则共三条，主要包括各院编制相应的制度，以及本办法的解释权和施行日期。

5.5.3　装备质量责任追究的启动条件

发生以下情形之一的，集团公司应当启动质量责任调查认定工作。

1）运载火箭发射任务失败的；

2）空间（含临近空间）飞行器飞行任务失败或在寿命期内运行失效、功能无法恢复的；

3）战略导弹武器系统定型和批抽检飞行试验失败的；

4）战术导弹武器系统、鱼水雷武器系统等在定型和批抽检试验中连续二次（含）以上失败的；

5）无人机系统或其他战术武器系统在定型和批抽检试验中连续两次（含）以上失败的；

6）给集团公司造成重大经济损失或社会影响的重大质量问题。

质量责任调查认定工作，可以结合重大事故调查、故障归零等工作一并开展。

5.5.4　质量责任追究的组织管理

集团公司总部质量管理部门是质量责任调查认定部门，归口管理装备质量责任追究工作。在集团公司质量管理委员会领导下，组织集团公司范围内的装备重大事故质量责任追究工作。人力资源管理部门负责根据集团公司批准的行政责任追究意见，依照干部管理权限，组织实施对责任人员的行政责任追究工作。财务管理部门负责根据集团公司批准的经济责任追究意见，配合质量管理部门组织实施对各责任单位及责任人员的经济责任追究工作。

装备在定型试验、检验验收和部队使用、维修等过程中涉及的相关质量责任调查认定工作，由相关军兵种装备部、总部分管有关装备的部门负责牵头组织实施；涉及质量检验检测、认证认可等第三方机构的质量责任调查认定工作，按管理渠道，由总装备部或国防科工局有关主管部门负责组织实施；总装备部和国防科工局，可以直接牵头组织装备质量事故责任调查认定工作。

5.5.5　质量责任追究调查与认定

（1）信息上报

当发生启动条件所列情形的装备重大事故时，有关单位应立即将事故情况上报集团公司，并采取有效措施防止事故扩展，保护现场，及时收集、获取事故现场的有关数据和证据，供质量责任调查认定使用。集团公司在装备重大事故发生 24 小时内，将事故简要情况报总装备部、国防科工局。

(2)制定实施方案

质量责任调查认定工作启动后，质量责任调查认定部门应及时制定质量责任调查认定实施方案。实施方案应包括以下内容：

1)重大事故发生时间、地点及涉及单位；

2)装备损坏情况及影响程度；

3)质量责任的初步判断；

4)追究工作的组织形式和人员构成；

5)工作计划、方法和时间节点安排；

6)其他需要说明的事项。

(3)调查取证

发生启动条件所列情形的装备重大事故后，总体院报集团公司批准组织成立重大事故调查委员会，集团公司组织成立重大事故审查委员会。

由重大事故调查委员会组织对事故进行全面的调查取证，对事故相关单位和人员进行调查和询问，调取、查阅、收集或者封存有关数据材料和实物。通过故障分析技术、专家分析会议或试验验证等方式，对重大事故产生的原因、证据、性质、危害程度等逐一进行认证分析、综合论证和客观评议，确定导致重大事故的具体原因、责任单位和问题性质，形成相应的重大事故调查结论报告并提交集团公司审查。对事故和质量问题负有直接质量责任的部门和人员不得参与质量责任调查和认定工作。

重大事故审查委员会应当依据重大事故调查结论报告，以及事故有关的资料、文件，对调查结论的正确性以及原因分析和责任认定的准确性进行审查，并形成重大事故审查结论报告。

(4)责任认定

集团公司质量管理部门应根据重大事故调查结论报告和审查结论报告，提出重大事故质量责任认定结论。责任认定结论应当根据导致重大事故原因，造成的损失或影响程度以及情节轻重，界定主要责任单位和次要责任单位，以及直接责任人员、重要管理责任人员、主要管理责任人员。

主要责任单位的认定：对启动条件中所列情形起着直接、重要、关键、决定作用的单位，应当承担主要责任，认定为主要责任单位。

次要责任单位的认定：对启动条件中所列情形起着间接、辅助、促进、影响作用的单位，应当承担次要责任，认定为次要责任单位。

直接责任人员的认定：对启动条件中所列情形起着直接、主要作用的人员，应当承担直接责任，认定为直接责任人员。

重要管理责任人员的认定：从事与装备工作有关的管理职权的人员在职责范围内，对直接主管的工作不负责任，不履行或不正确履行职责，对启动条件中所列情形负直接管理责任，认定为重要管理责任人员。重要管理责任人员一般是指单位主管业务领导、直接责任人员的主管领导、分管相关业务的部门领导、型号两总等。

主要管理责任人员的认定：从事与装备工作有关的管理职权的人员在职责范围内，对负责分管的工作或者参与决定的工作不履行或不正确履行职责，对启动条件中所列情形负领导责任，认定为主要管理责任人员。主要管理责任人员一般是指单位主要领导、分管科研、计划和质量的领导等。

(5)认定结论的内容

质量责任认定结论应包括以下内容：

1)事故或质量问题的基本情况；

2)事故或质量问题的原因和性质；

3)对相关单位和人员质量责任的认定及认定的依据；

4)对责任单位和责任人员的具体追究措施意见；

5)责任追究实施的相关部门。

(6)认定结论报批

集团公司质量管理部门应按程序将重大事故质量责任认定结论提交集团公司主管领导批准。在重大事故调查审查结论、责任认定结论发布后5个工作日内，由集团公司将有关情况报总装备部、国防科工局备案。

(7)异议处理

有关责任单位和责任人员收到质量责任认定结论后的15个工作日内，可以向集团公司提出异议，并提交新的证据和材料。集团公司应当充分听取责任单位和责任人员意见，对异议和有关证据进行认真研究，必要时，由集团公司质量管理委员会组织对调查审查结论及责任认定结论进行复核，及时向责任单位和人员回复处理意见。

5.5.6　质量责任追究的实施

(1)重大事故的质量责任追究

有启动条件所列情形，经质量责任调查后，认定存在质量责任的，对责任单位和责任人员应当视情节轻重，给予以下处罚：

①对责任单位的处罚

1)主要责任单位的处罚。

a. 导致以下情形之一的：直接经济损失10000万元以上，或计划进度推迟2年以上，由集团公司给予“黄牌”警告，在质量曝光台记大黑点并纳入年终考核。

b. 导致以下情形之一的：直接经济损失3000~10000万元，或计划进度推迟1~2年，由集团公司给予通报批评，在质量曝光台记大黑点并纳入年终考核。

c. 导致以下情形之一的：直接经济损失 3000 万元以内，或计划进度推迟 1 年以内，视问题性质，由集团公司给予通报批评或在质量曝光台记小黑点并纳入年终考核。

2）次要责任单位的处罚

视问题性质，由集团公司给予通报批评，或者在质量曝光台记小黑点至大黑点并纳入年终考核。

②对责任人员的追究

对负有质量责任的人员给予以下行政处分和经济处罚：

1）接责任人员的处罚

a. 导致以下情形之一的：直接经济损失 10000 万元以上，或计划进度推迟 2 年以上，视问题性质、岗位责任和影响大小，给予直接责任人员记大过、降级、撤职和开除等行政处分，扣发 6～12 个月绩效工资的经济处罚。

b. 导致以下情形之一的：直接经济损失 3000～10000 万元，或计划进度推迟 1～2 年，视问题性质、岗位责任和影响的大小，给予直接责任人员记过、记大过、降级和撤职等行政处分，扣发 3～6 个月绩效工资的经济处罚。

c. 导致以下情形之一的：直接经济损失 3000 万元以下，或计划进度推迟 1 年以内，视问题性质、岗位责任和影响大小，给予直接责任人员警告、记过、记大过和降级等行政处分，扣发 1～3 个月绩效工资的经济处罚。

d. 触犯法律的，依法由国家有关司法机关追究相关责任人的法律责任。

2）重要管理责任人员的处罚

a. 导致以下情形之一的：直接经济损失 10000 万元以上，或计划进度推迟 2 年以上，视问题性质、岗位责任和影响大小，给予重要管理责任人员警告、记过、记大过、降级和撤职等行政处分，扣发 6～12 个月绩效工资的经济处罚。

b. 导致以下情形之一的：直接经济损失 3000～10000 万元，或计划进度推迟 1～2 年，视问题性质、岗位责任和影响大小，给予重要管理责任人员警告、记过、记大过和降级等行政处分，扣发 3～6 个月绩效工资的经济处罚。

c. 导致以下情形之一的：直接经济损失 3000 万元以下，或计划进度推迟 1 年以内，视问题性质、岗位责任和影响的大小，给予重要管理责任人员警告、记过和记大过等行政处分，扣发 1～3 个月绩效工资的经济处罚。

d. 触犯法律的，依法由国家有关司法机关追究相关责任人的法律责任。

3）主要管理责任人员的处罚

a. 导致以下情形之一的：直接经济损失 10000 万元以上，或计划进度推迟 2 年以上，视问题性质、岗位责任和影响大小，给予主要管理责任人员警告、记过、记大过和降级等行政处分，扣发 6～12 个月绩效工资的经济处罚。

b. 导致以下情形之一的：直接经济损失 3000～10000 万元，或计划进度推迟 1～2 年，视问题性质、岗位责任和影响大小，给予主要管理责任人员警告、记过和记大过等行政处分，扣发 3～6 个月绩效工资的经济处罚。

c. 导致以下情形之一的：直接经济损失 3000 万元以下，或计划进度推迟 1 年以内，视问题性质、岗位责任和影响大小，给予主要管理责任人员警告、记过等行政处分，扣发 1 ~ 3 个月绩效工资的处罚。

d. 触犯法律的，依法由国家有关司法机关追究相关责任人的法律责任。

(2) 管理问题的质量责任追究

有下列管理问题之一的，应当对责任单位和责任人员实施质量责任追究：

1) 在装备论证工作中弄虚作假，或者违反装备论证工作程序的；

2) 在装备研制、生产中弄虚作假，隐瞒重大的设计缺陷、制造缺陷、质量问题或安全隐患的；

3) 在装备研制、生产、试验、交付使用和维修中出具虚假数据或者结论的；

4) 对装备重大质量事故隐瞒不报、谎报或者故意延误报告的；

5) 违反有关规定，将不合格的装备交付部队使用的；

6) 为装备科研、生产、试验和维修单位提供元器件、原材料以及其他产品中，存在以次充好、以假充真情况的；

7) 装备质量检验机构、认证机构与装备科研、生产、维修和服务单位恶意串通，弄虚作假，或者伪造检验、认证结果，出具虚假证明的；

8) 阻碍、干扰装备质量监督管理工作，情节严重的；

9) 装备质量监督管理人员玩忽职守、滥用职权、徇私舞弊的；

10) 在装备的各种鉴定、评审、调查中违反法律、法规和相关规定，造成结论失实的。

有以上所列情形的，视问题性质、岗位责任和影响大小，由责任单位主管研究院依据有关规定对责任单位和责任人员给予行政处分和经济处罚；情节严重的，由集团公司对责任单位在质量曝光台记小黑点至大黑点并给予年度考核、通报批评、“黄牌”警告、责令整顿或建议撤消行政许可资格等处罚，并按干部管理权限对责任人员给予行政处分和经济处罚；构成犯罪的，依法追究刑事责任。

(3) 对配套单位的责任追究

对责任涉及到集团外配套单位的，集团公司应将相关责任认定结论报送总装备部和国防科工局按行政隶属进行行政处罚，并在集团公司内部通报，同时抄报有关部门和单位，必要时可将相关配套单位从集团公司及所属单位合格供方名录中剔除。

(4) 免除或从轻处分

有下列情形之一的，可免除对责任单位或责任人员的责任追究：

1) 新型号首次执行发射或飞行试验任务，由于非人为责任造成的重大质量事故；

2) 型号研制性发射或飞行试验，由于技术能力不足、技术上未认识到等原因造成的重大质量事故；

3) 存在其他具有免除责任的客观因素，或法律、法规规定的其他应当免除处罚的情形。

有下列情形之一的，可从轻对责任单位或责任人员的责任追究：

1)重大质量事故发生后，采取有效措施，减轻危害后果，或者避免质量事故再次发生的；

2)主动报告、反映其他相关质量安全隐患或者问题，效果显著的；

3)存在其他具有减轻责任的客观因素，或法律、法规规定的其他应当从轻处罚的情形。

5.5.7　配套措施要求

(1)合同约定要求

集团公司所属各单位在装备及其配套产品、材料和元器件等采购协议或合同中，应当明确规定合同各方的质量责任、损害赔偿标准等相关要求，作为质量责任追究工作中实施经济处罚的基本依据。

(2)军地协商配合制度

集团公司根据需要对交付装备进行质量责任追究，建立军地协商工作机制，对质量责任认定、责任单位和人员处理、追究结果等情况及时进行沟通，注重听取军队和地方纪检、司法等有关部门意见，确保装备质量责任追究工作落到实处。

(3)追究结果通报制度

有启动条件规定情形并已被追究装备质量责任的，集团公司应将质量责任追究结果通报所属部门和单位，促使有关部门和单位吸取经验教训、举一反三，避免和杜绝类似重大质量事故和质量管理问题的重复发生。装备重大事故的责任追究有明确结论后的 7 个工作日内，集团公司应将有关情况报总装备部、国防科工局备案。

(4)督促检查制度

集团公司应定期组织对各研究院装备质量责任追究工作进行监督检查，及时纠正工作中存在的问题。

(5)奖惩制度

对在装备质量责任追究工作中做出突出贡献的单位和个人，集团公司将按有关规定给予表彰和奖励；对在装备质量责任追究工作中，玩忽职守、徇私舞弊、弄虚作假，或者严重妨碍、干扰装备质量责任追究工作的，集团公司将按照有关规定予以严肃处理。

(6)举报制度

任何单位和个人对装备质量问题和装备质量责任追究工作中的违法违规行为，有权向集团公司举报；举报问题一经查实，集团公司应将举报问题的处理情况及时向举报单位或人员回复，并实施必要的奖励措施。

参 考 文 献

[1] 天质[1995]0703 号文《关于派驻质量监督代表实施办法》.

[2] 天科质[1999]120 号文《中国航天科技集团公司航天型号质量监督工作管理办法》.

[3] 天科人 [2003] 274 号《中国航天科技集团公司派驻质量监督代表管理办法》.

[4] 质字[2008]33 号文《关于进一步做好质量监督代表工作的通知》.

[5] 质字[2009]21 号文《质量监督代表考核评价要求(试行)》.

[6] 质字[2009]36 号文《关于进一步加强独立质量监督和质量监督问题分析工作的通知》.

[7] 集团公司质量技术部. 质量监督代表独立质量监督实施指南，2013.

[8] 天科质[2001]410 号《中国航天科技集团公司航天型号重大质量事故调查和审查办法》.

[9] 天科质[2015]1072 号关于印发《中国航天科技集团公司装备质量责任追究实施办法》的通知.

[10] 天科质[2011]1104《中国航天科技集团公司军贸产品质量管理和监督验收管理要求》.

[11] 质字[2011]33 号《转发国防科工局关于进一步加强军贸产品质量监督管理工作的通知》.

[12] 质字[2011]36《关于进一步加强独立质量监督和质量监督问题分析工作的通知》.

[13] 天科质[2001]410 号《中国航天科技集团公司航天型号重大质量事故调查和审查办法》.

第 6 章　国外航天质量管理

6.1　美国航空航天局安全与任务保证

6.1.1　安全与任务保证组织及职责

美国航空航天局(NASA)总部设有安全与任务保证办公室(OSMA)，作为统管 NASA 质量、可靠性和安全性的职能部门。在总部各事业办公室均设有负责安全与任务保证的专职人员，NASA 的各大直属中心都设有相应的保证机构，负责该中心及其外协项目的安全与任务保证。这些保证机构的主任向安全与任务保证办公室和各中心的负责人直接汇报工作。

安全与任务保证办公室的组织结构如图 6－1 所示。

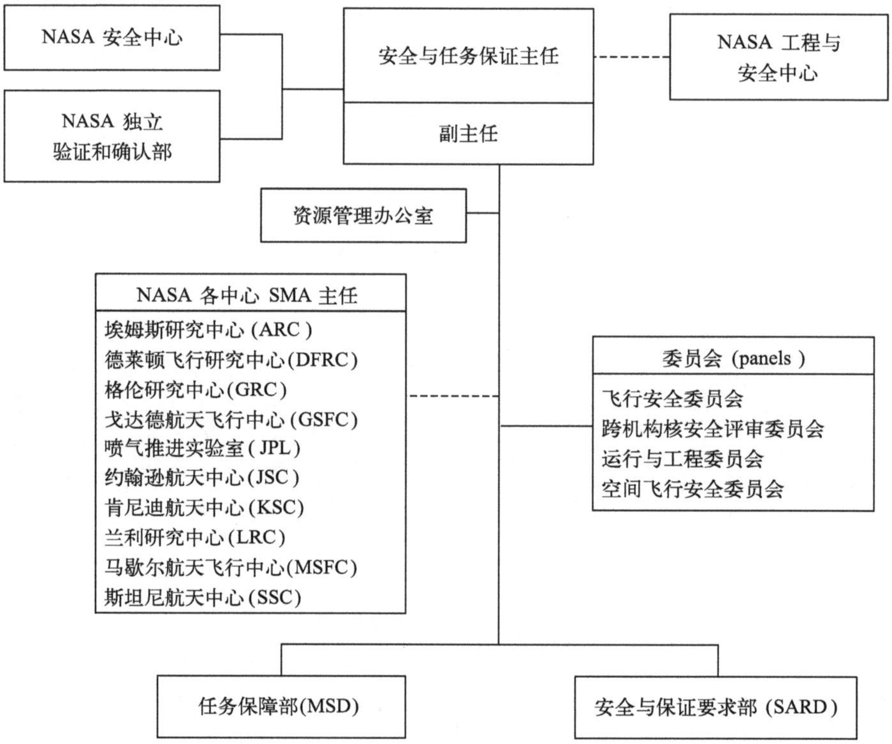

图 6－1　NASA 安全与任务保证办公室的组织结构图

安全与任务保证办公室通过对所有机构的安全性、可靠性、维修性和质量保证(SRM&QA)政策和程序的制定、实施和监督来保证 NASA 所有活动的安全性。其主要职责和活动：

1)制定 NASA 安全与任务保证(SMA)战略规划、政策和标准，并保证执行；

2)制定安全与任务保证一系列的指导性文件、标准和手册，推荐已被证明有效先进的可靠性、维修性技术，开发、使用并不断完善一些信息系统和安全与任务保证工具，资助安全性、可靠性、维修性和质量保证的技术、过程和方法的创新和快速转化；

3)成立不同层次的安全与任务保证咨询组，明确各级安全与任务保证机构和员工的职责；

4)在其内部的总装厂、承包商实行内部过程认证制度、质量代表制度、独立审核制度、软件独立验证与确认制度、故障报告制度、事故调查制度、经验共享制度；

5)制定并执行安全与任务保证人员培训计划(PDI 计划)；

6)在项目和活动的早期将安全性、可靠性、维修性和质量保证整合进去，并在寿命周期内加以实施；

7)执行安全与任务保证独立评估和过程验证评审，直接组织重大/跨事业办公室或中心的项目的安全与任务保证评审/鉴定；

8)改进风险识别和评估方法，并提供风险降低和接受的建议；

9)对关键机构提供安全性决策的分析和建议。

安全与任务保证办公室下设安全与保证要求部(SARD)、任务保障部(MSD)和资源管理办公室，并有独立验证和确认(IV&V)部、工程与安全中心(NESC)作为支撑机构。

6.1.2　安全与任务保证工作内容

(1)实施 ISO 9000 认证和应用 AS 9100 系列标准

由各中心和总部各事业办公室的任务保证办公室主任或职能经理在中心主任或负责该事业办公室的 NASA 副局长的支持和领导下，实施 ISO 9000 系列标准，由安全和任务保证办公室员工领导并聘请咨询专家参加的过程验证(PV)小组负责进行独立的过程评审和申请，并通过 ISO 9000 认证。

NASA 十分关注国际航空航天以及国防组织质量管理体系(AS 9100)系列标准，以通过该系列标准将航天工业特有的经验纳入其中，并促使全球航天工业的组织能够采用该系列标准，以降低供应链研制成本，减小重复审核的可能性，为全球航天合作奠定基础。AS 9100 发布后，NASA 于 2002 年 4 月 8 日发布了 AS 9100 标准的采用通告。NASA 针对产品所要求完成的工作的复杂程度提出了应用 AS 9100 最低质量要求。

(2)安全与任务保证年度工作协议(AOA)

各中心和总部各业务办公室的安全与任务保证主任或职能经理根据其具体项目计划，制定本单位的安全与任务保证年度工作协议(AOA)，呈送中心负责人或总部负责该业务办公室的 NASA 副局长批准，同时抄送一份交安全与任务保证办公室主任认可和备案。协议规定该单位本年度的安全与任务保证工作内容、实施方案。

(3)各项目(型号)的安全与任务保证大纲、风险管理计划

各项目经理在其所在中心或业务办公室的安全与任务保证经理的协同下，制定项目安全与任务保证工作计划、安全与任务保证大纲和风险管理计划，并纳入安全与任务保证年度工作协议之中。

(4)型号/项目的安全与任务保证过程及质量、可靠性、系统安全性代表制度

NASA 某项工程启动后，由安全与任务保证机构负责组成项目安全与任务保证工作组，由项目经理和安全与任务保证机构负责人挑选一位项目安全与任务保证主任/经理，由项目经理任命。

项目安全与任务保证经理在安全与任务保证机构指导下拟订该项目的质量、可靠性、系统安全性大纲计划，规定安全与任务保证工作项目和工作计划。其中，明确该型号质量保证、可靠性和系统安全性首席代表名单及其职责、权限，由他们对该型号/项目实行独立的质量、可靠性、系统安全性代表负责制度。

(5)数字化研制质量保证

NASA 为了有效地管理数字化研制过程，在其要求文件《飞行工程和项目产品数据和寿命周期管理》(NPR 7120.9)中规定了飞行工程和项目寿命周期过程内数据管理的要求。NASA 的马歇尔航天飞行中心的产品全生命周期管理解决方案中，采用 Windchill DDMS 管理和设计知识管理系统，将分散在不同软件和数据库中的设计数据集中，构建单一制造数据中心支持数字化制造和管理。马歇尔航天飞行中心利用基于模型的制造工作扩展了仿真分析领域，部署了制造执行系统(MES)，构建了基于模型的现场作业指导书的支持系统，通过数字化仿真对工艺过程进行验证。NASA 的肯尼迪航天中心，通过使用产品数据管理(PDM)和产品寿命周期管理(PLM)系统工具，实现了离散事件仿真、天气分析、操作培训和结构分析等数字化应用。

(6)精益六西格玛管理

NASA 整合精益制造和六西格玛，实施精益六西格玛，以适应关注顾客和供应商的全球化。NASA 成立了六西格玛管理办公室，于 2005 年从马歇尔航天飞行中心开始精益六西格玛的应用，之后扩展到其他中心。

NASA 应用精益六西格玛来整合现有的质量技术方法和工具，将精益六西格玛方法分为两类，一类是六西格玛设计，主要应用于设计新的系统或生产过程；一类是六西格玛改进，应用“愿景—定义—测量—分析—改进—控制”流程，实施过程改进。

NASA 制定了精益六西格玛培训大纲并组织培训，课程分为冠军、大黑带、黑带和绿带四个等级。2010 年的统计大概有 1300 人进行了培训，完成了 300 多项精益六西格玛项目，投入产出比为 1 比 100，取得了显著的成果：信息检索时间降低了 98.8%，新采购订单的处理时间降低了 78%，阿瑞斯(Ares)火箭的中间级生产时间减少了 32%，舱段焊接工艺生产周期缩短了 35%等。

(7)重大项目的安全鉴定、安全与任务保证评审

NASA 组织、参与重大项目的安全性、风险鉴定会，并提供行政、技术支持。如，与项目管理委员会(PMC)一起对 NASA 项目进行独立的安全性、风险鉴定；对太空人类探索与开发(HEDS)和国际空间站(ISS)的发射、组装和在轨作业进行独立的安全与任务保证评审等。具体实施是在型号研制的各里程碑，与项目管理委员会配合，组织安全与任务保证专家进行独立的安全与任务保证评审。重大的或跨事业办公室的型号项目由安全与任务保证办公室主持；一般项目由各事业办公室的安全与任务保证经理或各中心安全与任务保证机构主持；小项目由安全性代表、可靠性代表、质量代表主持。评审专家在项目开始时确定，在项目进行过程中得到工作进展通报，并随时对系统安全性、可靠性、质量代表提供技术指导/建议。

(8)事故调查制度

安全与任务保证办公室或各中心的安全与任务保证机构成立或委派事故调查组(MIB)，负责重大质量、安全事故的调查。调查组成员由负责安全与任务保证办公室的副局长或总部各事业办公室主任或各中心的安全与任务保证主任聘任。事故调查组成员应与该事故责任单位无任何利益关系，具有独立性，包括与该事故组织无关的 NASA 雇员、其他相关政府部门成员、NASA 合作机构的代表，非 NASA 的相关问题咨询专家。与事故相关的各事业办公室负责人、项目经理、各中心主任负责配合事故调查，实施改正措施，并将有关情况通报安全与任务保证办公室。必须由 NASA 总部的公共事务办公室向新闻媒体公布。一般事故由直接责任机构负责调查、改正。事故调查费用由 NASA 负担。

(9)安全报告制度(NSRS)

NASA 雇员或 NASA 合同单位的雇员一旦发现安全问题，必须实时地报告给项目经理或安全与任务保证职能经理，也可填写标准格式的 NASA 安全问题报告单，报送(寄出)安全与任务保证办公室有协议合同的独立分析者——研究规划公司(RPI)。该公司将所报告的问题进行归纳整理后，呈送安全与任务保证办公室的安全与风险管理部的安全报告制度主席，由该主席交某个相关技术咨询小组(TAG)组织调查。然后，该主席签署一份处理方案交相应部门予以解决。如果该主席和安全与风险管理部主任不同意有关部门的纠正措施，将提交上一级领导处理。

(10)安全与任务保证人员培训

安全与任务保证办公室建立了一套完整的安全与任务保证人员在职培训体系——员工职业发展行动(personnel development initiative，PDI)。这一行动计划规定了安全与任务保证工作人员技术水平和管理能力的要求。承担具体工程项目任务的安全与任务保证人员还要由项目工程经理负责，组织进行项目工程相关知识的培训。

(11)安全与任务保证信息交流

各专业工作组由各机构派相关专家代表参加，负责提供本专业的研究项目的建议、标

准的制定、参加相关问题的评审、每年组织学术交流会，由安全与任务保证办公室管理提供活动经费，其活动办公室一般设在相应的研究机构，并经常以简报形式报告其工作进展。质量保证代表、可靠性代表、系统安全性代表按时（紧急情况随时报告）向安全与任务保证机构寄送典型格式的代表信件，报告工作。安全与任务保证人员要收集在其项目中得到的经验教训，按规定的要求形成文档，由各机构提交经批准后即进入“经验信息交流系统”（LLIS），并通过 NASA 工程网（NEN）共享。这一信息系统的信息积累和发布是基于其在线的数据库。数据库的内容是由 NASA 内部和 NASA 之外的组织机构提供，并经过专家评审。

（12）可靠性和维修性指导委员会的活动

安全与任务保证办公室组织、资助 NASA 可靠性和维修性指导委员会，由来自 NASA 总部、所属各中心和喷气推进实验室的可靠性、维修性专家组成，开发、评价新的可靠性、维修性方法，编写实用性强的可靠性、维修性技术指南，推进可靠性、维修性实践技术的应用。

（13）研究、开发与转化、推广安全与任务保证新技术、新工具

由安全与任务保证办公室负责与 NASA 所属机构、大学研究机构、工业研究部门签订安全与任务保证相关新技术开发、方法研究、工具（软件、信息系统、专家系统）开发与转化技术合同，进行开发、转化与推广工作。

（14）质量奖

NASA 设立乔治姆罗奖，由安全与任务保证办公室组织评选工作。该奖每年评选一次，奖励那些与 NASA 有合同或分合同关系、产品和服务质量卓越的企业，而不论企业大小。NASA 还设立了质量和安全成就认可奖（QASAR），对 NASA 内部员工、其他政府团体、组织和主承包商或分承包商在产品、项目、过程、环境或管理等方面，为改进 NASA 的产品或服务的质量或安全做出过突出贡献给予奖励。

6.1.3 安全与任务保证文件

NASA 将安全管理与质量管理融为一体，定期对有关质量、可靠性、安全、维修性、风险和软件方面的文件进行了系统整理，并不断修改和补充一些新的文件，使得文件体系更加系统和全面。

NASA 这些文件主要包括政策指令性文件（NPD）、程序要求文件（NPR）、技术标准（STD）、手册（HDBK）和规格说明（SP）等。

NASA 文件体系的分支由安全与任务保证管理、风险管理、安全管理、可靠性与维修性管理、质量管理、软件保证文件六个分支组成，其树型结构如图 6 - 2 所示。文件包括两类，一类是安全与任务保证办公室自己制定的文件/标准，如方框图所示；另一类是非安全与任务保证办公室文件/标准，如六边形所示。

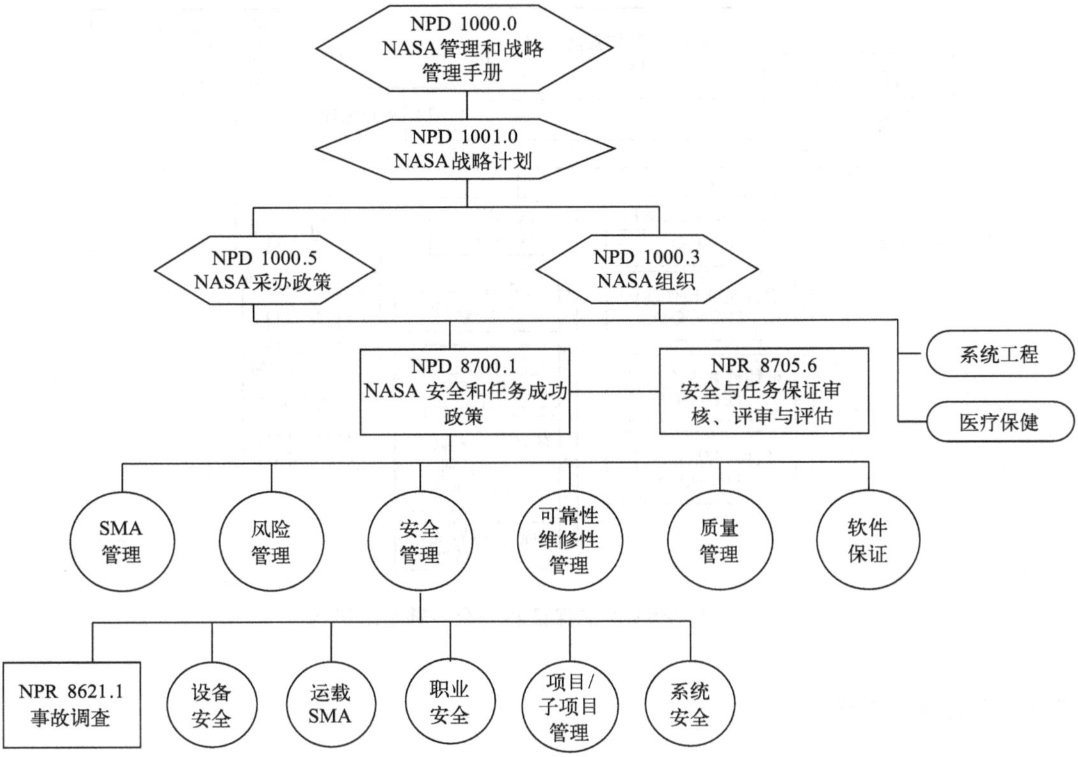

图 6 - 2　NASA 安全与任务保证文件树

6.2　欧洲空间局产品保证与安全性

6.2.1　产品保证机构及职责

欧洲空间局(ESA)的技术和质量管理部(D/TEC)所属的产品保证和安全性部(TEC - Q)设在欧洲空间研究技术中心，其技术范围包括质量、可信性和安全性，元器件，材料和工艺，要求和标准，项目产品保证。产品保证和安全性部组织结构如图 6 - 3 所示。

产品保证和安全性部专业涉及产品保证(PA)、安全性和质量管理等专业范围，大部分雇员常驻该部总部。该部少部分雇员派驻各项目管理办公室，还有几个雇员派出作为 ISO 9001 注册质量经理，上述人员均独立行使职能。

产品保证和安全性部部长在上级部长授权下工作，在出现重大技术问题或矛盾时，可直接向 ESA 总裁报告。ESA 总检查官负责重大的欧空局级的评审。总检查官和产品保证和安全性部均有权对故障进行审查和组织非正常状况的评审。产品保证和安全性部部长在所有重大计划和项目评审中以评审组成员身份参加。

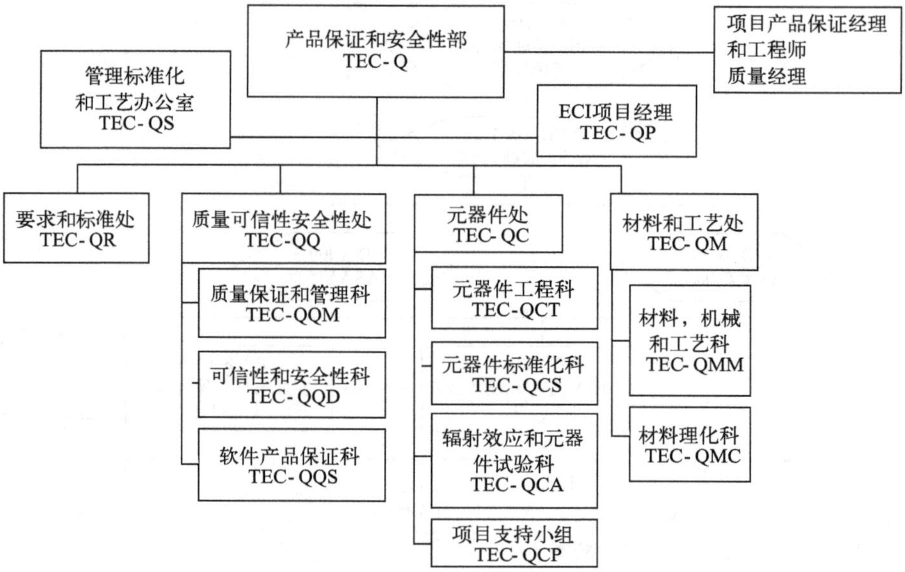

图 6 – 3　ESA 产品保证和安全性部组织机构

6.2.2　产品保证工作

(1)产品保证管理

1)进行系统性的产品保证策划。每一个可见产品(项目)都要进行系统的产品保证策划。其结果是形成产品保证系列大纲和产品保证工作表单，列出适用的产品保证工作项目、时机和要求，有关的工作计划纳入项目管理的工作分解结构中。

2)建立矩阵式领导的项目产品保证工作系统。项目经理是该项目产品保证工作的总负责，产品保证经理是具体的策划和组织者，由产品保证和安全性部派出到项目办公室，同时对产品保证和安全性部经理和项目经理负责，又接受用户产品保证代表的监督，组织产品保证工作，同时对下级配套产品的产品保证经理起监督和控制作用。

3)依据合同逐级传递产品保证要求。在 ECSS – S – ST – 00C《ECSS 系统 – 描述与实施》标准中要求，所有的合同都要包含适当的产品保证条款，在合同的拟制和谈判过程中，要涉及到产品保证的要求，以保证对于这些条款的共同理解。在产品的各个层次上，用户提出产品保证要求，承制方制定产品保证大纲，向用户承诺以产品保证的方式进行管理和提供信用。这种要求和承诺的关系被传递到产品链的最低层。

4)实施严格全过程质量控制。着重强调两点：一是设置了一系列固定的质量控制点和灵活的专项控制点，通过评审来评价阶段任务的完成情况。固定的质量控制点有初步要求评审、验收评审、使用准备评审、飞行准备评审、发射准备评审等九种，专项评审有元器件、原材料、工艺和不合格品评审等。二是建立一系列技术委员会，实施技术评审，包括：审查元器件选用控制委员会(PCB)、技术状态更改控制委员会(CCB)、试验准备状态评审委员会（TRB）、材料和工艺控制委员会（MPCB）、不合格品报告评审委员会（MRB）等。专项委员会负责对于产品链上每一个环节的选用、更改和让步做出评价，给出审查意见，对技术风险进行评估，供产品保证经理和项目经理参考。

5）在产品全链条上实行用户介入式监督管理。各层次产品的设计对于用户都是开放的，包括元器件、材料、零件、工艺的选用都要经过用户的技术委员会的审查；承制方要根据要求向用户提交产品保证进展报告，随时接受用户进行的监督和审核，“用户介入权”还允许用户产品保证代表随时审查项目技术和管理文件，查看正在进行中的设施，以至核查项目团队人员的技术资质，这种权力还可以延伸到承制方的下级供方。

6）实行产品保证经理独立的报告机制。产品保证经理可以就项目执行的本组织的规章、规范、标准和产品保证大纲的情况独立地向派其出的产品保证和安全性部以至最高管理层报告。这种机制保证了产品保证经理能够充分地履行其独立监督的职责，保证了产品保证管理在项目内的权威和执行力。

（2）安全性工作

在卫星项目中，产品保证和安全性部部长也负责相关安全性授权和设备的安全性认证（例如发射安全性放行、AIT 安全性放行）。在载人空间计划中，产品保证和安全性功能是分开的。载人计划（例如国际空间站和 ATV 货运飞船）的安全性工程要求与安全性专业机构和国际合作伙伴进行更专业的合作。

ESA 有效载荷安全性评审组（ESA - PSRP）与 NASA 合作建设，由工程、运行、航天员中心和 ESA 医学中心的专家组成，负责对 ESA 研制或资助研制、使用美国航天飞机或欧洲 ATV 货运飞船运往国际空间站的有效载荷进行安全性认证，接受 NASA 的年度核查。

（3）质量保证

1）明确两类质量专业人员的职责。质量专业人员包括综合质量人员、项目中的产品保证人员。其中，综合质量人员的职责：支持不同类型的空间项目；项目评审中独立行使职能；参与研发；开发标准；项目中的产品保证人员的职能是参与项目集成、直接见证项目中的问题；应用标准。质量专业人员需要专业知识和实践经验，能够处理报警、内部问题通报、标准化反馈信息、项目评审等。

2）开发和推行项目不合格报告（NCR）的通用工具。ESA 支持的不合格追踪系统（NCTS）是欧空局级的工具，在 ESA 项目免费使用、强制执行，为所有计划/项目提供通用数据来源，使项目不合格报告数据文件可通过网上读取和写入，不合格追踪系统对所有用户保持版本一致。产品保证和安全性部将其推广应用于所有 ESA 计划、工业部门、第三方设备提供商。

3）实行在轨异常数据的交换、分析和积累。欧洲空间运行中心负责维护在轨异常跟踪系统。产品保证和安全性部支持项目工程师和项目最高技术官员对于在轨异常的内部分析和经验积累。对于通用设备，ESA 负责建立跨项目的数据库，以支持其他项目的选用和知识交流。

(4)EEE 元器件保证工作

欧洲空间元器件协调委员会负责 ESA 空间元器件规范的协调和任务的制定。产品保证和安全性部主持空间元器件指导组(SCSB)，负责批准新品元器件的技术路线图和优先开发计划。ESCC 总体负责欧洲空间用元器件战略及相关技术。ESCC 成员单位包括欧洲元器件生产商、工业界用户和欧洲各国航天局，主要目标是提高欧洲获得具有战略重要性的 EEE 空间元器件的能力。

(5)技术风险管理

产品保证和安全性部负责技术风险管理，综合产品保证经理有责任在风险管理方面支持计划或项目经理。另外，产品保证和安全性部内部新设置了风险管理工程师职位。风险管理的任务通常包括建立项目风险管理计划，建立和维护风险等级数据库，定位风险所有者，监控风险降低措施的执行等。ESA 要求按照 ECSS – M – ST – 80《风险管理》和 ISO 17666：2003《航天系统 风险管理》开展定性的风险管理，制定了一系列具体举措。

(6)质量管理体系

产品保证和安全性部负责 ESA 现有经认证的质量管理体系的正常运行。质量经理为各项目办提供综合支持，向产品保证和安全性部报告 ESA 质量管理体系运行情况。产品保证和安全性部准备 ISO 9001 认证计划并通过 ESA 提出认证建议。该部管理标准化和过程办公室(TEC – QX)负责准备和推广统一的管理过程，负责综合 ESA 管理手册，包括管理步骤、过程和实践。

(7)设备认证

产品保证和安全性部正在 ESA 范围内启动规范化设备验证状态评审(EQSR)，并建立设备验证状态数据库。设备验证状态评审允许公开发行设备验证状态数据库，方式类似于选用器件名录或采用工艺过程目录。该数据库可作为已验证过的合格设备用于特殊项目环境需求的参考。欧洲卫星运营商已提出类似的设备认证需求，以保证运营可靠性和运营业务性能。

6.2.3 产品保证标准

欧洲航天标准化合作组织(European Cooperation for Space Standardiz，ECSS)为 ESA 及成员国工业界提供标准开发和维护服务。ECSS 标准体系目前约 160 份各类标准，其范围覆盖管理、工程和产品保证等领域。其中产品保证分支体系(ECSS – Q)见图 6 – 4 和图 6 – 5。

ECSS – Q 空间产品保证标准规定了空间项目产品保证活动的管理和实施方面的要求。2015 年 7 月发布的 ECSS 标准目录，包括：产品保证管理，关键项目控制，不合格控制系统，质量保证，可信性，最坏情况电路性能分析，故障模式、影响及危害性分析(FMECA)，可用性分析，安全性，危险分析，故障树分析，EEE 元器件，零件、材料和工艺，软件产品保证等 45 个产品保证标准。

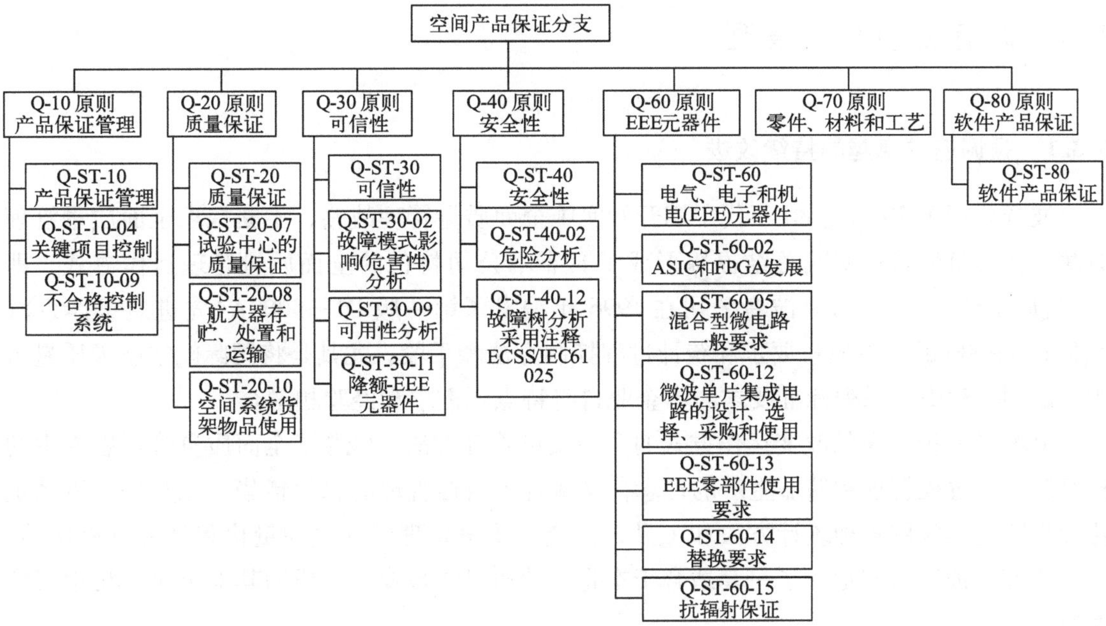

图 6－4　ECSS 空间产品保证分支体系(1)

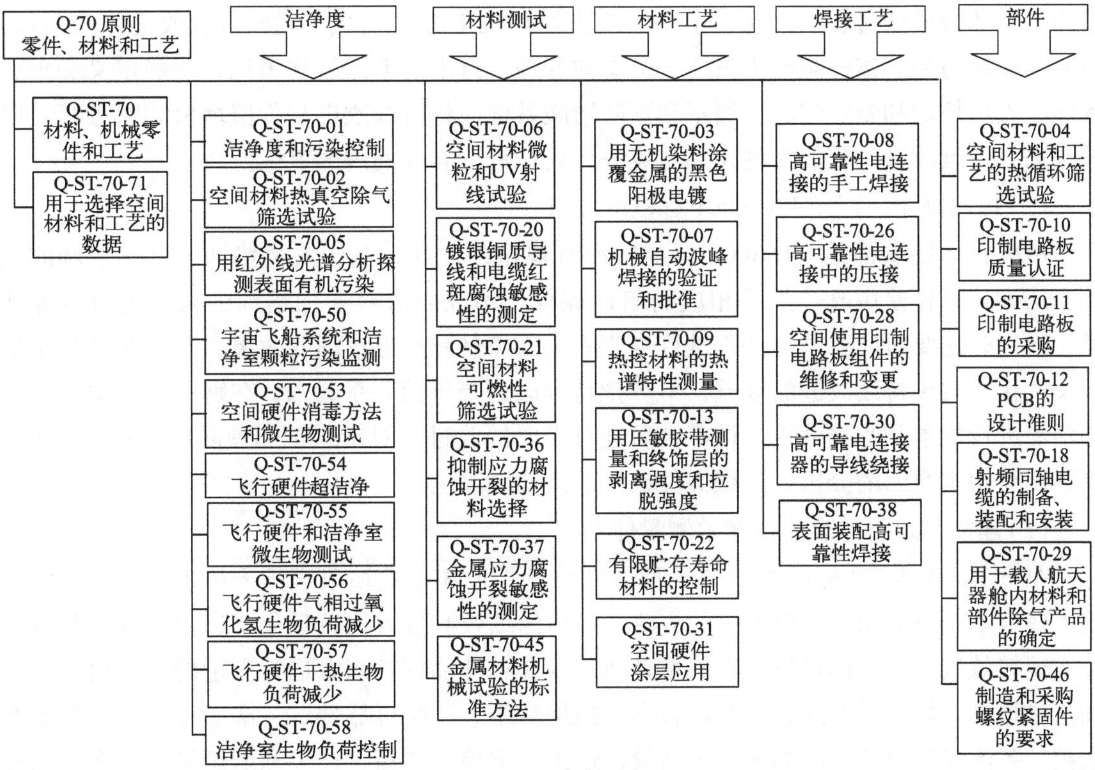

图 6－5　ECSS 空间产品保证分支体系(2)

6.3 波音公司质量管理

6.3.1 强调追求卓越的持续改进

波音公司于20世纪80年代中期开始实施全面质量管理战略，不断探求全面质量管理方法，将自身的管理实践总结提炼形成了具有本公司特色的全面质量管理运作方式，即“先进质量体系”(AQS)。波音公司在1996年编发了第一版D1—9000A《先进质量体系》，包括ISO 9000的基本质量要求和统计过程控制方法和手段，尤其是将国际航空航天质量组织制定的AS 9100系列标准要求与本企业自身特点、需求和经验相融合。

AQS是一种发展的改变运作方式的全面质量管理方法，借鉴了全面质量管理思想中的持续改进、过程管理和精益生产的理念，又融合了目标管理的思想精华，尤其是注重系统化和程序化地应用各种统计方法和工具，使全面质量管理活动更加量化和具有可操作性。通过AQS，波音公司形成了一套适合于本企业的质量管理模式，成为其他企业争相学习的典范。

(1)明确持续改进的流程和体系

AQS要求持续改进体系与企业的长期目标结合，需要进行自上而下的战略策划。AQS给出了持续改进的过程图，说明了持续改进策划推进方式。AQS明确持续改进体系包括：具有专业能力和丰富经验的人员，全员参与管理，自上而下的战略策划，明确定义和理解程序、人员培训和专业测试、纠正和预防措施系统、将持续改进与价值增值和财务绩效联系起来，持续改进过程的文件化，与业务计划挂钩，有效的内部审核。

(2)提出高于、严于ISO 9001标准的要求

AQS许多要求都是ISO 9001标准所没有规定的。如，对于人员培训，AQS强调的是终身培训，设置使用改进工具相应的培训课程，不仅要求对参加培训的人员进行专业测试，适当时还要对所要求的课程进行专业测试以衡量和改进培训的效果，并将测试方法加以文件化。对于持续改进的效益，AQS把持续改进与价值联系起来，在财务评审中对每一项活动进行成本和收益分析，评审之后进行必要的改进；对于纠正和预防措施系统，AQS更强调对根本原因的分析，过程文件也要求持续地改进。

(3)建立和运行的全方位绩效测量体系

AQS将ISO 9000标准给出的五种识别质量管理体系业绩改进的方法进行了改进，提出了适合本企业的识别绩效改进的方法，提出的绩效测量方法可量化，通过有效性和效率来实现绩效测量结果的量化。有效性是通过内部和外部顾客满意进行测量的，提出了相应的量化指标，如交付时间、顾客拒收率、担保费用、产品可靠性、一次通过率、工程更改次数、各流程阶段产品缺陷率、废品量、返工、重检、差错、过失和瑕疵等。效率是通过生产产品需要的时间和资源来测量的，给出的可测量指标有周期，平均每天检验/测试的

次数，在制品的数量，制定文件需要的时间和人员数量，安全库存水平和单个产品成本。

AQS提出的绩效测量的范围也十分广泛，既包括高层业务和经济的评估，也包括零部件和过程的评估，即对每一个层次的产品和过程都要进行评估。这样，通过AQS可以实现成本、进度、质量、顾客满意度和利润等方面的可测量改进。

6.3.2　注重运用科学方法和体系实施过程的波动管理

(1)将统计过程控制工作纳入到质量管理体系

波音公司强调质量管理的实施要有科学方法和科学措施来保证，将统计过程控制(SPC)工作纳入到质量管理体系，在质量管理体系上构建过程控制方法体系，解决开展过程控制所需的组织机构、程序和资源等问题。

(2)通过文件和手册给出波动控制的流程、方法和步骤

波音公司编制AQS的一个主要目的就是提供减小质量特性波动的生产过程持续质量改进方法。AQS对波动的控制从顾客需求开始直到整个产品寿命周期，给出了减少关键特性波动控制的流程图，注重通过完善产品设计来控制波动，规定了实施质量管理采用的统计分析方法和工具的管理流程和工作流程，将全面质量管理使用的各种统计方法和工具系统化、程序化，将所有统计技术方法和工具汇总成册，说明每一方法和工具的使用范围和使用条件，给出了遇到问题时的解决途径；强调应从设计就开始分析设计中存在的波动，设计者应与顾客和供应商共同合作，需要的情况下成立综合产品组(IPT)，发掘更多顾客和设计的要求。

AQS强调通过控制关键特性和关键过程参数来实现对关键过程的控制，对波动的控制和降低活动主要分为三步：第一步，对过程和产品进行分析；第二步，通过控制关键特性和关键过程参数来实现对关键过程的控制；第三步，降低波动。在这个过程中，AQS详细说明了如何使用统计过程控制工具来系统地进行改进。

6.3.3　大力推行数字化制造和并行工程

(1)建立数字化研制和并行工程标准体系

波音公司在数字化研制与并行工程推广应用过程中，形成了完整的标准体系。1997年，波音公司针对基于模型的定义(全三维)数字化产品研制模式，协助美国机械工程师协会，开始进行有关标准的研究和制定工作，于2003年上升为美国国家标准《数字化产品定义数据的实施》(Y14.41)。在该标准基础上，波音公司制定了公司的基于模型定义技术应用规范BDS—600系列标准。

波音公司制定了D6—51991标准《供应商数字化产品定义质量保证》。该标准作为波音公司质量管理体系的补充，规定了供应商数字化数据系统控制要求，明确了波音供应商数字化产品定义质量保证/控制体系，编制了数字产品定义/基于模型的定义检查单，评估和确认供应商的数字化产品定义质量保证能力。

（2）工程中应用数字化研制实施并行设计制造

波音公司从B737－X到B777研制，实现了全过程的数字化定义、数字化预装配、并行设计、协同流程管理，建立了第一个全数字化飞机样机，开创了航空数字化制造的先河。在新一代战神航天运载工具的研制中，采用基于模型的定义和作业指导书（MBD/MBI），缩短装配工期57%，将数字化制造推向制造现场的更深层次，从观念到技术，使设计和制造实现了本质的飞跃。

波音公司在制订项目研制计划时，重点关注三个方面。一是在设计早期让用户广泛参与，以尽快确定产品的主要需求；二是产品定义数据集在发放前确保其正确性和合适性；三是通过协同工作确保信息和数据充分共享以及问题能够及时得以解决。

波音公司将数字化技术应用与并行“设计制造团队”（DBT）的组织形式相结合，在工程项目中建立大量的DBT，贯穿设计、制造、交付和售后支持整个产品生命周期。每个DBT集合了工程、制造、材料、客户服务、质量审核和财务等方面的专家，一般情况下还包括供应商和客户代表。波音公司强调所有组内的成员必须在同一地点办公，以便于成员之间信息及时沟通。每个DBT是一个独立的项目团队组织，负责一部分功能（如电器、结构等）。这一组织方式取得了明显的效果，在设计发放以前便可以找到并消除大量的问题。

波音公司实施了并行产品定义（CPD），即把产品设计的相关过程，包括产品制造和支持服务集成在一起的系统工程方法。在研制项目中，由DBT共同进行产品定义。这里的设计包括产品设计和工艺、装配、检验和服务等方面的设计工作。

波音公司在研制过程中实施并行工程，大量使用数字化研制技术，包括数字化产品定义、数字化预装配、数字化工具定义，整个设计工序都没有采用传统的绘图纸方式，以确保成千上万的零件在制造昂贵实物原型前，就能清楚计算其设计是否稳妥。

6.3.4 依据供应链管理理论和先进、特色企业标准实施供方管理

（1）制定了供应商管理的标准

波音公司制定了一系列对供应商管理的标准，最为重要的是发布了多版《波音对供应商质量管理体系要求》，将AQS的要求纳入到该文件之中，并不断完善该文件。该文件明确要求供应商执行ISO 9001和AS 9100标准的要求，而且更侧重于后者。

（2）强化供应商的资格管理

波音公司对供应商提出只承认由认可的认证机构按照国际航空航天质量协调组织（IAQG）要求所颁发的质量管理体系认证/注册文件。这里，“认可的认证机构”是指该认证机构必须使用经批准的审核员，并按AS/EN/SJAC9104“航空航天质量管理体系认证/注册要求”中规定的IAQG认证/注册方案进行认证，而且认证机构的服务协议规定了波音公司有权查阅认证机构所有记录。可见，波音公司与认证机构合作，采用国际组织规范化的AS 9100标准认证的方式，实施对供应商的管控。

波音公司明确其软件的供应商质量管理体系应符合AS 9100要求，其软件质量管理体

系要符合AS 9115要求；承担航空航天维修供应商应取得AS 9110认证，承担航空航天以及国防组织的分销商应取得AS 9120认证，测试设备应取得美国实验室协会认证(A2LA)或国家标准化和技术认证(NIST)。

波音公司明确其软件供应商提出应符合AS 9100质量管理体系可交付航空航天软件的补充——能力成熟度模型，指出应完成过程改进标准CMMI评估分级(SCAMPI)的A级认证，应在规定时间内通过软件工程协会(SEI)授权的评估员进行的CMMI4级或以上等级的认证。

(3)将波音公司过程控制要求引入供应商

波音将公司要求供应商控制过程中的波动，尤其是关键特性的波动。《波音对供应商质量管理体系要求》把关键特性波动管理作为重要内容，给出了关键特性波动管理的流程，包括关键特性的统计控制和能力分析、改进机会识别和改进措施实施的要求，范围涉及设计、开发、安装、采购和维修过程。波音公司对其供应商明确提出，应保持所有过程的原始记录，其中测试的质量记录至少5年；应强化技术状态更改控制；应及时提交不符合事项的根原因分析及纠正措施报告；对关键特性采用统计过程控制或其他控制工具进行控制等。波音公司建立供应商信息传送网，要求供应商及时反映生产过程的不合格情况，同时波音公司会对不合格情况做出快速的响应。

(4)帮助供应商应用技术方法

波音公司提供了《先进质量体系工具手册》、关键特性波动管理评估工具一系列质量管理工具，还制定了《波音公司供应商数字化产品定义质量保证标准》、《供应商关键过程/敏感机翼硬件质量要求》、《供应商不合格品指南》等标准和要求，将质量与可靠性技术方法汇编成册，提供给供应商，以帮助供应商使用这些标准以提高其相关能力，从成本、交付期、质量、减少浪费、顾客满意度和利润几个方面实现可测量的改进。

(5)建立供应商绩效测量体系和监督管理体系

为了更有效地激励供应商不断提高管理水平和产品质量，波音公司建立了供应商绩效测量体系和监督管理体系，对供应商的绩效从质量、交付期和总体绩效三个方面进行评分，实现了可量化的绩效测量。波音公司供应商绩效促进委员会有权对供应商的绩效进行评价，并督促改进。波音公司对供应商进行全面、系统的监督评估，包括产品评估、质量过程评估和制造过程评估。评估活动为提高和改进供应商质量管理体系及其支持过程识别了机会。波音公司质量代表可以在供应商工厂或波音公司对供应商的产品进行抽样检验测试。

(6)在供应商管理中导入卓越绩效模式

波音公司设立了波音卓越绩效奖，绩效测量结果为供应商进行波音卓越绩效奖评奖提供了依据，有效促进了供应商质量管理达到卓越。波音公司注重通过与供应商建立长期紧密的业务关系，并通过对双方资源和竞争优势的整合来共同开拓市场，扩大市场需求和份额，降低产品前期居高不下的成本，实现“双赢”。

6.4 诺格公司供应商质量管理

6.4.1 分类分级提出对供应商质量管理体系的要求

诺格公司制定了以《供应商质量保证要求》(SQAR)为核心的一套标准。要求供应商的质量管理体系符合 ISO 9001 标准或 AS 9100 标准，更倾向于 AS 9100。根据供应商类型，将其分为有设计权的制造商、按设计进行生产的制造商、增加价值的经销商、经销商、提供加工或服务的供应商、提供货架产品的制造商、设备加工供应商、QPL/顾客批准的或具体零部件的唯一供货方或分供应商等几类，确定八个等级质量管理体系水平，分别对其提出建立体系及认证要求，对供应商的审定方式与提供的产品和服务的类型相匹配。明确有权选择和实施对供应商质量管理体系的检查，有权现场评价或进行其他方式的评审。供应商在发生重大变化时，应及时告知诺格公司供应商保证代表。

6.4.2 明确提出供应商提供产品和过程控制的详细要求

诺格公司制定了《供应商质量保证要求》(SQAR)、《通用采购订单质量保证条款》等相关文件。明确地规定了供应商在关键特性识别与控制、数据包的控制与使用、多余物控制、材料采购、特殊过程控制、数字信息的控制和使用、软件控制、零件标识、统计过程控制、首件检验、无损检测、抽样和产品检验、假冒伪劣产品防范、不合格品管理、产品例外放行、质量记录、交付文件、纠正和预防措施、返修和更换或维修等过程控制活动。另外规定了供应商如何制定程序文件和标准规范，采用哪些有效措施和方法，应该形成、提供和保留的记录等方面的详细要求。

6.4.3 运用供应链理论对分供应商及其产品实现过程实施控制

诺格公司明确要求分供应商质量管理体系应该根据产品和服务的类型满足 ISO 9001、AS 9100、AS 9120《质量管理体系—航空航天—对库存经销商的要求》、AS 9103《关键特性波动管理》等标准的规定，并提供具有权威性的证明。要求所有的分供应商使用 AS 9102A《航空航天首件检验要求》来进行首批产品的检测。还要求供应商确保所有从分供应商采购的产品满足诺格公司采购订单的要求，明确诺格公司对供应商适用的要求也同样适用于分供应商。

6.4.4 对供应商进行系统、量化评价和定级

建立了分类、量化的供应商评价体系，持续地对供应商的能力进行评价。供应商评价采用计分卡方式。计分卡分为两种类型。

第一种，支持采购的供应商计分卡(SAP)。为每个供应商指定一名供应商保证质量工程师(QFE)，职责是确保质量情况的准确性，并把过程健康情况和精益生产/六西格玛等

级录入计分卡。

第二种，支持分包合同的供应商评估管理体系(SAMS)计分卡。它提供标准的工具和在线数据库，以定期评估供应商的业绩。

评估方式有对供应商质量计划或系统现场调查、评估供应商质量手册和请供应商完成信息填写问卷等。评估结果用于为供应商选择的决策提供依据，并帮助供应商改善绩效。为了激励供应商达到杰出质量水平，还制定了白金级评价计划。

6.5　洛马公司质量管理

6.5.1　依据 AS 9100 和供应链理论实施供应商质量管理

(1)要求供应商通过 AS 9100 标准认证

洛马公司要求供应商的质量管理体系符合 ISO 9001 标准或 AS 9100 标准，更倾向于 AS 9100 标准，并要求供应商通过国际航空航天质量协调组织/美国航空航天质量小组的第三方认证，确保供应商质量管理体系与其相符。洛马公司还明确要求供应商当质量管理体系发生变更或重新安排时，应在规定的时间内通知洛马公司。

洛马公司根据供应商提供的产品特性划分为金属原材料、非金属原材料、地面保障设备、软件等 17 个不同的专业类别，分别给出不同类型产品适用的质量管理体系标准，如 ISO 9001、AS 9100、AS 9111《对维修组织的质量管理体系评估》、AS9120《质量管理体系—航空航天—对库存经销商的要求》，并给出裁剪标准，同时通过供应商等级评分法来划定供应商的等级。

(2)制定并实施一系列供应商质量管理标准

洛马公司制定了《供应商质量保证要求》(SQAR)等对供应商质量管理标准，并根据质量保证新要求不断修改这些标准。在标准中详细规定了对供应商质量管理体系的要求，如，要求供应商在关键项目变更时以书面形式通知洛马公司；保存生产过程和产品记录使其具有追溯性，并在需要时提供给洛马公司；提供合格认证证书；强化不合格品审理和处置等。洛马公司对供应商的质量保证要求在标准化的订货单中给予明确。供应商通过登录指定网站可以获悉订货单上的质量保证要求。洛马公司还制定了《供应商质量绩效》，并建立了量化的供应商绩效评价体系，通过评价引导供应商不断提高其产品和服务质量及质量管理水平。

(3)按照供应链管理理论强化供应商对分供方的管控

洛马公司明确要求供应商应确保其分供方也符合所有适用性质量标准，要求供应商对其采购产品实施有效控制，要求供应商在没有得到洛马公司书面授权的情况下不得从独立的经销商或代理人之处采购产品，要求提供装箱、运输、分销和仓储等服务的供应商的专长及核心业务应是按供应链运作。

(4)运用合同等方式预防和处置采购假冒伪劣产品

洛马公司明确其“假冒伪劣产品”的内涵，要求供应商在国际航空航天标准 AS—5533 的指导下制定和维护假冒伪劣产品预防计划和控制措施，通过合同等方式要求其供应商确保不把假冒伪劣产品提供给洛马公司，提出如果供应商怀疑其向洛马公司提供的产品为“假冒伪劣产品”，应在发现时及时通告洛马公司，并提供原始零件生产商(OCM)/原始设备生产商(OEM)的相关文件，确保对其影响的产品具有可追溯性，并明确了供应商应承担因提供假冒伪劣产品的补偿和检测费用等。

6.5.2 实施六西格玛管理战略计划

(1)确定六西格玛管理战略计划和项目具体步骤

洛马公司 1998 年提出并启动了“洛马 21 世纪”(LM21)战略计划，从公司战略层面推动六西格玛管理，并将此前并购的公司的最佳实践在洛马公司实行共享。洛马航天系统公司作为最佳实践者在这一计划中非常积极，转化吸收了通用电气公司的六西格玛管理，形成了洛马六西格玛管理的根基。

对于具体的六西格玛管理项目，洛马公司提出了通向卓越的 8 个步骤：识别机会，判定优先级；定义项目；评估/描述现状；分析识别浪费/风险；流程优化，降低风险；实施/验证；测量/保持；交流/确认成功。

(2)培训六西格玛管理的核心团队

洛马公司十分注重培养六西格玛管理核心团队。核心团队在公司内部开展培训项目，绿带要进行一周的培训，并进行项目所需技能认证；黑带培训要多于两周，需要对三个项目所需技能进行认证，并指导三个绿带通过认证过程。

(3)部署六西格玛管理的方式和实例

“洛马 21 世纪”战略计划活动由运营执行官任命联络点(POC)进行领导。由大黑带向联络点汇报指导变革推动者的负责人，以及监管项目技术执行情况。

通过多个渠道，每年都有年度“洛马 21 世纪”战略计划发给维护过程改进卓越项目计划的项目组。这一战略计划的联络点负责制定他们项目的计划和实施。在过程改进项目里部署变革推动者(大黑带、黑带以及绿带)。“洛马 21 世纪”战略计划要求一个项目或者工作地点至少有 1% 的人是黑带，至少有 6% 的人是绿带。通过由联络点管理的战略计划和卓越项目计划对精益六西格玛管理的部署进行管理。洛马公司部署六西格玛管理的经验是，管理层的支持非常重要，在完成改进项目的战术执行阶段，中间管理层的支持是最重要的。当中间管理层开始将持续改进方法作为日常的商业工具箱来预防和解决问题，而不是认为它们只是一个附属、额外的负担时，那么许多阻碍都可以避免。

2004 年，洛马公司在 TitanⅣ项目上实施“洛马 21 世纪”战略计划，投入 15 名黑带、146 名绿带，一批空军和客户也接受了冠军/绿带培训；空军和客户作为活跃成员参与改进项目，围绕降低项目风险，保证 100% 成功率，开展了 100 余项六西格玛项目，保证了项目的成功，客户认为，Titan 项目里“洛马 21 世纪”战略计划最重要的作用就是降低风险，实现了持续的过程改进。

6.5.3　实施多学科协同并行设计系统的开发与应用

洛马公司围绕导弹研发设计开发了交互式导弹设计系统，系统集成了几何引擎、推进系统、气动分析、空气热环境分析、结构动力学、武器效能及费用模型等，构造了基于网络的实时协同设计环境。该系统通过产品设计过程的集成和优化，可以快速对导弹进行概念和初始设计，使设计速度提高为原来的 4 倍，并能在导弹概念设计阶段节约大量开支。该系统在包括联合低空发射导弹等众多项目中得到运用。

洛马公司还围绕超/高超声速飞行器的研发，开发了超/高超声速飞行器设计系统。它是一个涉及热、弹道、结构、控制、气动、推进、成本和可靠性等方面的多学科系统。传统上对这些学科的分析是独立进行的，所以导致了飞行器设计过程的低效。但该系统将这些设计分析集成到一个统一的设计平台，并与各个专业的分析模块紧密结合，实现了需求—几何(集合)—分析—优化—数据管理的一体化自动设计过程，在概念设计阶段就能对设计方案进行快速评估。该系统可以独自捕获和处理各学科知识，推动多学科协同和并行工程，并实现集成的工程仿真分析和寻优，为跨大气层运载器的设计与仿真提供了条件。

6.6　国际空间站安全性与技术风险控制

6.6.1　以安全性为核心的安全和任务保证

(1)提出系统、明确、具体的安全性和任务保证要求

国际空间站从系统顶层制定了安全性和任务保证工作要求，如航天飞机项目要求(NSTS 07700)、空间运输系统有效载荷安全性政策和要求(NSTS 1700.7B)及国际空间站安全性要求(SSP 50021)等。具体项目的安全性、可靠性等要求可参照此类顶层要求来细化制定。

在国际空间站合同中，对承包商应该开展安全性和任务保证(S&MA)项目提出了要求，包括：

1)编制安全性和任务保证综合风险分析报告，应融合所有的安全性和任务保证的风险方面的内容，如危险源、故障模式影响分析/关键项目清单(FMEA/CIL)、平均无故障间隔时间(MTBF)等，并总结出风险因素；

2)应当开展安全性、危险和逻辑树分析，应当进行综合分析来保证国际空间站(舱段和载荷外部附件)满足用户提出的安全性要求，安全性工作应当符合 NHB 1700.1《NASA 安全性指南》，NASA 安全性政策和要求文档以及约翰逊航天中心(JSC)安全性和健康手册；

3)应当开展和提供故障模式影响分析/关键项目清单分析；

4）应开展维修性分析，预计和分配。

在可靠性方面，通过标准文件对可靠性指标等进行了明确而且具体的要求，例如国际空间站标准 SSP 41163H《国际空间站项目俄罗斯舱段规范》中对可靠性定性要求主要包括：

1）故障容限：对 91 项功能提出了故障容限要求，如总压力控制、氧分压控制、能量存储等功能；

2）服务寿命：俄罗斯舱段应在首次发射后能够全性能工作 15 年；

3）故障传播：单一设备故障不应通过美国舱的接口进行传播；

4）冗余状态：对于要求连续运行的功能，在定期检查其冗余功能通路时，应当允许在不拆除轨道可更换部件（ORU）或者不中断舱段主要功能的情况下进行。

在质量保证方面，在标准文件 SSP 41173 对质量保证过程的管理与策划，产品设计开发控制，标识与数据获取，采购，制造控制，试验控制，不合格品控制，计量控制，标志控制，运输存储标签管理，采样与统计分析，NASA 及国际合作者财产管理，软件质量保证等方面提出了明确要求。

（2）实施统一、全面、规范的安全认证

NASA 同所有国际合作方的主管部门，包括俄罗斯的主管部门，签署了备忘录。备忘录委托 NASA 全权负责国际空间站的整体安全。承担这一职责后，NASA 给出了系统及其组成是安全的全面的认证。

例如，俄罗斯的舱段（Zarya 和服务舱）在最终的国际空间站设计方案形成之前就已经部分完成研制工作。NASA 的安全官员在这两个舱段发射之前对其进行了研究，提出四个问题：

1）为了降低重量，对轨道碎片防护不足，对此，后来采取的补救措施是需要时在轨安装防护面板；

2）由于舱段内空冷元器件的关键设备在真空环境下会失效，舱内压力下降之后不能正常运行；

3）由于服务舱窗口紫外线和红外线防护不足、没有碎片划伤面板、航天员防护等方面的问题，服务舱不满足国际空间站安装窗口的要求；

4）舱段内噪声达到 65 至 75 分贝，而 ISS 要求 24 小时都不能超过 55 分贝。

NASA 对 ISS 实施全面安全管理的安全评审过程加以明确，以便为飞行和地面产品以及保障性设备提供一致的分阶段评审。

（3）充分发挥安全和任务保证组织的作用

安全和任务保证办公室直接向国际空间站项目经理汇报，负责管理国际空间站安全性大纲。该组织综合了所有国际合作方提供的输入并管理他们的安全评审，管理所有的安全和任务保证活动，评审对重要承制方的要求。

NASA 建立了安全评审委员会。该组织评审和批准危险性报告以及飞行放行所要求的安全性数据包，评估国际空间站所有的飞行部分、飞行相关的保障设备、访问飞船以及组装操作的安全和设计。国际空间站设计、试验、生产和运营方面的关键产品由独立的安全性任务组评审。

(4)高层次的安全性专家组织独立履行职责

航天安全性专家委员会(ASAP)是直接向 NASA 国会报告的高级专家委员会，于 1967 年阿波罗指挥和服务舱航天器着火之后由国会成立，40 多年来一直对 NASA 及 NASA 所有的项目提供支持。其成员由航天领域的现职或退休的高级专家组成，包括以前的 NASA 经理和航天员。该委员会对国际空间站的设计、生产、建造和运营过程进行监督，向 NASA 局长提出建议，编制年度报告，并向国会报告。

2003 年哥伦比亚航天飞机事故之后，该委员会发布了一项报告，向国会陈述并向 NASA 提出建议，要求保证更加独立工作并赋予在发射决策以及其他运营活动方面的运营安全性职责。该委员会指出 NASA 的项目经理在面对进度和预算压力时常常牺牲安全裕度，明确提出：NASA 一直存在项目经理和工程经理有权批准对安全性要求的超差特许，这一权力应该留给实施独立技术评价的独立的安全性组织。建议 NASA 的安全性组织应作为独立指挥链的一员，能够直接向局长汇报。该委员会在 2002 年度的报告还列举了由于俄罗斯和美国工程人员之间交流不畅而导致的事件或可能的事故，发出了危险的警告。

(5)对不同影响程度的潜在故障分层进行风险管控

NASA 将 ISS 的潜在故障的风险分为三个层次，对其采取不同的对策：

1)对于灾难性危险，采用双故障冗余，即防止同时出现两个故障或两个操作错误，从而导致航天飞机、国际空间站伤残或致命的错误或故障。对于在轨空间站必须进行这样设计。

2)对于关键的危害性，采用单故障冗余，即在轨的空间站需要设计成不会出现导致正常人员受伤、严重的职业疾病、重要的产品损害、在轨寿命保障功能或应急系统损坏或航天飞机破坏的单点故障或单个操作员错误。

3)对于一般性的风险，采用风险最小化设计，即危险由设计相关的属性和特性的安全性来控制，而不是故障冗余标准控制。

上述三类风险中，尤其是对于灾难性危险最为重要，其设计思想是产品必须符合双故障冗余要求。由于大部分重要的系统都是美国和俄罗斯研制和建造，美国和俄罗斯的航天局使用完全不同的降低共因故障的方法。例如，国际空间站一直都采用四个制氧方式：俄罗斯的制氧机和贮箱内的氧气，美国的制氧装置和制氧罐。虽然出现过一些问题，但从来没有四个同时出现故障的情况。此外，大部分冗余系统都能进行在轨维修或更换，进一步提高了安全性。

6.6.2　强化技术风险的识别、分析和控制

(1)尽量应用成熟技术并开展技术成熟度评估

技术成熟度评估(TRA)方法最早由 NASA 于 20 世纪 70 年代提出，并在航天工程中得到有效应用。1975 年，提出了技术成熟度等级(TRL)七级定义，通用动力公司首次将技术

成熟度评估应用于 NASA 的航天飞机研制。1995 年，提出了技术成熟度等级九级定义，NASA 编制了《技术成熟度等级白皮书》，将技术成熟度评价列入了 NPR7120. 5，NPR 7120. 8，NPR 7123. 1 等一系列程序要求文件中。ISS 工程成功应用了技术成熟度评估。

国际空间站工程在初期就面临着这样一个问题，即选用比较成熟的、经过其他航天工程验证的技术，比较有把握，风险小，但可能在国际空间站这样一个长期工程的后期要面临作废；而选用经过验证的成熟技术，能够有效地防止技术风险及其带来的进度拖期和经费超支的情况。

在国际空间站的开发阶段，针对基本任务能力，识别并明确了任务、性能指标、差距、薄弱点、冗余和风险等，对设计进行了能力评估。其中很多解决途径都要求对空间可能应用的技术评估其成熟度。虽然很多技术都在地面进行了测试，但是地面试验很难复现预期时间范围和精度下的微重力、辐射和人因等真实的空间环境的影响。为了降低这类风险，大部分选用的系统都已在和平号(Mir)、航天飞机、空间实验室进行了飞行验证或者作为自由号(Freedom)空间站工作的一部分进行了开发和试验。尽管很多系统后来都升级了，但升级采用了逐步演化的方式，从而降低了系统风险、降低了费用，同时将进度风险降低到最低水平。

(2)应用概率风险评估支持技术决策和发现薄弱点

NASA 特别明确了应用概率风险评估(PRA)的程序，把概率风险评估作为 ISS 决策工具，用于帮助工程和项目经理以及工程人员发现复杂的系统设计和运行的薄弱点，并帮助他们系统地识别和优化安全性改进。

进行概率风险评估首先从风险定义开始，采用三个问题来描述风险：可能出错的方面、出错的可能性、后果严重程度。然后进一步细化为更为全面的概率风险评估过程：1)定义目标；2)熟悉系统；3)识别初始事件；4)情境建模；5)故障建模；6)数据采集、分析与进一步总结；7)量化综合；8)不确定性分析；9)灵敏度分析；10)重要性排序。概率风险评估的成效，取决于管理层和同行专家的参与程度、管理层对评估结果的相信程度以及对评估结果的采纳程度。

(3)控制螺旋式建造方法的多技术状态问题

国际空间站在其组装过程中还必须作为一个航天器正常运行。具体讲，从第三次组装飞行开始就有航天员驻留了，这些航天员既从事组装又要进行科学研究。国际空间站在组装阶段飞行了 44 种构型，同样还有同等数量的航天飞机的特殊构型，每种构型都由大量的更为小型的飞行单元组成。

这种螺旋式建造要在每个组装阶段综合考虑设计、配置和组装在国际空间站中整体运行的四十个单元。这就意味着针对每一构型必须开发、编制和调整全部的运营程序、软件结构、中心和空间站惯性动量。为此，采取的措施有提出详细的多单元综合试验要求；加强各部门、各中心和各国际合作方之间的沟通，而不是政府之间的沟通；努力使接口尽量简化。

(4)保证可靠性和安全性前提下尽量选用成熟、商用的计算机软硬件

国际空间站计算机软硬件有意识地尽可能使用不要多少改进而同时又满足安全性要求的商用产品，从而降低工程费用和风险。最初完全定制开发的航天飞机板式计算机(PGSC)后来更换为商用的 IBM Thinkpad 计算机，以具有更高的计算能力和足够的健壮性，并在选用的商用计算机基础上，对其进行地面试验、安全性鉴定和部分改进，从而适应能在航天飞机或最终的 ISS 上安全地运行。如，对便携式计算机是否适应比地面要低的大气压和航天飞机的环境进行试验；对便携式计算机的风扇进行改进，以适应微重力环境；安装电源适配器以适应航天飞机和空间站的电源电压等。

对于国际空间站及其分系统以及很多空间相关的实验室应用的各种各样的软件，也尽可能采用商用软件，特别是管理类软件。便携式计算机都采用了 Windows 操作系统，采用标准的微软产品以及其他商用技术包。也有一些为控制实验和非关键设备而编写的专门程序是航天员每次飞行时使用的。如由加拿大研制的 2 型机械臂组成的机动服务系统(MSS)选用 ADA 语言开发软件。虽然，这一语言开发早，但是该语言对于要求安全、低成本维护和接近完美可靠性的系统开发人员而言，仍是首选。软件的选用和开发不仅充分考虑软硬件的结合，还必须充分考虑软件的升级、防病毒和黑客。

(5)实施多装置综合试验和采用数字化预装与虚拟仿真验证

国际空间站的舱段由不同国际合作方使用不同的系统工程方法制造，而且只是在发射前“准时”交付。发射前在地面组装试验整个国际空间站是不可行的，大部分舱段在入轨之前没有进行物理上组装。因为，往往是前一个舱段在下一个舱段完成制造之前已经在轨运行了且必须状态良好，然后增加新的舱段或分系统，每一个舱段和分系统都是作为一个新的独立的航天器进行运行。因此，舱段和零部组件必须具备高可靠性而且立即就能工作，加之在轨维修经常受限，NASA 开发了能够进行多要素综合试验(MEIT)的新型系统试验系统。通过这一系统，大部分舱段和大型分系统在发射前可以进行某些综合试验以及有限的地面组装，模拟最终的“在轨”组装和操作，可以进行单机之间接口试验和验证以及系统的硬件和软件之间的端到端的可运作性验证。

多要素综合试验防止了原来只能在组装后才发现的问题，试验了在轨运行的主要部分，在地面就发现并解决这些问题，从而降低了航天员及其任务风险，并节省大量的费用和缩短进度。这一方法是波音公司从 777 飞机研制项目中积累的经验。

许多零部件是为在空间工作设计的(例如太阳能面板)，因此无法在地面部署进行系统检验。为此，国际空间站引入了波音公司飞机研制中成功应用的数字化预装(DPA)和线缆评估或流体评估(CA/FA)，专门为在轨组装的接口开发了先进的组件与组件间的物理和功能性验证方法。通过编制并维护所有的零件准确详细的测量结果，进行虚拟集成检查与建模，进行三维的虚拟分析或检查，进行所有线缆、电路和液压连接的仿真和连通检查等。

参考文献

[1] 李跃生，苗宇涛，等. 国外航天质量管理[M]. 北京：国防工业出版社，2016.